Ab dem Hauptstudium
bis zum Referendariat

JURA INTENSIV

CRASHKURS

Handels- & Gesellschaftsrecht – MoPeG

- Inkl. Gesetz zur Modernisierung des Personengesellschaftsrechts (MoPeG)
- Kompakte Darstellung des materiellen Rechts
- Prüfungsschemata und Definitionen
- Aktuelle Rechtsprechungsauswertung
- Examenstipps

Dr. Dirk Schweinberger

2. Auflage

Jura Intensiv Verlags UG & Co. KG, Dinslaken, März 2024

Herr **Dr. Dirk Schweinberger** ist Assessor und Franchisenehmer des Repetitoriums *Jura Intensiv* in Frankfurt, Gießen, Heidelberg, Mainz und Marburg. Er wirkt seit über 20 Jahren als Dozent des Repetitoriums und ist Redakteur der Ausbildungszeitschrift RA – Rechtsprechungs-Auswertung.
In den Skriptenreihen von Jura Intensiv ist er Autor bzw. Co-Autor der Skripte: Strafrecht AT I und II, Strafrecht BT I und II, Irrtumslehre, Arbeitsrecht, Crashkurs Strafrecht, Crashkurs Strafrecht Bayern, Crashkurs Handels- & Gesellschaftsrecht – MoPeG, Crashkurs Arbeitsrecht, Crashkurs Assex Strafurteil, Kompakt Strafrecht, Basis-Fälle Handelsrecht, Basis-Fälle Strafrecht AT, Basis-Fälle Strafrecht BT I und II.

Autor
Dr. Dirk Schweinberger

Verlag und Vertrieb
Jura Intensiv Verlags UG (haftungsbeschränkt) & Co. KG
Duisburger Straße 95
46535 Dinslaken
info@verlag.jura-intensiv.de
www.verlag.jura-intensiv.de

Druck und Bindung
Druckerei Busch GmbH, Raiffeisenring 31, 46395 Bocholt

ISBN 978-3-96712-156-8

Inhaltsverzeichnis

CRASHKURS
Handels- & Gesellschaftsrecht – MoPeG

Handelsrecht

Der Kaufmannsbegriff, §§ 1 – 6 HGB

Die Publizität des Handelsregisters, § 15 HGB

Firmen- und Unternehmensfortführung, § 25 ff. HGB

Die Vertretung des Kaufmanns, §§ 48 ff. HGB

Kaufmännisches Bestätigungsschreiben

Das Handelsgeschäft, § 343 f. HGB

Rügeobliegenheit beim Handelskauf, § 377 HGB

Weitere Besonderheiten beim Handelskauf

Das Kommissionsgeschäft, § 383 ff. HGB

Gesellschaftsrecht – Personengesellschaften

Haftung des Kommanditisten einer KG

Das Innenverhältnis in einer Personengesellschaft

Mängel des Gesellschaftsvertrags

Eintritt und Ausscheiden von Gesellschaftern

Nachfolge bei Tod eines Gesellschafters

Auflösung, Auseinandersetzung und Beendigung einer Personengesellschaft

Haftung bei Beendigung / Erlöschen einer Personengesellschaft

Auseinandersetzung bei Auflösung einer Personengesellschaft

Scheingesellschaft / Scheingesellschafter (v.a. Sozietäten)

Die GmbH & Co. KG

Die Haftung der Vor-GmbH (= GmbH i.G.)

Der Kaufmannsbegriff, §§ 1 – 6 HGB

Das Handelsrecht ist das Sonderprivatrecht der Kaufleute. Das HGB kommt folglich nur zur Anwendung, wenn Kaufleute am Geschäft beteiligt sind. Grundsätzlich genügt, dass lediglich ein am Geschäft Beteiligter „Kaufmann“ ist (sog. **einseitiges Handelsgeschäft**). Wenn es allerdings wirtschaftlich besonders „gefährlich“ wird, verlangt das HGB, dass beide Geschäftspartner Kaufleute sind (sog. **beiderseitiges Handelsgeschäft**, vgl. §§ 346, 353, 369, 377, 391 HGB).

I. Die Kaufleute nach §§ 1 – 3 HGB

Definition: **Kaufmann** i.S.d. Gesetzes ist, wer ein Handelsgewerbe betreibt.

Gewerbe (keine Legaldefinition, auch nicht in der GewO)
Ein Gewerbe ist jede erlaubte, selbstständige zum Zwecke der Gewinnerzielung vorgenommene nach außen erkennbare Tätigkeit, die planmäßig und für eine gewisse Dauer ausgeübt wird und kein „freier Beruf“ ist. (**Beachte** aber den neuen **§ 107 I 2 HGB** für Personengesellschaften!)

- **Freie Berufe**, also kein Gewerbe sind z.B.: Anwalt, § 2 BRAO, Arzt, § 1 II BundesärzteO, § 1 IV ZahnheilkundeG, Steuerberater, § 1 II SteuerBerG; vgl. die Aufzählung in § 1 II PartGG.

- Die Tätigkeit muss **planmäßig** betrieben werden und auf eine **gewisse Dauer angelegt** sein. Es kommt darauf an, ob sie auf eine *unbestimmte Vielzahl von Geschäften* gerichtet ist. Derjenige, der nur gelegentlich selbstständig am Markt auftritt, betreibt kein Gewerbe. Wer manchmal bei eBay nicht mehr benötigte Gegenstände anbietet, wird dadurch nicht zum Gewerbetreibenden.

- Das Merkmal der **Selbstständigkeit** soll Gewerbetreibende von **Arbeitnehmern** abgrenzen.

- Dass ein Gewerbe „**erlaubt**“ sein muss, meint nicht eine öffentlich-rechtliche Erlaubnis, da hiervon die Kaufmannseigenschaft gem. § 7 HGB gerade nicht abhängt. Vielmehr geht es um die Ausgrenzung der von der Rechtsordnung geächteten „Gewerbe“, z.B. Hehler, Waffenschieber, Rauschgifthändler.

- Nach herkömmlicher Auffassung (**st. Rspr.**) ist die **Gewinnerzielungsabsicht** für den Gewerbebegriff konstitutiv. Es kommt aber nur auf die Absicht der Gewinnerzielung an, nicht darauf, ob tatsächlich Gewinne gemacht werden. Unzureichend ist die Absicht, lediglich Kostendeckung oder gemeinnützige Zwecke zu erreichen; in diesen Fällen soll kein Gewerbe vorliegen. Insbesondere unterfallen öffentliche Unternehmen, die überwiegend Leistungsaufgaben erfüllen, damit nicht dem HGB. Nach **a.A.** wird das Merkmal der Gewinnerzielungsabsicht durch das Erfordernis einer entgeltlichen Tätigkeit am Markt ersetzt. Die Gewinnerzielungsabsicht als rein unternehmensinterne Tatsache vermöge eine unterschiedliche rechtliche Behandlung im Geschäftsverkehr nicht zu rechtfertigen (Baumbach/Hopt/Merkt, § 1 Rn 16; Müller, JA 2021, 454, 455).

- Wenn eine „kaufmännische Einrichtung“ erforderlich ist, also ein **Handelsgewerbe** betrieben wird, ist der Gewerbetreibende automatisch sog. Istkaufmann, § 1 HGB. Die Eintragung im Handelsregister gem. § 29 HGB wirkt in diesem Fall nur deklaratorisch.

- Wenn ein **Kleingewerbe** betrieben wird, ist der Gewerbetreibende zunächst kein Kaufmann, kann sich aber freiwillig für den Erwerb der Kaufmannseigenschaft entscheiden. In diesem Fall wird er mit der Eintragung im Handelsregister sog. Kannkaufmann, § 2 HGB. Die Eintragung im Handelsregister wirkt in diesem Fall konstitutiv, also rechtsbegründend.

Merke: § 2 HGB hat ein ungeschriebenes Tatbestandsmerkmal:
Die freiwillige und bewusste Unterwerfung des Kleingewerbetreibenden unter das Kaufmannsrecht.

Problem: Wann ist eine kaufmännische Einrichtung erforderlich?

Mit der Formulierung „es sei denn“ in § 1 II HGB wird demjenigen, der behaupten will, dass ein Gewerbetreibender nicht Kaufmann ist, dafür die **Darlegungs- und Beweislast** auferlegt.

Klausurhinweis:

Ergibt sich aus einem Sachverhalt nur, dass eine Person ein Gewerbe betreibt, so ist sie Kaufmann. Lediglich dann, wenn der Sachverhalt Angaben enthält, die zweifelhaft erscheinen lassen, ob nach Art und Umfang ein in kaufmännischer Weise eingerichteter Geschäftsbetrieb erforderlich ist, ist dies zu überprüfen

Als **Kriterien** können herangezogen werden:
Hinsichtlich der **Art des Geschäftsbetriebs** die Vielfalt des Geschäftsgegenstandes; die Schwierigkeit der Geschäftsvorgänge; die Inanspruchnahme von Kredit- und Teilzahlungen; erhebliche Teilnahme am Wechsel- und Scheckverkehr; der Umfang der Geschäftskorrespondenz; die Art und Weise der betrieblichen Organisation.

Hinsichtlich des **Umfangs des Geschäftsbetriebs** das Umsatzvolumen (§ 241a HGB [600.000 € Umsatz] als Indiz), die Höhe des Anlage- und Kapitalvermögens; die Anzahl der Betriebsstätten und deren Größe; die Anzahl der Beschäftigten; die Lohnsumme.

Die genannten Kriterien sind nur Anhaltspunkte, letztlich entscheidend ist die Würdigung des Gesamtbildes des gewöhnlichen Geschäftsablaufes in dem betroffenen Gewerbebetrieb.

Sofern eine der beiden Voraussetzungen (Art oder Umfang) nicht gegeben ist, liegt kein Handelsgewerbe vor.

Definition: **Handelsgewerbe** ist jeder Gewerbebetrieb, es sei denn, dass das Unternehmen nach Art und Umfang einen in kaufmännischer Weise eingerichteten Geschäftsbetrieb nicht erfordert.

Merke: Damit sind also drei Elemente für ein **kaufmännisches Unternehmen** kennzeichnend: Es muss sich um ein gewerbliches Unternehmen handeln, eine kaufmännische Einrichtung erforderlich sein und schließlich ist entscheidend, wer das Handelsgewerbe betreibt.

Wer ein Handelsgewerbe betreibt, **ist** folglich gem. § 1 HGB automatisch **Kaufmann**. Der Kleingewerbetreibende **kann** sich gemäß **§ 2 HGB** zum Erwerb der Kaufmannseigenschaft entschließen und unterwirft sich somit freiwillig dem gesamten Kaufmannsrecht. Der Kannkaufmann kann seine Eintragung gem. § 2 S. 3 HGB rückgängig machen, solange er noch ein Kleingewerbe betreibt („Rückfahrschein“). Allerdings gilt diese Lösung natürlich nur ex nunc, also für die Zukunft.

Folgende Aspekte können für oder gegen die Eintragung gem. § 2 HGB sprechen:

Pro Eintragung	Zweischneidig	Contra Eintragung
▸ Berufung auf Grundsatz der Entgeltlichkeit (§ 354 I HGB) ▸ „Strahlkraft“ des Handelsregisters ▸ Akzeptanz als Vertragspartner durch andere Kaufmänner	▸ Rügepflicht (§ 377 HGB) ▸ Zinssatz und Fälligkeitszinsen (§§ 352, 353 HGB) ▸ Zurückbehaltungsrecht (§ 363 HGB) ▸ Kontokorrent (§ 355 HGB)	▸ Schutzverlust (§§ 348 - 350 HGB) ▸ Eintragungspflichten ▸ Vertrauenshaftung aufgrund von Registereintragungen (§ 15 HGB) ▸ Strafrechtliche Risiken (§§ 283 ff. StGB) ▸ Strengere Sorgfaltsanforderungen (§ 347 HGB)

Der Bereich der **Land- und Forstwirtschaft** (sog. „Urproduktion“) ist aus dem Anwendungsbereich des § 1 HGB herausgenommen. Auch hier gilt, dass sich der Land-/Forstwirt freiwillig dem Kaufmannsrecht unterwerfen kann. Er ist dann ebenfalls sog. „**Kannkaufmann**“ gem. § 3 HGB. Die Eintragung im Handelsregister wirkt in diesem Fall konstitutiv, also rechtsbegründend.
Die Eintragung kann im Fall des § 3 II HGB nur rückgängig gemacht werden, wenn der Betrieb keiner kaufmännischen Einrichtung mehr bedarf.

<u>Beispiel:</u> A erbt einen ca. 4 Hektar großen stillgelegten Bauernhof. Er errichtet in der stillgelegten Scheune eine moderne Legestätte mit ca. 150.000 Hühnern. Die Küken werden nicht selbst ausgebrütet, sondern zugekauft, ebenso das Futter. Muss sich A gem. § 29 als Kaufmann ins Handelsregister eintragen lassen?

<u>Lösung</u>: „Eigentlich“ betreibt A gem. § 1 I HGB ein Handelsgeschäft.

Es könnte aber der Ausschluss des § 1 HGB wegen Betreibens eines landwirtschaftlichen Betriebs eingreifen, § 3 I HGB.

Zwar erfolgt eine Gewinnung und Verwertung pflanzlicher oder tierischer Rohstoffe, aber keine Ausnutzung des Bodens. Die Landwirtschaft muss dem Unternehmen das

Gepräge geben. Zur Landwirtschaft werden auch Erzeugnisse tierischer Produkte wie Fleisch, Milch und Eier aus eigener Bodennutzung gezählt. In der Regel ist dabei auch ein branchenüblicher Zukauf unschädlich; nicht aber, wenn hauptsächlich gekauftes Futter und/oder fremde Erzeugnisse verarbeitet werden.

Fazit: Der Bodenertrag ernährt die Küken nicht, also scheidet § 3 I HGB aus.

Die Pflicht zur Anmeldung zum Handelsregister gem. § 29 HGB besteht.

Merke: Kaufmann ist stets nur der **Betreiber**, in dessen Namen der Gewerbebetrieb ausgeübt wird. Nicht also z.B. der Prokurist oder der Insolvenzverwalter.

II. Fiktivkaufmann, § 5 HGB

Die zügige Geschäftsabwicklung im Handelsverkehr würde leiden, wenn die Kaufmannseigenschaft des Geschäftspartners jeweils besonders nachgeprüft werden müsste. Erwägungen der Rechtssicherheit und des Vertrauensschutzes können es daher notwendig machen, dass auch solche Personen als Kaufleute behandelt werden, die es „eigentlich" nicht sind.

1. Kaufmann gem. § 5 HGB

§ 5 HGB stellt im Interesse der Rechtssicherheit die unwiderlegliche Vermutung auf, dass die im Handelsregister eingetragenen Gewerbetreibenden Kaufleute sind. Auch in diesem Fall hat die Eintragung im Handelsregister eine konstitutive Wirkung.

Problem: **Abgrenzung von § 2 und § 5 HGB**

Nach wohl h.M. greift § 5 HGB vor allem ein, wenn ein **Handelsgewerbe** nach der Eintragung gem. § 1 II HGB **zu einem Kleingewerbe herabsinkt**. Da die verpflichtende Anmeldung gem. §§ 29 i.V.m. 1 II HGB nicht zugleich die für den Antrag nach § 2 HGB erforderliche **Willenserklärung** enthält, sich freiwillig dem Kaufmannsrecht zu unterwerfen, sind die Voraussetzungen der Kaufmannsstellung gem. § 2 HGB (trotz des insoweit weiten Wortlauts von § 2 S. 1 HGB) nicht erfüllt. Dies ergibt sich aus dem Gegensatz zwischen der Erfüllung einer rechtlichen Pflicht (im Fall des § 29 i.V.m. § 1 II HGB) und der Verwirklichung einer freien Entscheidung (im Fall des § 2 HGB).

Beispiel zu § 2 HGB: Der Kleingewerbetreibende K will unbedingt von Kaufmann M beliefert werden. M akzeptiert aber nur Kaufleute als Vertragspartner. K unterwirft sich deshalb durch Eintragung als Kaufmann in das Handelsregister dem Kaufmannsrecht und wird dadurch sog. Kann-Kaufmann.

Beispiel § 5 HGB: Der Großgewerbetreibende G ist als Kaufmann im Handelsregister eingetragen. Nach einigen Jahren laufen die Geschäfte des G immer schlechter und sein Betrieb sinkt auf das Niveau eines Kleingewerbes herab. G kümmert sich nicht um die weiterhin bestehende Eintragung und ist folglich Fiktivkaufmann („Kaufmann Kraft Eintragung").

Nach der **Gegenauffassung** unterfallen beide Beispiele dem § 2 HGB. Die Fiktion eines Handelsgewerbes gem. § 2 S. 1 HGB hänge nicht davon ab, auf Grund welcher Art von Anmeldung es zu diesem Zustand gekommen sei (Anmeldung eines Handelsgewerbes gem. § 29 HGB oder Anmeldung eines Kleingewerbes gem. § 2 S. 2 HGB). Die Anmeldung nach § 2 S. 2 HGB sei – wie die Anmeldung des Istkaufmanns nach §§ 1 II, 29 HGB – eine reine Verfahrenshandlung ohne den Charakter einer Willenserklärung (EBJS/Kindler, § 5 Rn 13).

Klausurhinweis:

Im Ergebnis ist es damit in der Klausur „egal“, ob sich die Kaufmannsstellung aus § 2 HGB oder § 5 HGB ergibt. Deshalb kann man in einer Klausur diese Frage auch i.d.R. dahinstehen lassen.

Praktische Konsequenz: Der zum Kleingewerbetreibenden „herabgesunkene“ Unternehmer steht zu Recht im Handelsregister, wenn man § 2 HGB anwendet. Eine Amtslöschung ist – anders als in den Fällen des § 5 HGB – nicht veranlasst (EBJS/Kindler, § 5 Rn 15).

Anerkannt ist die Anwendung von § 5 HGB, wenn eine **Eintragung ohne wirksame Anmeldung** erfolgt ist, z.B. beim Übersehen eines Widerrufs der Anmeldung durch das Registergericht. Diese Fälle werden von § 2 HGB nicht mehr erfasst, weil dort eine Anmeldung zwingend vorausgesetzt ist (EBJS/Kindler, § 5 Rn 16); solche Fälle sind eher selten.

2. Der nicht eingetragene Scheinkaufmann (§ 5 HGB analog i.V.m. § 242 BGB)

Die Kaufmannseigenschaft oder das Bestehen einer Handelsgesellschaft kann auch auf andere Weise vorgetäuscht werden als durch unrichtige Registereintragungen. Hier gilt der gewohnheitsrechtliche Satz: Wer im Rechtsverkehr als Inhaber oder Mitinhaber eines kaufmännischen Unternehmens auftritt, muss sich – soweit Treu und Glauben es erfordern – im Geschäftsverkehr Gutgläubigen gegenüber als solcher behandeln lassen.

Die **Lehre vom Scheinkaufmann** ist im Verhältnis zu §§ 2, 5 HGB und § 15 I, III HGB **subsidiär** (Müller, JA 2021, 454, 460).

a) Voraussetzungen:

aa) Zurechenbares Setzen eines Rechtsscheins

bb) Ursächlichkeit (Vertrauen auf den Rechtsschein)

cc) Gutgläubigkeit des Vertragsgegners („Vertrauendürfen“)

dd) Verkehrsgeschäft

aa) Zurechenbares Setzen eines Rechtsscheins

Verschulden ist nicht erforderlich. Ein einmal gesetzter Rechtsschein dauert fort, wird aber im Laufe der Zeit schwächer.

Beispiel: Führen einer Firma, Bezeichnung eines Handlungsgehilfen als „Prokurist“.

Keinesfalls darf der Rechtsschein allein durch die zu beurteilende und die Kaufmannseigenschaft voraussetzende Rechtshandlung begründet werden, da sonst ein Zirkelschluss gegeben wäre (Jung, Kap. 2 Rn 41). Vielmehr muss zuerst der Rechtsschein der Kaufmannseigenschaft gesetzt worden sein und die Rechtshandlung entweder danach oder gleichzeitig vorgenommen worden sein.

Beispiel 1: Kleingewerbetreibender K bestellt beim Kaufmann V Waren. Um in den Genuss eines „Kaufmann-Rabatts“ zu kommen, tätigt er die Bestellung mit einem Briefkopf, der ihn als „e.K.“ ausweist. Da die Firmierung als „e.K.“ und die Warenbestellung zwei trennbare Komponenten sind, gilt K als Scheinkaufmann und muss die kaufmännische Rügeobliegenheit gem. § 377 HGB gegenüber V beachten.

Beispiel 2: Kleingewerbetreibender K gibt mündlich ein abstraktes Schuldanerkenntnis ab. Hier darf nun nicht argumentiert werden, dass K durch die bloß mündliche Erklärung den Rechtsschein der Kaufmannseigenschaft setze, an welchem er gem. § 350 HGB festzuhalten sei. Mit dieser Begründung würde nämlich die Formvorschrift der §§ 780, 781 BGB stets leerlaufen.

Die Zurechenbarkeit setzt nach h.M. weiterhin die **volle Geschäftsfähigkeit** voraus. Denn der Schutz des nicht voll Geschäftsfähigen geht auch im Handelsrecht dem Verkehrsschutz grundsätzlich vor (Müller, JA 2021, 454, 460).

Nur bei einem **Unterlassen** der Beseitigung eines Rechtsscheins ist ein **Verschulden** erforderlich.

bb) **Ursächlichkeit** des Rechtsscheins für das Verhalten des Vertragsgegners. Umstritten ist, ob der Dritte die Ursächlichkeit des Rechtsscheins zu beweisen hat (so z.B. Hopt/Merkt, § 5 Rn 13; Müller, JA 2021, 454, 460) oder eine Beweislastumkehr zu Lasten des Scheinkaufmanns eingreift (so z.B. Canaris, § 6 Rn 77).

cc) **Gutgläubigkeit des Vertragsgegners**. Ob bereits einfache Fahrlässigkeit (wohl h.M.) oder erst grobe Fahrlässigkeit schadet, ist streitig. Die praktische Relevanz des Streits ist gering (Hopt/Merkt, § 5 Rn 12; Oetker/Körber, § 5 Rn 48). Entscheidend ist, dass den Dritten keine Nachforschungspflicht trifft (BGH, NJW 1987, 3124, 3126), vor allem nicht die Pflicht zur Einsichtnahme in das Handelsregister (OLG Karlsruhe, JZ 1971, 335, 336).

dd) **Verkehrsgeschäft.** Nur bei einem Verkehrsgeschäft kann es zur Bildung von Vertrauenstatbeständen kommen. Im deliktischen Bereich ist dies ausgeschlossen.

b) Rechtsfolge

Der Handelnde gilt gegenüber Gutgläubigen als Kaufmann, ist aber keiner. Somit sind die Rechtsfolgen der Scheinkaufmannseigenschaft im Vergleich zu § 5 HGB, der eine Kaufmannseigenschaft begründet, eingeschränkt:

- Der Schein der Kaufmannseigenschaft wirkt nur unter den Beteiligten und greift **nicht zu Lasten** eines am Geschäft unbeteiligten **Dritten** ein. Vorsicht ist hier vor allem bei **§ 366 HGB** – guter Glaube an die Verfügungsbefugnis – geboten. Der Rechtsnachteil bei Anwendung auf den Scheinkaufmann (der Verkäufer ist) trifft nicht den Veräußerer, sondern den eigentlich Berechtigten, der den Rechtsschein nicht gesetzt bzw. veranlasst hat. Insofern gilt § 366 I HGB nicht bei einem Verkäufer, der Scheinkaufmann ist (OLG Düsseldorf, NJW-RR 1999, 615, 616; Müller, JA 2021, 454, 460; a.A. Canaris, § 6 Rn 26).

- Der Schein der Kaufmannseigenschaft wirkt **nur für**, nicht auch gegen **den gutgläubigen Dritten**.

- Umstritten ist, inwieweit die Scheinkaufmannseigenschaft geeignet ist, **zwingende Vorschriften des Zivilrechts** zu verdrängen, die dem Schutz von Nichtkaufleuten dienen (z.B. §§ 343, 766, 780 ff. BGB).
Die **wohl h.M.** räumt dem Verkehrsschutz Vorrang vor den Anliegen dieser Schutzvorschriften ein und wendet daher auch kaufmannsrechtliche Sondervorschriften auf Scheinkaufleute an, die auf dem Gedanken geringerer Schutzbedürftigkeit der Kaufleute beruhen wie z.B. **§§ 348, 350 HGB** und §§ 29, 38 ZPO (OLG Frankfurt, BB 1974, 1366, 1367; MK/K. Schmidt, Anh. § 5 Rn 25; vgl. auch BGH, NJW 2005, 1045).
Die **Gegenauffassung** betont demgegenüber, der Scheinkaufmann könne nicht durch eine (möglicherweise sogar nur konkludente) Erklärung Kaufmann zu sein, auf den Schutz zwingender Vorschriften verzichten; anderes gelte nur dann, wenn er die Kaufmannseigenschaft arglistig vorgetäuscht habe (Schlegelberger/Hildebrandt/Steckhan, § 5 Rn 19 f.; HK-HGB/Ruß § 5 Rn 11; Jung, Kap. 2 Rn 47).
Eine **vermittelnde Ansicht** tritt dafür ein, zwischen unternehmerischen und nicht unternehmerischen Scheinkaufleuten zu differenzieren und grundsätzlich nur der ersten Gruppe (d.h. Kannkaufleuten i.S.d. § 2 und § 3 HGB) den Schutz der zwingenden Vorschriften zu verwehren, wenn sie als Scheinkaufleute auftreten, während Nichtunternehmern nur in Fällen des Rechtsmissbrauchs nach § 242 BGB die Berufung auf den Schutz der zwingenden zivilrechtlichen Vorschriften versagt werden soll (Canaris, § 6 Rn 23; EBJS/Kindler, § 5 Rn 83). Es könne keinen Unterschied machen kann, ob man sich durch Ausübung der Kaufmannsoption (§ 2 S. 2 HGB, auch i.V.m. § 3 II HGB) oder durch Verwirklichung des Scheinkaufmannstatbestandes in den Anwendungsbereich des Handelsrechts begebe.

  Möglich ist jedoch stets die Erhebung der Arglisteinrede.

KAUFMANNSEIGENSCHAFT EINER NATÜRLICHEN PERSON

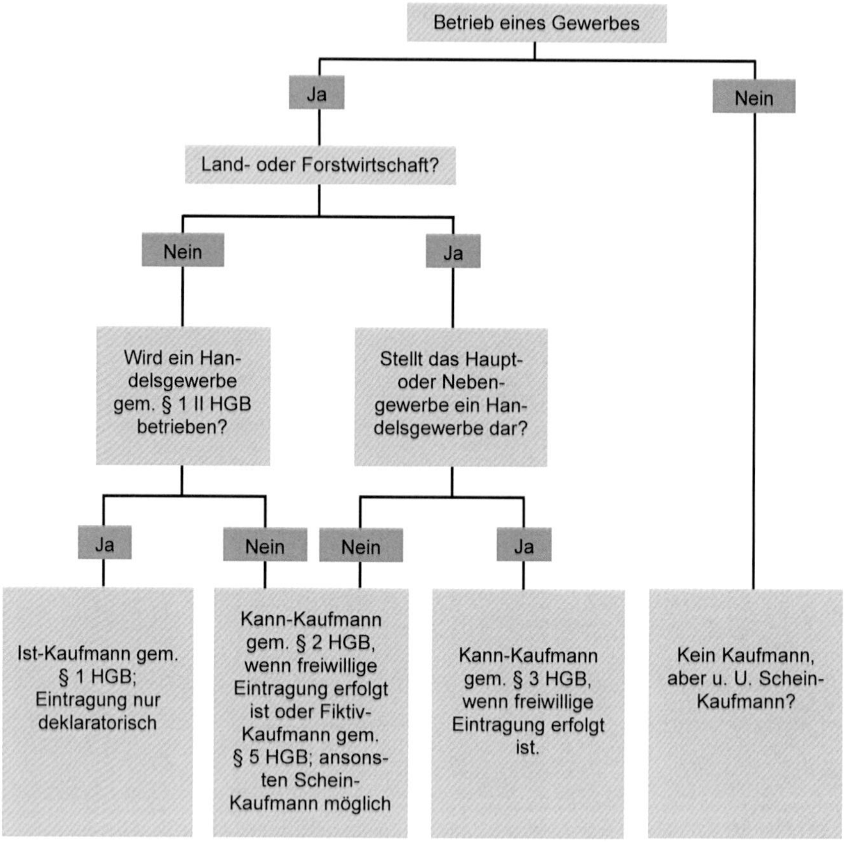

III. Gesellschaften als Kaufleute

1. AG und GmbH (Kapitalgesellschaften)

Der (wirtschaftliche) **Verein** ist die Grundform aller Kapitalgesellschaften.

Kapitalgesellschaften sind eine Untergruppe der Handelsgesellschaften. Im Gegensatz zu Personengesellschaften (GbR, OHG, KG) steht die kapitalmäßige Beteiligung der Gesellschafter im Vordergrund, nicht deren „Persönlichkeit". Eine Beteiligung ohne Kapitaleinlage ist nicht möglich, eine persönliche Mitarbeit der Gesellschafter nicht erforderlich. Das Zurücktreten persönlicher Gesichtspunkte zeigt sich durch die der Kapitalgesellschaft eigene Rechtsform der juristischen Person. Die Anteile der Gesellschafter der Kapitalgesellschaft sind regelmäßig übertragbar, ohne dass hierdurch der Bestand der Kapitalgesellschaft beeinflusst wird. Die Willensbildung (Beschlussfassung) erfolgt i.d.R. nach dem Verhältnis der Kapitalbeteiligung. Das persönliche Vermögen der Gesellschafter haftet nicht für die Schulden der Gesellschaft. Zu den prüfungsrelevanten Kapitalgesellschaften gehören die Aktiengesellschaft (AG) und die Gesellschaft mit beschränkter Haftung (GmbH). Bei der AG ist ausschließlich die Kapitalbeteiligung maßgebend, die durch die z.T. große Zahl von Gesellschaftern (Aktionären) und die wertpapiermäßige Verbriefung der Gesellschaftsrechte in Aktien (und damit leichte Übertragbarkeit) bes. in Erscheinung tritt. Demgegenüber lässt die GmbH gewisse personenrechtliche Züge (z.B. Erschwerung der Übertragbarkeit der Anteile, Geschäftsführer oft Gesellschafter) erkennen.

Die klausurrelevanten Kapitalgesellschaften GmbH und AG sind gem. § 13 III GmbHG und § 3 I AktG alleine aufgrund der gewählten Rechtsform kaufmännische Handelsgesellschaften. Gem. § 6 II HGB finden auf diese „Vereine" die Regeln über Kaufleute Anwendung. AG und GmbH nennt man daher „**Formkaufmann**".

Bei Kapitalgesellschaften dürfen die Voraussetzungen der **§§ 1 ff. HGB nicht** geprüft werden.

Merke: Ein Formkaufmann ist ein wirtschaftlicher Verein, der kraft Gesetzes ein Handelsgewerbe betreibt, § 6 II HGB. Hiermit sind die Kapitalgesellschaften und Genossenschaften gemeint. Sie sind Kaufleute kraft Rechtsform und zwar ohne Rücksicht darauf, ob sie tatsächlich ein Handelsgewerbe betreiben.

Beispiel: Die Anwälte A, B und C haben sich als Gesellschafter in der „A und Partner Rechtsanwalts-GmbH" zusammengeschlossen. Ist die Gesellschaft kaufmännisch?

Eine Rechtsanwalts-GmbH ist alleine aufgrund der gewählten Gesellschaftsform als GmbH kaufmännisch, obwohl kein Gewerbe, sondern ein freier Beruf betrieben wird. Dies folgt aus § 6 II i.V.m. § 13 III GmbHG.

2. OHG, KG (Personengesellschaften)

Die Grundform aller Personengesellschaften ist gem. § 105 III HGB die BGB-Gesellschaft. Da § 6 II HGB aber einen „Verein" verlangt, ist § 6 II HGB auf die Personengesellschaften nicht anwendbar.

Aus §§ 123 I 2, 107 I 1 [bisher: 105 I, II, 123 II] HGB folgt, dass eine Personengesellschaft nur dann eine kaufmännische Handelsgesellschaft ist, wenn sie die Voraussetzungen der §§ 1 ff. HGB erfüllt.

Beispiel: Ein in Personengesellschaft betriebener Großgetränkehandel, ist eine „Ist-OHG", ein in Personengesellschaft betriebener Kiosk ist eine BGB-Gesellschaft und ein in Personengesellschaft betriebener aber im Handelsregister eingetragener Kiosk ist eine „Kann-OHG".

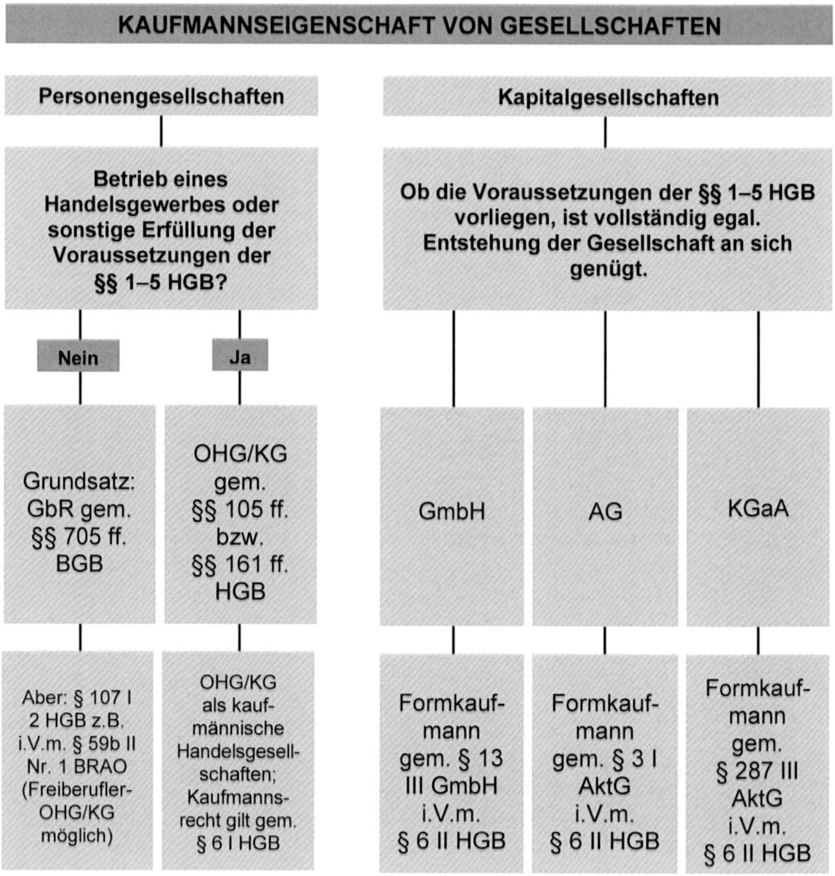

Im Bereich der „Kann-OHG" führt das MoPeG zu einer gewissen Änderung:
Obschon für die Gesellschafter einer GbR gem. § 107 II 1 HGB ein Eintragungswahlrecht als „Kann-OHG" besteht, tritt mit der Eintragung in das Gesellschaftsregister eine gewisse Bindungswirkung ein: Die Gesellschafter müssen sich an ihrer Eintragungsentscheidung festhalten lassen und können gem. **§ 107 II 2 HGB** die Gesellschaft als bloße – nicht-kaufmännische – GbR nur im Wege des **Statuswechsels** fortführen.

<u>**Beispiel:**</u> Die Tante-Emma-GbR lässt sich als „OHG" eintragen. Konsequenzen: Bisher konnte die Entscheidung, als „Kann-OHG" am Rechtsverkehr teilzunehmen, in der Form revidiert werden, dass die Eintragung im Handelsregister gelöscht wird. Die kleingewerbliche Gesellschaft wäre dann wieder eine GbR geworden. Nunmehr kann nur noch im Wege des **Statuswechsels von der „Kann-OHG" zur „eGbR"** gewechselt werden. Der Weg zur nicht eingetragenen GbR ist versperrt (Heckschen, GWR 2021, 1, 2 f.).

Dies ist schon deshalb geboten, weil aufgrund der Voreintragungsobliegenheit nur eine im Gesellschaftsregister eingetragene GbR Inhaberin registrierter Rechte sein kann. Es gilt daher sicherzustellen, dass eine solche Gesellschaft ihre Subjektpublizität nicht durch einen Löschungsantrag mit Wirkung für die Zukunft verliert.

Die Rechtsanwalts-GmbH & Co. KG:
Durch das MoPeG kann eine **OHG bzw. KG auch zum Zweck der Ausübung eines freien Berufes** gegründet werden, **§ 107 I 2 HGB**, wenn das anwendbare Berufsrecht dies ausdrücklich erlaubt (z.B. **§ 59b II Nr. 1 BRAO**). Das ist eine der zentralen – sehr praxisrelevanten – Neuerungen durch das MoPeG. Gem. § 107 I 2 HGB entsteht die OHG in diesem Fall als Rechtssubjekt erst durch Eintragung im Handelsregister. Wegen § 161 II HGB gilt dies auch für eine KG.

Hintergrund: Damit besteht nunmehr auch für die freien Berufe die Möglichkeit, eine GmbH & Co. KG zu gründen (selbst mit einem einzigen Gesellschafter, § 59b I 2 BRAO). Dadurch kann die Haftung der Gesellschafter für Verbindlichkeiten der Gesellschaft weiter beschränkt werden, als dies bislang in der Rechtsform der Partnerschaftsgesellschaft mit beschränkter Berufshaftung der Fall ist. Denn zum einen lässt sich die Haftung dort nur bezogen auf Verbindlichkeiten der Partnerschaftsgesellschaft aus Schäden wegen fehlerhafter Berufsausübung beschränken, zum Weiteren steht die Haftungsbeschränkung unter dem Vorbehalt, dass die Partnerschaftsgesellschaft eine zu diesem Zweck gesetzlich vorgegebene Berufshaftpflichtversicherung unterhält (§ 8 IV PartGG). Diese dient dem Schutz der Patienten, Mandanten, Kunden und sonstigen Auftraggeber der Partnerschaftsgesellschaft und ist regelmäßig in den berufsrechtlichen Bestimmungen enthalten.

Problem: Sind die Gesellschafter selbst Kaufleute?

Klausurhinweis:

Die Frage stellt sich natürlich nur, sofern die Gesellschafter in Angelegenheiten der Gesellschaft und nicht in privater Sphäre tätig werden. In Klausuren kann sich die Frage stellen, ob bei selbstschuldnerischen Bürgschaften **§ 350 HGB** eingreift, der eine Ausnahme vom Schriftformerfordernis des § 766 BGB anordnet.

Die **Gesellschafter** einer Körperschaft, also insbes. **einer Kapitalgesellschaft** (AG, GmbH), stellen nicht die Unternehmensträger dar, sondern verwalten nur ihr persönliches Vermögen. Daher sind sie selbst als Alleingesellschafter und Alleingeschäftsführer **keine Kaufleute** (BGH, XI ZR 384/03 Rn 91).
Gleiches gilt auch für die **Kommanditisten einer KG** (BGH, NJW 1982, 569, 570; BeckOK-Schwartze, § 1 Rn 55).

Anders sind nach wohl h.M. die **persönlich haftenden Gesellschafter von OHG und KG** zu beurteilen, weil sie gem. § 126 [bisher: § 128] HGB durch die Geschäfte ihrer Gesellschaft für die Gesellschaftsschulden eintreten müssen und dadurch mitverpflichtet werden. Sie gelten daher neben der Gesellschaft, welcher sie angehören, als Betreiber deren Handelsgewerbes und damit **selbst als Kaufleute** (BGH, NJW 1969, 1852; NJW 1966, 1960, 1961); BeckOK-Schwartze, § 1 Rn 56; EBJS/Kindler, § 1 Rn 86). Nach **a.A.** sei gem. § 105 II [bisher: § 124] HGB die OHG/KG selbst Träger der Rechte und Pflichten. Nur sie und nicht etwa der Gesellschafter betreibe das Handelsgewerbe und sei daher Kaufmann (MK/K. Schmidt, § 1 Rn 67; Müller, JA 2021, 454, 457).

IV. Zusammenfassende Übersicht

Form der Organisation	Unternehmensträger	Kaufmannseigenschaft
eingetragener Einzelkaufmann	Inhaber (natürliche Person)	Inhaber
Personenhandels-gesellschaft (OHG; KG)	Die Gesellschaft ist Unternehmensträger (OHG; KG)	unstreitig: die OHG/KG als Handelsgesellschaft (§ 6 I, 105 I HGB, ggf. i.V.m. 161 II HGB) BGHZ 45, 282, 284: auch die Komplementäre (nicht die Kommanditisten einer KG)
Kapitalgesellschaft	GmbH, AG	Nur die Gesellschaft als sog. Formkaufmann (§ 6 II HGB i.V.m. § 13 III GmbHG / § 3 I AktG)

Die Publizität des Handelsregisters, § 15 HGB

I. Das Handelsregister und die Wirkung von Eintragungen im Handelsregister

Das Handelsregister ist ein öffentliches Register, das von den Amtsgerichten nach Maßgabe der §§ 373 ff. FamFG geführt wird. Es dient dem Verkehrsschutz und der staatlichen Kontrolle sowie dem Eintragungspflichtigen zur Bekanntmachung und Beweisführung.

Handelsregistereintragungen müssen im „elektronischen Bundesanzeiger" bekannt gemacht werden (§ 10 S. 1 HGB).

Nach ihrer materiellen Wirkung unterscheidet man deklaratorische und konstitutive Eintragungen:

- Den meisten Eintragungen kommt eine nur (rechtsbekundende) **deklaratorische Wirkung** zu. Dies bedeutet, dass die bereits eingetretene Rechtsänderung durch das Handelsregister nur kundgemacht wird.

  Beispiel: Bei Erteilung bzw. Erlöschen einer Prokura (§§ 48, 53 HGB) tritt die Rechtswirkung auch ohne die Eintragung ein. Dadurch kann es dazu kommen, dass die tatsächliche Rechtslage von der eingetragenen Rechtslage abweicht.

  Ist die Eintragung nur deklaratorisch (rechtsbekundend), sind Registerangaben naturgemäß nicht in jedem Fall zutreffend. Um insoweit den Eintragungspflichtigen dazu anzuhalten, die Eintragung zu bewirken, und einen Dritten zu schützen, wenn die Eintragung nicht mit der Wirklichkeit übereinstimmt, bestimmt § 15 I HGB, dass eine eintragungspflichtige, aber nicht eingetragene Tatsache einem Dritten grundsätzlich nicht entgegengesetzt werden kann. Der Dritte darf auf die Vollständigkeit der Registereintragungen vertrauen.

- (Rechtsbegründende) **konstitutive Wirkung** haben nur wenige Eintragungen, z.B. die Eintragung der Kannkaufleute (§§ 2, 3 HGB) sowie der GmbH und AG (§§ 11 GmbHG, 41 I AktG).

Weiterhin bestimmt § 15 II HGB, dass sich der Eintragungspflichtige grundsätzlich mit der Eintragung auf diese berufen kann. Diese Regelungen werden abgerundet durch § 15 III HGB, wonach auf die Richtigkeit der bekanntgemachten Eintragung vertraut werden darf.

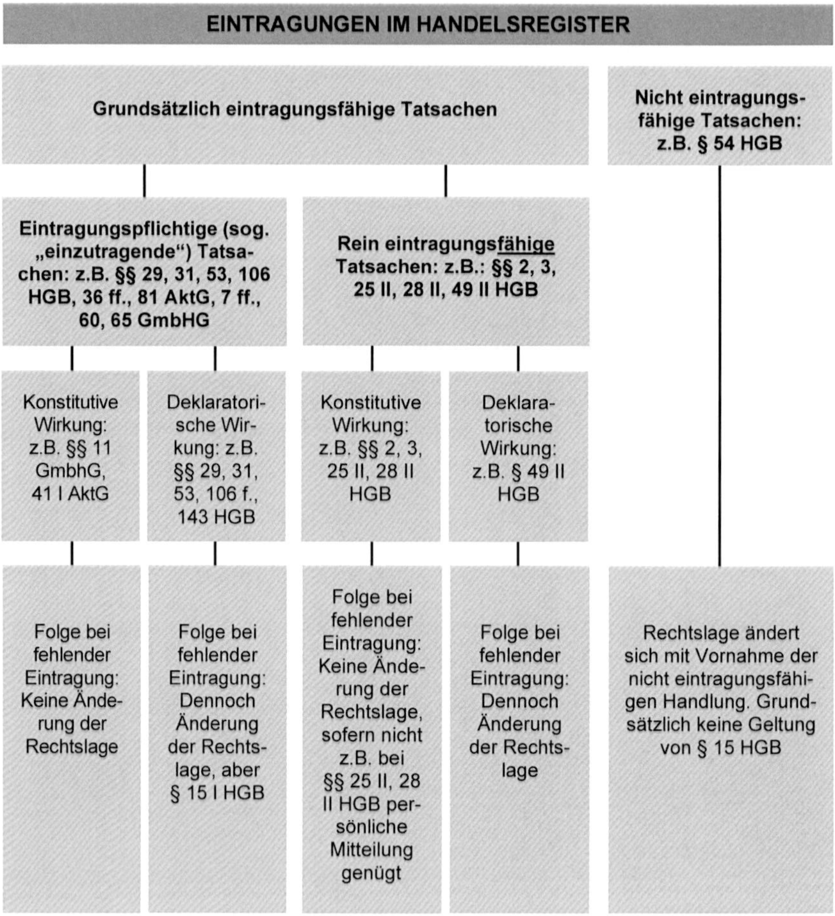

II. Die negative Publizität des Handelsregisters, § 15 I HGB

Ist eine registerpflichtige Tatsache entweder nicht eingetragen oder zwar eingetragen aber noch nicht bekannt gemacht, darf ein gutgläubiger Dritter gem. § 15 I HGB darauf vertrauen, dass die alte Rechtslage unverändert fortbesteht. Der Dritte darf also bei nachträglicher Unrichtigkeit „dem Schweigen des Registers trauen, nicht aber seinem Reden“. (Im Gegensatz also zum Grundbuch, wo eingetragene Tatsachen als existent gelten (§§ 891, 892 BGB: **positive** Publizität), gelten hier nicht eingetragene Tatsachen als nicht existent: **negative** Publizität; **Grüneberg**/Retzlaff, § 707a Rn 7).

Beispiel 1: Wird einem Prokuristen die Prokura entzogen und der Entzug nicht eingetragen und bekannt gemacht, kann der Vertragspartner dem Schweigen des Registers trauen. Das bedeutet hier: Das Register schweigt zum Entzug der Prokura, also kann er darauf vertrauen, dass die Prokura nicht entzogen wurde, sondern fortbesteht. Folglich muss der Kaufmann Rechtsgeschäfte des bisherigen Prokuristen nach § 15 I HGB gegen sich gelten lassen, es sei denn, der Vertragspartner kannte die wahre Rechtslage.

Beispiel 2: Nach § 124 I [bisher: 125 I] HGB besteht bei der OHG in der Regel Einzelvertretungsbefugnis jedes Gesellschafters. Ist im Gesellschaftsvertrag jedoch eine Gesamtvertretungsmacht vereinbart, muss dies gem. § 106 II Nr. 3 HGB eingetragen werden. Unterbleibt diese Eintragung, kann ein Dritter auf das Schweigen des Registers vertrauen und darf von Einzelvertretungsmacht ausgehen.

Merke: § 15 I HGB stellt daher dogmatisch einen Fall der **Rechtsscheinhaftung** dar, der auf zwei Fallgruppen anwendbar ist:

- Schutz des Vertrauens auf den **Fortbestand der bisherigen Rechtslage** (Beispiel 1)
- Schutz des Vertrauens auf das **Bestehen der gesetzlichen Regellage** (Beispiel 2)

1. Die tatbestandlichen Voraussetzungen des § 15 I HGB

a) Eintragungspflichtige Tatsache

b) Tatsache ist (egal aus welchen Gründen) nicht eingetragen oder nicht bekannt gemacht

c) Unkenntnis des Dritten von der Tatsache

d) Zugehörigkeit zum „Geschäfts- bzw. Prozessverkehr“

a) Eintragungspflichtige Tatsache

Welche Geschehnisse des Handelsverkehrs einzutragen sind, schreibt das Gesetz jeweils vor. Besonders wichtig sind insoweit: Stellung als Istkaufmann (§ 29 HGB), Erteilung und Erlöschen von Prokura (§ 53 I und II HGB), Änderung und Ausschluss der Vertretungsmacht von Gesellschaftern (§ 106 II Nr. 3 HGB, § 707 II Nr. 3, III 1 BGB), Eintritt und Austritt eines Gesellschafters (§ 106 VI [bisher: 143 I, II] HGB, 707 III 2 BGB), Bestellung oder Abberufung eines Geschäftsführers, (§ 39 I GmbHG).

Streitig war die Frage, ob § 15 I HGB neben den rein **deklaratorischen** auch bei sog. **konstitutiven oder rechtsbegründenden** Eintragungen Anwendung findet. Die praktische Bedeutung des Streits war eher unbedeutend, weil eine Anwendung nur für den Zeitraum zwischen Eintragung und Bekanntmachung in Betracht käme. Mit der Neuregelung des Bekanntmachungssystems durch § 10 I HGB dürfte die Frage damit erledigt sein (BeckOK-Müther, § 15 Rn 8). Sie spielte ohnehin keine Rolle, wenn die Wirkung der Eintragung kumulativ an Eintragung **und** Bekanntmachung geknüpft wird (vgl. §§ 25 II, 28 II HGB).

Bloß **eintragungsfähige** Tatsachen werden **von § 15 I nicht erfasst**. Ein Beispiel für eine bloß eintragungsfähige Tatsache ist eine Vereinbarung nach § 25 II HGB dahingehend, dass der Erwerber nicht für alle im Betriebe begründeten Verbindlichkeiten des früheren Inhabers haftet. Wenn eine solche Vereinbarung nicht eingetragen wird, werden die Rechtsfolgen nicht von § 15 I HGB geregelt; vielmehr finden sie sich direkt in § 25 II HGB.

Examenstipp (Klassiker):

Zur sekundären Unrichtigkeit des Handelsregisters: BGHZ 116, 37, 44 f.; OLG Köln, 2 Wx 117/15, **RA 2016, 25** = JuS 2016, 78

Auch die Veränderung nicht eingetragener Tatsachen ist nach h.M. eintragungspflichtig, um den inzwischen außerhalb des Handelsregisters geschaffenen Vertrauenstatbestand zu vernichten.

Beispiel: K erteilt P Prokura, was nicht eingetragen wird. Später entzieht K dem P die Prokura wieder, was ebenfalls nicht eingetragen wird.

Nach einer Mindermeinung wird dieser Fall nicht von § 15 I HGB erfasst, da schon die Erteilung der Prokura nicht eingetragen war. Geschützt werde nur der Glaube an kundgemachte Tatsachen, da nur solche einen Rechtsschein erzeugen könnten.

Anders **BGH** und h.M.: Sinn und Zweck des § 15 I HGB ist der Schutz des abstrakten Vertrauens. Davon abgesehen können natürlich auch und gerade im täglichen Rechtsverkehr Kenntnisse von eintragungspflichtigen Tatsachen erlangt werden. Vor allem soll derjenige, der seine Eintragungspflichten gleich doppelt verletzt nicht besser stehen, als derjenige, der zwar z.B. die Erteilung der Prokura eintragen lässt, nur deren Entziehung vergisst, einzutragen. Somit ist der h.M. zu folgen.

Jedoch wird dies zunehmend nur für den Fall angenommen, dass die voreintragungspflichtige Tatsache auch nach außen bekannt geworden war, weil es sonst zu einer Rechtsscheinhaftung ohne Vertrauenstatbestand kommen würde (Canaris, § 5 Rn 12; Hopt/Merkt, § 15 Rn 11; Jung, Kap. 3 Rn 12).

b) Tatsache ist (egal aus welchen Gründen) nicht eingetragen oder nicht bekannt gemacht

Ein Verschulden ist nicht erforderlich. Damit greift § 15 I HGB auch in den praktisch häufigen Fällen ein, in denen die Langwierigkeit des Registerverfahrens die angemeldete Eintragung verzögert.

Beispiel: Kaufmann K entzieht seinem Prokuristen P die Prokura. K geht sofort zum Notar N und meldet die Entziehung zum Handelsregister an. N leitet die entsprechenden Unterlagen sofort an das zuständige Registergericht weiter. Ist auf diesen Fall § 15 I HGB anwendbar?

Viele Prüflinge gehen fälschlich davon aus, dass § 15 I HGB nur den Kaufmann treffe, der seine Pflichten zur Eintragung verletzt habe. Dies ist aber nicht der Fall! Schon der Wortlaut des Gesetzes stellt alleine darauf ab, dass die Eintragung und Bekanntmachung noch nicht erfolgt ist. Ob der Eintragungsantrag gestellt ist, spielt keine Rolle.

c) Unkenntnis des Dritten von der Tatsache

Der Dritte darf die Tatsache nicht gekannt haben. Ein bloßes Kennen-Müssen macht den Dritten nicht bösgläubig! Maßgeblich ist der Zeitpunkt des rechtsbegründenden Vorgangs (z.B. Vertragsschluss, Erfüllung). Die Kenntnis von „Wissensvertretern“ genügt.

Dabei ist die Bildung eines konkreten Vertrauens im Unterschied zur allgemeinen Rechtsscheinhaftung nicht nötig, sodass es unerheblich ist, ob der Dritte im Einzelfall das Register eingesehen und auf sein Schweigen tatsächlich vertraut hat (Hopt/Merkt, § 15 Rn 9). Vielmehr genügt die theoretische Möglichkeit zur Bildung von Vertrauen (es findet also eine generalisierende Betrachtung wie bei §§ 892, 2366 BGB statt). Die Gutgläubigkeit des Dritten wird vermutet (Jung, Kap. 3 Rn 15).

Die Beweislast für die positive Kenntnis des Dritten liegt beim Eintragungspflichtigen! Vgl. Wortlaut: „(...) es sei denn (...)".

In der Praxis sollte der Kaufmann deshalb versuchen, alle Geschäftspartner über die eintragungspflichtige Tatsache zeitnah zu informieren. Mit Kenntniserlangung von einer solchen Mitteilung ist § 15 I HGB dann nicht mehr anwendbar, da der Gegenüber die Tatsache nunmehr kannte.

d) Zugehörigkeit zum „Geschäfts- bzw. Prozessverkehr"

Der rechtsbegründende Vorgang muss zum „Geschäftsverkehr" (arg. § 15 IV HGB), einschließlich dessen Fortsetzung im (Zivil-) „Prozessverkehr" gehören.

Die Registereintragungen sollen dem Dritten nämlich die Grundlagen für seine Entschlüsse im Wirtschaftsleben liefern; ihre Rechtsscheinwirkung ist deshalb dort ausgeschlossen, wo kein derartiger Motivationsprozess denkbar ist (niemand schaut, bevor er sich von einem OHG-Gesellschafter überfahren lässt, ins Handelsregister). Im sog. reinen Unrechtsverkehr (d.h. bei rein deliktischen Ansprüchen, z.B. RGZ 93, 238, 240 f., für einen Verkehrsunfall) sowie bei Steuerschulden (Entstehung kraft Gesetzes) ist § 15 HGB unanwendbar; es gilt stets die wahre Rechtslage (**Grüneberg**/Retzlaff, § 707a Rn 9). Dogmatisch handelt es sich bei dieser Einschränkung um eine **teleologische Reduktion** des § 15 I HGB (Jung, Kap 3 Rn 16).

2. Die Rechtsfolgen von § 15 I

Derjenige, „in dessen Angelegenheiten die Tatsache einzutragen war" (d.h. wer durch sie irgendwie entlastet wird [regelmäßig der Inhaber]), kann sie dem Dritten „nicht entgegensetzen". Diese Formulierung in § 15 I HGB darf nicht darüber hinwegtäuschen, dass § 15 I HGB grundsätzlich **Wirkung inter omnes** entfaltet. So gehört z.B. eine Sache, die der Dritte nur über § 15 I HGB erworben hat, mit allen Konsequenzen zu seinem Vermögen.
Er ist insoweit Berechtigter (Canaris, § 5 Rn 23).

Problem: Kann die Anwendung von § 15 I HGB die Folge haben, dass auch **unbeteiligte Nicht-Kaufleute** einen Rechtsnachteil erleiden, z.B. gem. **§ 366 HGB** (guter Glaube an Verfügungsbefugnis) ihr Eigentum verlieren?

- Nach einer Ansicht greift der Vertrauensschutz nach § 15 I HGB nicht gegenüber am Handelsgeschäft nicht beteiligten Personen. Sie könnten die Eintragung nicht bewirken und dürften daher auch nicht sanktioniert werden.
- Nach h.M. greift demgegenüber der Vertrauensschutz nach § 15 I HGB auch zu Lasten Unbeteiligter. Die Rechtsfolgen wirken in erster Linie zugunsten des geschützten Dritten. Der Rechtsverlust auf Seiten des Eigentümers ist als Reflexwirkung notwendige Konsequenz und als von § 15 I HGB mitgeregelt hinzunehmen (vgl. OLG Düsseldorf, NJW-RR 1999, 615, 616)

Jedoch **kann** umgekehrt der Dritte, wenn ihm dies günstiger erscheint, auf seinen Schutz verzichten und **sich auf die wahre Rechtslage berufen** (**Grüneberg**/Retzlaff, § 707a Rn 10), indem er z.B. geltend macht, die von dem entlassenen, aber im Handelsregister noch nicht gelöschten Prokuristen abgegebene Willenserklärung sei unwirksam. Dadurch wird er bessergestellt, als wenn die scheinbare Rechtslage der Wirklichkeit entspräche, da er in diesem Fall kein **Wahlrecht** hätte. Dies muss jedoch hingenommen werden, da es mit der Schutzfunktion des § 15 I HGB unvereinbar wäre, den Dritten zwingend an die scheinbare Rechtslage zu binden. **Es muss nämlich jedem Teilnehmer am Rechtsverkehr offenstehen, sich auf die tatsächliche Rechtslage zu berufen.**

Problem: Missbrauch der Vertretungsmacht und § 15 I HGB

Die Grundsätze des Missbrauchs der Vertretungsmacht gelten auch im Anwendungsbereich des § 15 I HGB. Die Rechtsscheinregeln bewirken, dass sich derjenige, der den Rechtsschein zurechenbar gesetzt hat, dem gutgläubigen Dritten gegenüber, der sich bei seinem geschäftlichen Verhalten auf den Rechtsschein verlassen hat, nicht auf die wahre Rechtslage berufen kann. Aus Rechtsscheingrundsätzen können indes keine weitergehenden Rechte hergeleitet werden, als sie bestünden, wenn der Rechtsschein zuträfe (BGH, II ZR 220/22, **RA 2024, 361**).

<u>**Examenstipp (Klassiker):**</u>

Rosinentheorie, BGHZ 65, 309

Sofern sich ein Anspruch auf mehrere Tatbestandsmerkmale stützt, die nur dadurch sämtlich bejaht werden können, dass bei dem einen Tatbestandsmerkmal § 15 I HGB angewendet wird und bei einem anderen Tatbestandsmerkmal hingegen nicht, greift § 15 I HGB nach h.M. ebenfalls ein, sog. „Rosinentheorie“ (BGHZ 65, 309; a.A. z.B. Canaris, § 5 Rn 26). Somit erweist sich § 15 I HGB letztlich nicht als die Wahl einer Rechtslage (der tatsächlichen oder der fiktiven), sondern als ein **Einwendungs**ausschluss.

<u>**Beispiel:**</u> Die X-KG besteht aus den Komplementären A und B und dem Kommanditisten C. Im Gesellschaftsvertrag ist bestimmt, dass A und B nur gemeinsam zur Vertretung berechtigt sind. Dies ist auch in das Handelsregister eingetragen. B scheidet aus der Gesellschaft aus, was weder in das Handelsregister eingetragen noch bekannt gemacht wird. Danach bestellt A im Namen der X-KG Waren bei V. Diesem ist das Ausscheiden des B aus der X-KG nicht bekannt. Kann V Zahlung des Kaufpreises von B verlangen? (Klausur mit eGbR bei Burchardi/Lamersdorf, JuS 2024, 139)

<u>**Lösung:**</u> Anspruch aus § 433 II HGB i.V.m. §§ 161 II, 105 II, 126 [bisher: 124, 128] HGB.

I. Vertrag mit der KG?

Problem: Fraglich ist, ob A mit Vertretungsmacht gehandelt hat.

Dies ist zu bejahen da nach dem Ausscheiden des B alleiniger Komplementär war.

II. Akzessorische Haftung des B?

Problem: Ob B für die Verbindlichkeit der KG haftet ist zweifelhaft, da B bei Entstehung der Kaufpreisforderung des V gegen die X-KG bereits aus der Gesellschaft ausgeschieden war, so dass er eigentlich nicht nach § 126 HGB haften würde.

Fraglich ist allerdings, ob B in Anwendung des § 15 I HGB nicht doch so zu behandeln ist, als sei er noch Gesellschafter. In diesem Fall wäre B zwar noch fiktiver Komplementär, ein wirksamer Vertragsschluss würde dann aber an der Fiktion fortbestehender Gesamtvertretungsmacht scheitern.

Nach einer Ansicht scheidet eine Haftung des B aus. V könne sich nur „entscheiden", ob er sich vollständig auf die wahre oder vollständig auf die fiktive Rechtslage gem. § 15 I HGB berufe. In der wahren Rechtslage fehle dem B die Stellung als Komplementär, in der fiktiven Rechtslage fehle es mangels Gesamtvertretung schon an einer Verbindlichkeit der KG. In beiden Rechtslagen scheide ein Anspruch gegen B folglich aus, weshalb V von B keine Zahlung verlangen könne.

Der **BGH** (h.M.) spricht sich dennoch für die Anwendung des § 15 I HGB aus. Die Voraussetzungen des § 15 I HGB lägen vor, insbesondere sei das Ausscheiden eines Komplementärs aus einer KG nach §§ 161 II, 106 VI [bisher: § 143 II] HGB eintragungspflichtig. Mithin könne sich V hinsichtlich des Vertragsschlusses auf die tatsächliche und hinsichtlich der Gesellschafterstellung des B auf die fiktive Rechtslage gem. § 15 I HGB berufen („**Rosinentheorie**").

Für die **h.M.** spricht vor allem der Wortlaut des § 15 I HGB. Hier ist davon die Rede, dass die eintragungspflichtige Tatsache einem anderen (hier dem V) „nicht entgegengesetzt" werden könne. Dies spricht dafür, von einem Einwendungsausschluss auszugehen. Gegen die Haftung für die durch A in der wahren Rechtslage begründete Verbindlichkeit der KG kann B also nicht einwenden, dass er kein Gesellschafter mehr sei. Dies ist ihm gem. § 15 I HGB verwehrt.

Der Anspruch gem. § 433 II BGB i.V.m. §§ 161 II, 105 II, 126 HGB gegen B besteht also.

III. Die Rechtslage bei richtiger Eintragung und Bekanntmachung, § 15 II HGB

1. Die Regelung des § 15 II 1 HGB

Die auf den ersten Blick selbstverständlich erscheinende Regelung hat folgende nicht unerhebliche Bedeutung: Eintragung und Bekanntmachung zerstören bei einer Änderung der bisherigen rechtsgeschäftlichen Lage den durch die alte Rechtslage geschaffenen Vertrauenstatbestand. Dies gilt für jeden Vertrauenstatbestand, der sich aus der bloßen „Praktizierung" der Rechtslage ergibt. Darüber hinausgehende Rechtsscheine, die gesondert geschaffen wurden, werden durch § 15 II 1 HGB jedoch nicht zerstört.

Beispiel: Die Eintragung und Bekanntmachung der Entziehung der Prokura zerstört den Vertrauenstatbestand, der aus dem bisherigen Auftreten des Prokuristen im Rechtsverkehr entstanden ist. Hat der Prokurist jedoch noch eine Urkunde über die Prokuraerteilung in Händen und schließt unter deren Vorlage ein Rechtsgeschäft ab, ist § 172 II BGB im Verhältnis zu § 15 II 1 HGB vorrangig (Canaris, § 5 Rn 36, 38 f.; KKRD/Roth, § 15 Rn 24).

Im Ergebnis dient somit die rechtsscheinzerstörende Eintragung und Bekanntmachung dem **Schutz des Eintragungspflichtigen**.

2. Die Regelung des § 15 II 2 HGB

§ 15 II 2 HGB verlängert die negative Publizität des § 15 I HGB um 15 Tage („**Schonfrist**"). Hierfür ist jedoch Bedingung, dass der Dritte nachweist, dass er schuldlos von der Tatsache nichts wusste. Für Nicht-Kaufleute gilt der Fahrlässigkeitsmaßstab des § 276 II BGB, für Kaufleute hingegen der strenge Maßstab der „Sorgfalt eines ordentlichen Kaufmanns" gem. § 347 I HGB.

Seit der Einführung des elektronischen Handelsregisters und der dadurch ganz wesentlich erleichterten Einsichtnahme wird man **Kaufleuten** jedenfalls bei größeren Geschäften eine Einsichtspflicht auferlegen müssen und eine Berufung auf die Schonfrist nicht mehr gestatten können (Henssler/Strohn-Wamser, § 15 Rn 7; Paefgen, ZIP 2008, 1653, 1655 f.).

Ob dies auch für Alltagsgeschäfte gilt, ist streitig (bejahend: Hopt/Merkt, § 15 Rn 14; MK/Krebs, § 15 Rn 77; ablehnend, da dies an den Realitäten eines schnellen kaufmännischen Rechtsverkehrs vorbeigehe: Henssler/Strohn-Wamser, § 15 Rn 7; Paefgen, ZIP 2008, 1653, 1655 f.; Canaris, § 5 Rn 33).

Bei **Nicht-Kaufleuten** dürfte eine Nachforschungspflicht jedenfalls bei Alltagsgeschäften entfallen (Canaris, § 5 Rn 33; a.A. MK/Krebs, § 15 Rn 77).

Ein Fall des „Kennenmüssens" liegt aber jedenfalls dann vor, wenn aufgrund besonderer Umstände im Einzelfall die Einsichtnahme ins Handelsregister oder eine sonstige Überprüfung der wahren Rechtslage angezeigt schien.

IV. Positive Publizität gem. § 15 III HGB

§ 15 III HGB regelt ebenfalls einen **Fall der Rechtsscheinhaftung**. Dabei geht es hier um das Vertrauen in unrichtig bekannt gemachte Tatsachen, weshalb bei § 15 III HGB auf das (falsche) „Reden" und nicht wie bei § 15 I HGB auf das „Schweigen" vertraut wird. Folglich regelt § 15 III HGB eine „**positive**" und keine „negative" **Publizität** (**Grüneberg**/Retzlaff, § 707a Rn 8).

Bis zur Einfügung des § 15 III HGB im Jahre 1969 war eine (eingeschränkte) positive Publizität von Registereintragungen gewohnheitsrechtlich in folgendem Umfang anerkannt: Wer eine unrichtige Eintragung zum Handelsregister abgibt oder schuldhaft nicht beseitigt, muss sich gutgläubigen Dritten gegenüber so behandeln lassen, als sei die Eintragung richtig (**„Ergänzungssatz" zu § 15 I HGB**; Canaris, § 5 Rn 43).

Nunmehr „ersetzt" § 15 III HGB im Rahmen seines Anwendungsbereichs diesen Gewohnheitssatz. Zweifelhaft ist jedoch wie § 15 III HGB auszulegen ist (unten 2.).

1. Anwendungsbereich: Unrichtige Eintragung der bekannt gemachten Tatsache

Die Änderung des Bekanntmachungswesens zum 1.8.2022 führte zu einer Änderung des § 15 III HGB, da eine „nur" unrichtige Bekanntmachung nun nicht mehr denkbar ist, weil ein Auseinanderfallen zwischen einzutragender Tatsache und deren Bekanntmachung technisch nahezu ausgeschlossen ist. Es findet keine separate Bekanntmachung mit eigenem Wortlaut mehr statt, sondern im Falle des Abrufs einer Tatsache über das elektronische Informations- und Kommunikationssystem wird stets die Eintragung aus dem elektronischen Handelsregister direkt abgerufen.

2. Einschränkende Auslegung

Die vom Wortlaut des § 15 III HGB gedeckte reine Rechtsscheinhaftung wird fast allgemein abgelehnt.

<u>Beispiel:</u> Privatier P wird infolge Namensverwechslung fälschlich als Gesellschafter der ABC-OHG eingetragen: Soll er allein deshalb gem. § 128 HGB für die Schulden der OHG haften? Schuldet die OHG aus einem von P in ihrem Namen geschlossen Vertrag Erfüllung?

Der zu weit geratene Wortlaut des § 15 III HGB könnte eine reine Zufallshaftung für fremde Eintragungsfehler begründen. Die h.M. begrenzt die Haftung aus § 15 III HGB deshalb durch das **Veranlasserprinzip**: Nur derjenige werde verpflichtet, der die unrichtige Eintragung irgendwie – und sei es auch durch eine richtige Anmeldung – veranlasst habe (Hopt/Merkt, § 15 Rn 19).

3. Prüfungsfolge bei § 15 III HGB

a) (Abstrakt) eintragungspflichtige Tatsache in Angelegenheiten des Anspruchsgegners. Das bedeutet: Eine solche Tatsache, die *bei Unterstellung ihrer Richtigkeit* eintragungspflichtig wäre (Canaris, § 5 Rn 47).

b) Unrichtige Eintragung der bekannt gemachten Tatsache

c) Veranlassung der unrichtigen Eintragung durch den Anspruchsgegner (vgl. oben 2.).

d) Unkenntnis des Dritten von der wahren Sachlage. Die Bildung eines konkreten Vertrauens ist aber auch hier (wie bei § 15 I HGB) nicht erforderlich (Jung, Kap. 3 Rn 23). Voraussetzung ist dies allerdings nach wie vor für die allg. Rechtsscheinhaftung.

e) Zugehörigkeit des rechtsbegründenden Vorgangs zum „Geschäftsverkehr" (arg. § 15 IV HGB).

Die Publizitätswirkungen des Handelsregisters gem. § 15 HGB

REGELUNG	REGISTERLAGE	VERTRAUENSLAGE DES DRITTEN	WIRKUNG DER REGISTERPUBLIZITÄT
§ 15 I HGB	Eintragungspflichtige Tatsache, die nicht eingetragen und bekanntgemacht ist.	Der Dritte geht vom Nichtbestehen der eintragungspflichtigen Tatsache aus; konkretes Vertrauen ist nicht nötig.	▸ **Negative Publizität**; der Dritte muss sich die Tatsache nicht entgegensetzen lassen, kann also auf „das Schweigen" vertrauen.
§ 15 II HGB	Richtig eingetragene und bekanntgemachte eintragungspflichtige Tatsache	Der Dritte vertraut auf eine (auf einem Rechtsschein basierende) Rechtslage, welche der Bekanntmachung widerspricht.	S. 1: Der Rechtsschein ist durch die Bekanntmachung zerstört; das Vertrauen des Dritten ist nicht (mehr) schutzwürdig. Ausnahme gem. S. 2: innerhalb der 15-tägigen „Schonfrist"
§ 15 III HGB	Unrichtige Eintragung einer bekannt gemachten und eintragungspflichtigen Tatsache	Der Dritte kennt die Unrichtigkeit der Eintragung nicht und es bestand die abstrakte Möglichkeit der Vertrauensbildung.	▸ **Positive Publizität**; der Dritte kann sich – im Rahmen des Veranlasserprinzips – auf die unrichtige Eintragung berufen.

V. Vertrauenshaftung im Handelsrecht außerhalb des Handelsregisters

In Rspr. und Schrifttum grundsätzlich anerkannt, wenn auch in den Einzelheiten keineswegs geklärt, sind die Grundsätze der Rechtsscheinhaftung im Handelsrecht. Danach muss sich derjenige, der im kaufmännischen Geschäftsverkehr einen Rechtsschein zurechenbar veranlasst, so behandeln lassen, als sei der Rechtsschein zutreffend, sofern ein anderer im Vertrauen auf die Richtigkeit des Rechtsscheins Rechtshandlungen vorgenommen hat und dieses Vertrauen nicht auf Fahrlässigkeit beruht (BGH, ZIP 1996, 1511).

Die Rechtsscheinhaftung ist Ausdruck des allgemeinen handelsrechtlichen Vertrauensschutzes. Dieser ist in zahlreichen Einzelvorschriften spezialgesetzlich geregelt (z.B. §§ 15 I, 15 III, 25 I, 27, 56 HGB), greift als allgemeines Rechtsprinzip aber auch dort ein, wo eine solche spezialgesetzliche Regelung fehlt.

Anwendungsfälle dieser Rechtsscheinhaftung sind die Lehre vom Scheinkaufmann und die Rechtsscheinhaftung für die Eintragung und Bekanntmachung nicht eintragungspflichtiger Tatsachen (Canaris, § 6 Rn 4).
Der (unzutreffende) Rechtsschein kann jedoch auch außerhalb des Handelsregisters geschaffen werden, z.B. durch unzutreffende Angaben auf Geschäftsbriefen, unberechtigtes Führen einer Firma (etc.). Ein Sonderfall der Rechtsscheinhaftung, der im gesamten Zivilrecht Anwendung findet, ist die Duldungs- bzw. Anscheinsvollmacht.
Infolge Rechtsscheinhaftung kommt insbesondere die persönliche Inanspruchnahme des Geschäftsführers einer GmbH in Betracht, sofern dieser im Geschäftsverkehr (z.B. durch Angaben auf seinen Geschäftsbriefen) den Eindruck erweckt, er handele als – unbeschränkt haftender – Einzelkaufmann. Gleiches gilt für den Geschäftsführer einer Komplementär-GmbH, wenn die KG entgegen § 19 II HGB nicht als „GmbH & Co. KG“ firmiert (BGHZ 71, 354, 357 f.).

Die Rechtsscheinhaftung tritt in derartigen Fällen neben die Haftung des (über die Grundsätze des unternehmensbezogenen Geschäfts) tatsächlich verpflichteten Unternehmensträgers (im Regelfall eine GmbH).

Die Firma

Die „Firma" ist gem. § 17 HGB der Name des Kaufmanns.

Ein Kaufmann kann gem. § 17 II HGB unter seiner Firma klagen und verklagt werden. Partei im Zivilprozess ist aber nicht die Firma, sondern der Inhaber. Das Urteil wirkt i.d.R. nur gegen und für den, der bei Eintritt der Rechtshängigkeit Inhaber war.

Zu beachten ist aber, dass der Kaufmann dies nicht muss. Er kann also auch unter seinem „normalen" Namen klagen.

Der Kaufmann muss seine Firma zwecks Eintragung im Handelsregister zur Anmeldung bringen (§ 29 HGB).

Die Firma kann nur mit dem Handelsgeschäft (Unternehmenskern) veräußert werden (§ 23 HGB).

Vor allem wird der Begriff der „Firma" im Kontext von Haftungsproblemen bei Unternehmensübernahmen prüfungsrelevant. Vor allem die §§ 25-27 HGB stellen entscheidend auf die Fortführung der Firma ab.

Als **Rechtsgrundlagen** finden sich: §§ 17–37a HGB; und zwar:

- Für Einzelkaufmann: § 19 I Nr. 1 HGB
- für Personengesellschaften: § 19 I Nr. 2–3 HGB
- für Aktiengesellschaften: § 4 AktG
- für Gesellschaften mit beschränkter Haftung: § 4 GmbHG
- für Unternehmergesellschaften: § 5 a I GmbHG
- für Genossenschaften: § 3 GenG.

Man unterscheidet drei **Arten von Firmen**, die sich im Wesentlichen historisch ausdifferenziert haben:

- **Personenfirma:** Der Name einer natürlichen Person wird als Firme verwendet, etwa *„Zingel KG"*.
- **Sachfirma:** Die Bezeichnung des Gegenstandes des Unternehmens dient zugleich als Firmenname, etwa *„Jura-Skript GmbH"*. Personen- und Sachfirma können auch kombiniert werden, etwa *„Müller Verlag OHG"*.
- **Phantasiefirma:** Eine beliebige andere, i.d.R. möglichst werbewirksam gewählte Bezeichnung dient als Firma, etwa *„Forward AG"* oder *„A-2-B GmbH"*.

Es gelten die folgenden **Firmengrundsätze**:

- **Grundsatz der Firmenwahrheit:** Die Firma muss zur Kennzeichnung des Unternehmens geeignet sein und Unterscheidungskraft besitzen (§ 18 I HGB). Sie darf also keine unwahren oder täuschenden Angaben enthalten (§ 18 II HGB).

- **Grundsatz der Firmenöffentlichkeit:** Der Kaufmann wird unter seiner Firma in das Handelsregister (§§ 8 ff. HGB) eingetragen, und zwar in öffentlich beglaubigter Form (§ 12 I HGB). Die Einsicht in das Handelsregister ist jedem ohne Nachweis eines Bedarfes gestattet (§ 9 I HGB). Man spricht daher von Firmenöffentlichkeit.

- **Grundsatz der Unterscheidbarkeit:** Jede Firme muss sich von jeder an einem Ort bereits bestehenden Firma deutlich unterscheiden (§ 30 I i.V.m. § 18 I HGB). Jeder vorhandene Name eines Kaufmannes verhindert also neue, ähnliche oder gleichlautende Eintragungen. Man spricht daher auch vom Firmenmonopol. Ggfs. muss ein Zusatz dem Namen angefügt werden (§ 30 II HGB).

- **Grundsatz der Firmenkontinuität:** Die Firma kann ihren Inhaber überleben, d.h., sie darf bei Verkauf, Schenkung, Erbschaft oder vergleichbaren Erwerbsformen von einem neuen Kaufmann fortgeführt werden (§§ 22, 24, 21 HGB). Die Firma kann jedoch nicht als „Leerübertragung“ ohne das zugrundeliegende Gewerbe übertragen werden (§ 23 HGB).

Definition: Die **Unterscheidungskraft** i.S.d. § 18 I HGB ist zu bejahen, wenn die Firma generell geeignet ist, den Kaufmann von anderen zu unterscheiden, also zu individualisieren.

Für eine **deutliche Unterscheidung** im Rahmen des § 30 I HGB ist nötig und erforderlich, dass keine ernstliche Verwechslungsgefahr besteht, wobei der Gesamteindruck der Firmen beziehungsweise das Klangbild für Auge und Ohr entscheidend ist.

Firmen- und Unternehmensfortführung, § 25 ff. HGB

Es entspricht der Verkehrsanschauung, dass die Gläubiger von Geschäftsverbindlichkeiten diese gegen „die Firma“ sollen geltend machen können, gleichgültig, wer der derzeitige Firmeninhaber ist. Diese Vorstellung hat ihren gesetzlichen Niederschlag namentlich in den §§ 25 und 27 HGB gefunden.

Unabhängig von der Fortführung der Firma wird in den Fällen der §§ 28, 127 [bisher: 130] und 173 HGB gehaftet. In diesen Fällen begründet die Kontinuität des Unternehmens die Haftung. Genau diese Fortführung des Unternehmens wird bei §§ 25 und 27 HGB durch die Fortführung der Firma indiziert.

FÄLLE DES INHABERWECHSELS IN EINEM KAUFMÄNNISCHEN UNTERNEHMEN

Rechtsgeschäft unter Lebenden		Todesfall
§ 25 HGB Inhaberwechsel durch Erwerb unter Lebenden	**§ 28 HGB** Entstehung eines neuen Rechtsträgers (OHG/KG) durch Einbringung des Geschäfts in neue Gesellschaft	**§ 27 HGB** Inhaberwechsel durch den Erbfall

I. Der Haftungstatbestand des § 25 HGB

Hinter dieser Vorschrift steckt die folgende Regelungsidee:
Wer ein Handelsgeschäft unter der bisherigen Firmierung fortführt, setzt einen Anschein der Kontinuität. Vertragspartner können deshalb an sich darauf vertrauen, dass der neue Inhaber auch für die Alt-Verbindlichkeiten geradesteht.

Der Normzweck und der Rechtsgrund der Haftung – insbesondere des § 25 I HGB – sind von jeher umstritten und gehören zu den am heftigsten diskutierten Fragen des gesamten Handelsrechts (Canaris, § 7 Rn 6). In der neueren Literatur setzt sich zunehmend die Erkenntnis durch, dass § 25 HGB ein historisch pragmatischer Kompromiss ohne spezifischen dogmatischen Hintergrund und als solcher zu akzeptieren ist (BeckOK-Bömeke, § 25 Rn 8; Staub/Burgard, § 25 Rn 35; Oetker/Vossler, § 25 Rn 9). § 25 HGB dient so gesehen der Schaffung von Rechtssicherheit bei (für Unternehmensgläubiger und -schuldner wegen der Firmenfortführung hinsichtlich der Haftungsverhältnisse nicht hinreichend transparenten) Unternehmensübernahmen, ermöglicht den Beteiligten des Unternehmenserwerb aber, die Haftungsverhältnisse durch Publikation hinreichend transparent zu machen. **In einer Klausur werden Einzelheiten zu den verschiedenen Theorien nicht verlangt und diese sind auch i.d.R. zur Lösung des Falles unergiebig** (vgl. hierzu Jakob, JA 2008, 101, 104).

§ 25 HGB normiert einen **gesetzlichen Schuldbeitritt** (BGH, NJW-RR 1989, 1055, 1056; Canaris, § 7 Rn 39; ganz h.M.) bei Fortführung der Firma durch den rechtgeschäftlichen Erwerber. Nach einer M.M. soll § 25 I HGB hingegen einen gesetzlichen Forderungsübergang auf den neuen Inhaber bewirken (MK/Thiessen, § 25 Rn 81).

Klausurhinweis:

§ 25 HGB ist keine eigenständige Anspruchsgrundlage, sondern eine bloße Haftungsnorm (Jung, Kap. 5 Rn 10; Preisner, JA 2012, 163, 166). § 25 HGB erstreckt die aus einer anderen Vorschrift bereits begründete Verbindlichkeit (z.B. § 433 II BGB) auf weitere Personen (den oder die Erwerber des Handelsgeschäfts). § 25 HGB ist daher nicht alleine zu zitieren, sondern zusammen mit der „eigentlichen" Anspruchsgrundlage, also z.B. §§ 433 II BGB, 25 I HGB.

Die Voraussetzungen im Einzelnen:

1. Erwerb unter Lebenden
2. Handelsgeschäft
3. Geschäftsfortführung
4. Fortführung der bisherigen Firma
5. Im Betrieb des Handelsgeschäfts begründete Verbindlichkeit
6. Kein Haftungsausschluss nach § 25 II HGB

1. **Erwerb unter Lebenden**
   Der Erwerbsgrund ist unerheblich (z.B. Kauf, Schenkung, Pacht, Nießbrauch).
   Achtung: Es muss nicht zwingend ein Rechtsgeschäft zwischen Altinhaber und Erwerber vorliegen. Es genügt z.B. wenn ein Neupächter dem Altpächter nachfolgt und beide nur mit dem Eigentümer Verträge geschlossen haben. Erforderlich ist nämlich nur die Übertragung des Unternehmens als betriebsfähiger Wirtschaftseinheit, nicht aber die (dingliche) Übertragung des Unternehmensvermögens (MK/Thiessen, § 25 Rn 45).

Vertiefung: Doch kann § 25 HGB beim **Verkauf durch den Insolvenzverwalter nicht** eingreifen, da die Insolvenzgläubiger ihre Befriedigung bereits aus dem Kaufpreis erhalten. Sie sollen sich nur aus der vom Erwerber erbrachten Gegenleistung befriedigen, nicht dagegen durch Rückgriff auf das sonstige Vermögen des Erwerbers (BeckOK-Bömeke, § 25 Rn 18).

Dies gilt auch, wenn die Veräußerung nicht durch den Insolvenzverwalter, sondern durch den Schuldner in der **Eigenverwaltung** erfolgt. Die Anwendung des § 25 I 1 HGB würde auch in der Eigenverwaltung zu einer Bevorzugung einzelner Insolvenzgläubiger führen, wodurch die übrigen Insolvenzgläubiger, die sich angesichts einer dadurch zu erwartenden Erlösschmälerung mit einer geringeren Verteilungsmasse zu begnügen hätten, benachteiligt würden. Eine Bevorzugung einzelner Insolvenzgläubiger widerspricht dem Grundsatz der gleichmäßigen Befriedigung aller Insolvenzgläubiger, der auch im Eigenverwaltungsverfahren Geltung beansprucht (BGH, II ZR 457/18, **RA 2021, 193**).

Die durch diese Besonderheiten des Insolvenzverfahrens bedingten Gesichtspunkte treffen aber auf die Fortführung eines überschuldeten Unternehmens **außerhalb** eines Insolvenzverfahrens **nicht** zu. § 25 HGB ist deshalb dann anwendbar, wenn ein in Insolvenz befindliches Unternehmen von einem Dritten außerhalb des Insolvenzverfahrens ohne Mitwirkung des Insolvenzverwalters lediglich tatsächlich fortgeführt wird (BGH, VIII ZR 423/12, JuS 2014, 454).

Problem: Wie wirken sich Mängel im Übernahmevertrag aus?

Mängel im Übernahmevertrag wirken sich nach h.M. (vor allem Rspr.) auf die Anwendbarkeit des § 25 I 1 HGB nicht aus, da ein Vertrag zwischen Veräußerer und Erwerber ganz entbehrlich ist und die rein tatsächliche Fortführung des Handelsgeschäfts genügt. So hat es auf die Haftung des Übernehmers keinen Einfluss, dass der Übernahmevertrag rückwirkend durch Anfechtung (§§ 119 ff, 142 I BGB) rückgängig gemacht wird oder das Unternehmen aufgrund eines Rücktrittsrechts zurückgewährt wird. Dies ist darauf zurückzuführen, dass es sich bei § 25 HGB um eine Ausprägung der Rechtsscheinhaftung handelt. Ein Rechtsschein der Firmen- und Unternehmenskontinuität wird aber auch dann hervorgerufen, wenn das Unternehmen nur für einen gewissen Zeitraum übertragen wird und dann an den Veräußerer zurückfällt (BGH, NJW 1992, 911, 912; 1984, 1186, 1187; Hopt/Merkt, § 25 Rn 5).

Nach a.A. ist ein endgültiger Inhaberwechsel die Voraussetzung für die Haftung. Verbleibe das Unternehmen nicht beim Erwerber, könne der zwischenzeitliche Erwerber zur Tilgung der Altverbindlichkeiten nicht auf das übernommene Vermögen zurückzugreifen. Damit fehle eine materielle Rechtfertigung der Erwerberhaftung. Wenn im Vertrauen auf den Anschein endgültigen Erwerbs disponiert worden sei, komme im Fall der Rückabwicklung nur eine Rechtsscheinhaftung des Erwerbers in Frage (EBJS/Reuschle, § 25 Rn 33).

Die wohl h.L. erkennt von dem Grundsatz der Haftung auch bei Unwirksamkeit des Erwerbsgeschäfts Ausnahmen für Fälle an, in denen die Unwirksamkeit auf Rechtsvorschriften beruht, die gerade dem Schutz des Erwerbers dienen. So scheide eine Haftung insbesondere aus, wenn das Erwerbsgeschäft wegen Geschäftsunfähigkeit des Erwerbers (§§ 104 ff. BGB) nichtig sei oder wegen seiner arglistigen Täuschung (§ 123 BGB) wirksam angefochten wurde (Staub/Burgard, § 25 Rn 55; HaKo-HGB/Schall/Ammon, § 25 Rn10).

Für den **Todesfall** gilt **§ 27 HGB**.

2. Handelsgeschäft

Es muss sich dabei um einen **kaufmännischen Gewerbebetrieb** handeln, da nur dieser eine Firma führen kann (BGH, NJW 1992, 112; OLG Brandenburg, 11 U 25/10). Die Übernahme des Geschäftsbetriebs einer BGB-Gesellschaft durch eine KG führt folglich nicht zu einer Haftung nach § 25 I HGB, da keine Fortführung eines kaufmännischen Betriebs vorliegt (BGH, DB 1991, 2382; BGHZ 22, 239). Eine **analoge Anwendung** auf nicht kaufmännische Unternehmensträger (so K. Schmidt, § 8 II 1 a) **scheidet aus**. Einerseits können Nichtkaufleute keine Firmierung fortführen, andererseits hätte der Nichtkaufmann noch nicht einmal die Möglichkeit, einen Haftungsausschluss nach § 25 II HGB im Handelsregister eintragen zu lassen (ganz h.M.: Canaris, § 7 Rn 20; Hopt/Merkt, § 25 Rn 2; in Klausurform Jakob, JA 2008, 101, 103).

3. Geschäftsfortführung = Unternehmensfortführung

Es muss eine **Fortführung des Geschäfts an sich** vorliegen. Das Handelsgeschäft wird fortgeführt, wenn die Fortführung gerade des bisherigen Geschäfts durch den Erwerber durch eine nach **außen in Erscheinung tretende Betätigung** erkennbar wird, denn nur dann kann eine schützenswerte Verkehrserwartung hinsichtlich der Haftung entstehen. Indizien: Die Entfaltung einer (im Wesentlichen) gleichen Geschäftstätigkeit, die Übernahme von im Rechtsverkehr für das Unternehmen auftretenden Mitarbeitern, vergleichbare Werbeaussagen, die Nutzung derselben Geschäftsräume und der Gebrauch desselben Fuhrparks sowie die unveränderte Nutzung von Telefonanschlüssen.

Die **Eingliederung** des erworbenen Handelsgeschäfts in ein bereits bestehendes oder zusätzlich erworbenes Unternehmen steht der Anwendbarkeit von § 25 HGB nicht entgegen, sofern erkennbar bleibt, dass es sich um die Fortführung des alten Geschäfts handelt.
Auch eine lediglich **vorübergehende Stilllegung** des Geschäftsbetriebs steht der Anwendung von § 25 HGB nicht entgegen, wenn der Geschäftsbetrieb später mit den fortbestehenden Betriebsmitteln und -strukturen doch fortgesetzt wird (BGH, NJW 1992, 911; BeckOK-Bömeke, § 25 Rn 34).
Wird das Unternehmen hingegen **endgültig eingestellt**, sofort weiter veräußert oder verpachtet, in eine Gesellschaft eingebracht oder so wesentlich umgestaltet, dass hierdurch ein für den Verkehr ersichtlicher Bruch mit der geschäftlichen Tradition des früheren Inhabers vollzogen wird, liegt keine Unternehmensfortführung vor, wobei im Fall der Einbringung in eine Gesellschaft § 28 HGB, im Fall der Weiterveräußerung oder -verpachtung § 25 HGB im Hinblick auf den neuen Erwerber/Pächter eingreifen kann (BeckOK-Bömeke, § 25 Rn 34).

Examenstipp (Klassiker):

Teilweise Unternehmensfortführung: BGH, VIII ZR 321/08, JuS 2010, 261

Eine Unternehmensfortführung i.S.v. § 25 I HGB liegt auch dann vor, wenn nur ein Teil des Unternehmens fortgeführt wird, sofern es sich nach den gesamten für den Rechtsverkehr in Erscheinung tretenden Umständen um den – den Schwerpunkt des Unternehmens bildenden – wesentlichen Kernbereich handelt. Für die Frage, ob der wesentliche Kernbereich eines Unternehmens fortgeführt wurde, kommt dem Wert der Unternehmensteile maßgebliche Bedeutung zu.

Sukzessive Unternehmensübernahme: BGH, VIII ZR 192/06, JuS 2009, 185

Auch eine sukzessiv erfolgte Unternehmensübernahme kann eine Fortführung i.S. von § 25 I 1 HGB sein. Dass es zeitweilig zu einer parallelen Existenz von Alt- und Neuunternehmen kommt, ist unschädlich (BGH, III ZR 116/11). Maßgeblich dafür ist, ob sich für den Rechtsverkehr die Betätigung des übernehmenden Unternehmens als Weiterführung des ursprünglichen Unternehmens in seinem wesentlichen Bestand darstellt.

4. **Fortführung der bisherigen Firma**

Ausreichend aber auch notwendig ist, dass der „**Firmenkern**" fortgeführt wird. Die Anknüpfung an die Firmenfortführung rechtfertigt sich dadurch, dass durch sie die Kontinuität des Unternehmens für den Geschäftsverkehr erkennbar in Erscheinung tritt. Für die Altschuldenhaftung ist zudem – anders als beim Forderungsübergang nach § 25 I 2 HGB – die **Einwilligung des früheren Inhabers nicht erforderlich**.

Auch **Veränderungen der Firma** stehen der Kontinuität der Firma nicht entgegen, soweit die Firma im Wesentlichen unverändert fortgeführt wird. Änderungen der Firma, die bereits nach **§ 22 HGB** zulässig sind stehen der Firmenfortführung in keinem Fall entgegen, sodass insbesondere bloße Änderungen der Schreibweise unerheblich sind (allgM vgl. BeckOK-Bömeke, § 25 Rn 41; EBJS/Reuschle, § 25 Rn 51).

Selbst bei weiter gehenden Änderungen, die nach § 22 HGB unzulässig sind, kann indes nach der herrschenden Meinung noch eine Firmenfortführung i.S.v. § 25 HGB vorliegen (EBJS/Reuschle, § 25 HGB Rn 52). Es ist ausreichend, aber auch erforderlich, dass der **prägende Teil** der alten Firma in der neuen Firma beibehalten wird und deswegen die neue Firma von den Verkehrskreisen noch mit der alten identifiziert wird (BGH, VIII ZR 321/08).

Für eine über § 22 HGB hinausgehende Auslegung des Tatbestandsmerkmals der Firmenfortführung i.R.d. § 25 HGB spricht neben dem unterschiedlichen Normzweck (bei § 22 HGB auch und gerade die Erhaltung des Firmenwerts), dass dessen Rechtsfolgen über § 25 II HGB der Parteiautonomie unterfallen und es die Veräußerer und Erwerber daher in der Hand haben, in Fällen zweifelhafter Firmenkontinuität durch Publikation ihrer abweichende Abreden Klarheit zu schaffen (BeckOK-Bömeke, § 25 Rn 42).

Der prägende Teil der alten wird in der neuen Firma beibehalten und die neue Firma mit der alten identifiziert, wenn sich der Kern der alten und der neuen Firma nach ihrem **Klangbild** gleichen (BGH, NJW 1982, 557). Prägender Firmenkern ist bei einer Personenfirma regelmäßig der Familienname, bei Phantasiefirmen die jeweilige Phantasiebezeichnung. Vornamen, Initialen, Gesellschafts- und Rechtsformzusätze sowie reine Branchenangaben haben regelmäßig keine prägende Kraft (EBJS/Reuschle, § 25 Rn 55). Die Änderung (Weglassen oder Hinzufügen) solcher Bestandteile berührt die Firmenkontinuität daher nicht.

Beispiel: Bei der Firmierung „Autohandel Geppert GmbH" ist der „Firmenkern" „Geppert". Wenn also z.B. der neue Inhaber die Firmierung „Autohaus Geppert GmbH" wählt, ändert dies nichts an der Fortführung des Firmenkerns „Geppert". Wenn aber die Firmierung lautet „Autohandel Kuhnert GmbH", dann wird der Firmenkern nicht fortgeführt und eine Haftung nach § 25 I HGB scheidet aus.

Eine nur **kurze, zwischenzeitliche Umfirmierung** eines Unternehmens steht der Haftung für eine Firmenfortführung gem. § 25 I HGB nicht entgegen, wenn die nach außen in Erscheinung tretende Kontinuität des Unternehmens dadurch nicht beeinträchtigt wird (BGH, VIII ZR 321/08, JuS 2010, 261).

Wird die **Firma nicht fortgeführt**, sind die §§ 25 I und II HGB nicht anwendbar. Es gelten nach h.M. lediglich § 25 III HGB und die allgemeinen Haftungstatbestände des BGB (BGH, NJW-RR 2004, 1173, 1174; Canaris, § 7 Rn 29; a.A. K. Schmidt, § 8 II 1 c).

Beachte: Nicht jede Bezeichnung, unter der ein Kaufmann auftritt, ist eine Firma. Es ist daher im Rahmen des § 25 I 1 HGB stets zu prüfen, ob es sich bei der gewählten Bezeichnung überhaupt um eine Firma im rechtlichen Sinne handelt. Insbesondere verwenden Gewerbetreibende und Freiberufler häufig werbewirksame sog. **Geschäfts- bzw. Etablissementbezeichnungen**. Diese Bezeichnungen sind **im Gegensatz zur Firma** nicht Unternehmensträger, sondern das Handelsgeschäft/Geschäftslokal. (LG Leipzig, 07 O 3974/09) Der Gesetzgeber hat sich für eine klare Abgrenzung entschieden, wonach eine **Firma nur dann** vorliegt, **wenn der Bezeichnung ein Rechtsformzusatz beigefügt** ist. Folglich können nun alle Bezeichnungen als Geschäfts- bzw. Etablissementbezeichnungen verwendet werden, solange diese nur keinen Rechtsformzusatz oder sonstigen Zusatz über die Kaufmannseigenschaft enthalten.

Keine Firmierung sind also z.B. „Auto-Kontakt" oder „Zum Viertele" (vgl. OLG Brandenburg, 11 U 25/10 und VGH Mannheim, 2 S 1652/11).

Beachte: Kurz zum Thema Arbeitsrecht: Beim **Betriebsübergang gem. § 613a BGB** spielt die Fortführung der Firmierung hingegen überhaupt keine Rolle.

5. Im Betrieb des Handelsgeschäfts begründete Verbindlichkeit

§ 25 I HGB begründet natürlich keine Haftung des neuen Inhabers für private Verbindlichkeiten des Altinhabers.

6. Kein Haftungsausschluss nach § 25 II HGB

Zur Wirksamkeit eines Haftungsausschlusses im Außenverhältnis ist erforderlich, dass ohne Verzögerung eine Eintragung im Handelsregister erfolgt und der Ausschluss bekannt gemacht wird oder dem Dritten mitgeteilt wird. Dem § 25 II HGB ist das ungeschriebene Merkmal **„unverzüglich"** hinzuzufügen, um dem Rechtsverkehr möglichst bald Klarheit über die Schuldnerstellung des Erwerbers zu verschaffen. Die **Mitteilung** muss i.d.R. spätestens **binnen 6 Wochen** erfolgen. Eine **Bekanntmachung** binnen 5 Monaten soll noch ausreichen, um dem Erwerber nicht die Möglichkeit zu nehmen, gegen die Eintragung ablehnende Entscheidungen des Registergerichts vorzugehen (EBJS/Reuschele, § 25 Rn 83). Das **Risiko einer verzögerten Eintragung** und Bekanntmachung trifft den neuen Unternehmensträger; es kommt weder auf dessen Verschulden noch auf ein solches des Registergerichts an (BeckOK-Bömeke, § 25 Rn 77; Oetker/Vossler, § 25 Rn 39; a.A. Canaris, § 7 Rn 35, da es sonst zu einer Haftung ohne tragfähigen Zurechnungsgrund kommen würde). Ist weder das eine noch das andere erfolgt, kann sich der Erwerber nicht darauf berufen, er habe die Haftung für Altverbindlichkeiten des übernommenen Unternehmens ausgeschlossen (BGH, NJW 1984, 1186; BGH, WM 1992, 736, 738). Insofern korrespondiert § 25 II HGB mit § 15 I HGB.

Dem Altgläubiger schadet es nicht, wenn er **auf andere Weise** als durch Mitteilung seitens des Erwerbers oder des Veräußerers von dem vereinbarten Haftungsausschluss **Kenntnis erlangt**. Denn der Dritte muss eine Information aus zweiter Hand nicht höher bewerten als das Schweigen der Parteien, die jederzeit einseitig persönlich an den Dritten herantreten können, selbst wenn das Registergericht die Eintragung und Bekanntmachung verzögern sollte (BGHZ 29, 1, 4; Henssler/Strohn/Wamser, § 25 Rn 14; MK/Thiessen, § 25 Rn 98; a.A. Oetker/Vossler, § 25 Rn 38; Canaris, § 7 Rn 36, da der Dritte dann nicht mehr schutzwürdig sei). § 25 II HGB regelt somit keinen Gutglaubenstatbestand, sondern macht **strikte Formvorgaben**.

§ 15 II HGB findet auf § 25 II HGB **keine Anwendung**. Er erfasst nämlich nur einzutragende, d.h. **anmeldungspflichtige** Tatsachen. Bei einer von § 25 I HGB abweichenden Vereinbarung handelt es sich demgegenüber lediglich um eine **eintragungsfähige** Tatsache (Hopt/Merkt, § 15 Rn 5).

Problem: **Ermöglicht § 25 II HGB auch einen teilweisen Haftungsausschluss?**

Der Ausschluss muss nicht in vollem Umfang erfolgen, er kann auch nur einzelne Forderungen erfassen. Die Beschränkung auf einen bestimmten Prozentsatz ist ebenfalls möglich. Beides ergibt sich aus einem Erst-Recht-Schluss: Wenn schon der völlige Ausschluss möglich ist, dann natürlich auch der teilweise.
Die Vereinbarung eines absoluten Höchstbetrages, z.B. bis zur Höhe von 200.000 €, ist dagegen den Gläubigern gegenüber unwirksam, da nicht voraussehbar ist, welche Verbindlichkeiten ausgeschlossen sein sollen (RGZ 152,78).

Beachte: Der Ausschlusstatbestand des § 25 II HGB ist nur eine Sonderregelung zu § 25 I HGB und findet **keine Anwendung** auf andere zwingende Haftungstatbestände wie z.B. die Regelungen zum Betriebsübergang in **§ 613a BGB** (Jung, Kap. 5 Rn 11).

7. Prozessuale Vertiefung (v.a. für das 2. Examen)

Der Gläubiger ist für Voraussetzungen des 25 I 1 HGB nach den allgemeinen Grundsätzen darlegungs- und beweisbelastet. Er muss daher Unternehmensübergang und -fortführung, Firmenfortführung und den Bestand einer ihm gegenüber bereits vor Geschäftsübergang im Betrieb begründeten Verbindlichkeit darlegen und beweisen (EBJS/Reuschle, § 25 Rn 67).

Auf eine gegen den Veräußerer **bereits erhobene Klage** hat die Unternehmensübertragung keinen Einfluss, weil dieser Schuldner der von ihm begründeten Verbindlichkeiten bleibt. Eine Parteiänderung nach § 265 ZPO kommt ebenso wenig in Betracht wie eine Rechtskrafterstreckung nach § 325 I ZPO (Oetker/Vossler, § 25 Rn 57). Werden Veräußerer und Erwerber gemeinschaftlich in Anspruch genommen, handelt es sich deshalb auch nicht um eine notwendige (§ 62 ZPO), sondern gemäß §§ 59, 60 ZPO lediglich um eine einfache Streitgenossenschaft. Da der Erwerber der Schuld kraft Gesetzes so beitritt, wie sie besteht, kann er an dem durch den Veräußerer begründeten Gerichtsstand des Erfüllungsortes (§ 29 ZPO) verklagt werden (Oetker/Vossler, § 25 Rn 57).

Klausurhinweis:

Für die Frage, wer Partei ist, gilt: Für den Kläger ist der Zeitpunkt der Anhängigkeit (Einreichung bei Gericht) maßgeblich. Für den Beklagten hingegen der Zeitpunkt der Rechtshängigkeit, also gem. § 253 ZPO der Zustellung. (T/P, Vor § 50 Rn 7)

Beispiel: G verklagt den Kaufmann S unter seiner Firma F. Nach Rechtshängigkeit veräußert S sein Geschäft unter den Voraussetzungen des § 25 I HGB an D. Dies Berührt den Rechtsstreit zwischen G und S nicht. Es ist aber das Rubrum zu berichtigen und S nunmehr als „normale" natürliche Person aufzuführen.

Beachte: Denken Sie insoweit an das Problem der Veräußerung der streitbefangenen Sache.

8. Rechtsfolge des § 25 I 1 HGB

Der Erwerber haftet mit seinem ganzen Vermögen als Gesamtschuldner **neben dem Veräußerer** (zu dessen Gunsten die Schuld nun in spätestens 5 Jahren nicht mehr durchgesetzt werden kann, **§ 26 HGB**, sog. Nachhaftungsbegrenzung) als **Gesamtschuldner**. Auf den Rechtsgrund der Verbindlichkeiten kommt es nicht an, weshalb auch deliktische Ansprüche unter § 25 I 1 HGB fallen. Von der Haftung ausgenommen sind lediglich Verbindlichkeiten aus Privatgeschäften oder anderen Unternehmen des Veräußerers (vgl. § 344 HGB).
Dem neuen Inhaber stehen gem. **§ 417 BGB analog** alle **Einwendungen** des ehemaligen Firmeninhabers zu.

9. Rechtsfolge des § 25 I 2 HGB

Für den Schuldner bleibt häufig unklar, wer künftiger Inhaber der unternehmensbezogenen Forderungen i.R.d. Unternehmenserwerbs ist.

Werden solche Forderungen im Zuge der Unternehmensübernahme an den neuen Inhaber **abgetreten, gelten die allgemeinen Regeln des Zessionsrechts**. Leistet ein Schuldner in diesem Fall in Unkenntnis der Abtretung an den früheren Inhaber, ist zu seinen Gunsten § 407 BGB anwendbar, d.h. der Erwerber muss die Leistung gegen sich gelten lassen, es sei denn, dass der Schuldner die Abtretung bei der Leistung kannte. Bloße Kenntnis vom Inhaberwechsel ist unschädlich. Weil der **Gläubigerwechsel vom Inhaberwechsel zu unterscheiden** ist und der Gläubigerwechsel selbst keine eintragungspflichtige Tatsache ist, greift auch § 15 II HGB in diesen Fällen nicht.

§ 25 I 2 HGB erfasst daher nur den vom bürgerlich-rechtlichen Zessionsrecht nicht erfassten **Fall, dass der Schuldner einer materiell bei dem Veräußerer verbliebenen geschäftsbezogenen Forderung** in Unkenntnis des Inhaberwechsels oder in der falschen Annahme, die Forderung sei auf den neuen Inhaber übergegangen **irrtümlich an den Erwerber zahlt.**

Für diese Konstellation ordnet § 25 I 2 HGB an, dass solche Forderungen den Schuldnern gegenüber als auf den Erwerber übergangen **gelten**. § 25 I 2 HGB ist damit eine **handelsrechtliche Komplementärvorschrift zu § 407 BGB** und dient ausschließlich dem **Schuldnerschutz**. § 25 I 2 HGB ordnet also **keinen echten Rechtsübergang** an, der auch im Verhältnis zu Dritten wirken würde (BeckOK-Bömeke, § 25 Rn 55 f.; Canaris, § 7 Rn 65).

Der Forderungsübergang gem. § 25 I 2 HGB setzt voraus, dass der bisherige Inhaber der **Fortführung der Firma zugestimmt** hat. Dies dient dem **Schutz des Veräußerers**, der keinen Rechtsverlust erleiden soll, wenn er diesen nicht durch Ermöglichung der Firmenfortführung mit verursacht hat. Ist die Einwilligung unwirksam, ist § 25 I 2 HGB nicht anwendbar. Rechtshindernde Einwendungen (z.B. Geschäftsunfähigkeit) schließen daher § 25 I 2 HGB aus. Auf den Fortbestand der Einwilligung kommt es hingegen nicht an, so dass etwa eine Anfechtung nicht schadet (MK/Thiessen, § 25 Rn 64).

§ 25 I 2 HGB findet keine Anwendung, wenn die rechtsgeschäftliche Übertragung der Forderung durch Abtretung aufgrund eines gesetzlichen oder vertraglichen Verbots (etwa **§§ 399, 400, 613, 711a** [bisher: 717] **BGB**) ausgeschlossen wäre (BGH, WM 1992, 736, 737; BeckOK-Bömeke, § 25 Rn 59). Beachte aber, dass bei Forderungen aus einem beiderseitigen Handelsgeschäft die Abtretung nicht ausgeschlossen werden kann, **§ 354a HGB**.
§ 25 I 2 HGB gilt weiterhin nur für solche Forderungen, die ohne Wahrung einer besonderen Form übertragbar sind. Andernfalls würde der jeweilige Formzweck verfehlt (vgl. nur EBJS/Reuschle, § 25 Rn 75). Besteht z.B. für die Forderung eine Hypothek, geht diese nicht ohne weiteres wegen der Unternehmensübertragung auf den Erwerber über (vgl. § **1154 BGB**).

Prozessual wirkt sich § 25 I 2 HGB als **Vermutung** zugunsten des Erwerbers aus, die jedoch **widerleglich** ist (BeckOK-Bömeke, § 25 Rn 62; Canaris, § 7 Rn 67).

Rechtsfolge des § 25 I 2 HGB ist, dass ein Schuldner nach der Übertragung des Unternehmens nunmehr mit befreiender Wirkung auch an den Erwerber leisten kann, nicht aber, dass die Forderung auf den Erwerber übergegangen ist. Der Schuldner wird aber auch dann befreit, wenn er an den Veräußerer leistet. Das folgt nicht aus § 407 BGB, sondern schlicht daraus, dass der Veräußerer der wahre Gläubiger ist. Hieran ändert § 25 I 2 HGB nichts, da diese **Schuldnerschutzvorschrift** nicht zu dessen Nachteil verkehrt werden darf.

Fraglich ist, wer die **Zuständigkeit zur Einklagung** der Forderung hat, was z.B. zur Herbeiführung einer Hemmung der Verjährung relevant ist. Nach BGH liegt diese Zuständigkeit beim Erwerber, weil die Forderung gegenüber dem Schuldner als auf den Erwerber übergegangen gelte (BGH, WM 1992, 736, 738). Nach a.A. liegt diese Zuständigkeit beim Veräußerer, da es diesem möglich sein müsse, sich auf die wahre Rechtslage zu berufen und die Vermutung des § 25 I 2 HGB zu widerlegen (so z.B. Canaris, § 7 Rn 76).
Folgt man dem BGH droht hier ein „toter Punkt", nämlich dass der Alt-Schuldner gar nicht zahlt, weil der Alt-Inhaber klagen will, aber nicht darf und der Neu-Inhaber mangels Interesse (beachte § 816 II BGB) nicht klagen will, aber dürfte.
Dies ließe sich prozessual wie folgt auflösen: Der Alt-Inhaber müsste sich vom Neu-Inhaber analog § 185 BGB Einzugsermächtigung einräumen lassen. Hieraus würde dann eine gewillkürte Prozessstandschaft des Alt-Inhabers folgen. Weigert sich der Neu-Inhaber, dürfte sich aus § 242 BGB eine Treuepflicht ergeben, die entweder auf eigene Einziehung des Geldes und Weiterleitung an den Alt-Inhaber gerichtet ist, oder auf Erteilung der Einzugsermächtigung. Der Alt-Inhaber erhebt insoweit am besten Klage auf Abgabe einer Willenserklärung, § 894 ZPO, nämlich auf Erteilung der Einzugsermächtigung.

Klausurhinweis:

Diese – extrem komplizierten – Konsequenzen der BGH-Rechtsprechung dürften zeigen, dass der Weg der Gegenansicht vorzugswürdig und deutlich verfahrensökonomischer sein dürfte. Dieser Ansicht wird deshalb empfohlen zu folgen.

Haben sich Veräußerer und Erwerber des Unternehmens darüber geeinigt, dass die **Altforderungen nicht auf den Erwerber übergehen sollen**, gilt das Folgende:
Eine derartige Vereinbarung entfaltet zunächst nur Wirksamkeit im **Innenverhältnis**, so dass der Veräußerer einen Anspruch aus §§ 280 I, § 816 II BGB geltend machen kann, wenn der Erwerber abredewidrig Altforderungen von den Schuldnern einzieht.
Im **Außenverhältnis** gilt eine von § 25 I 2 HGB abweichende Vereinbarung gem. § 25 II HGB nur, wenn sie im Handelsregister veröffentlicht oder dem Schuldner mitgeteilt wird.
Der BGH (NJW-RR 1992, 866) hält auch bei § 25 I 2 HGB eine **unverzügliche** Kundmachung des Verbleibs der Forderungen beim Veräußerer für notwendig. Anders als bei der Erwerberhaftung wird das Erfordernis der unverzüglichen Bekanntmachung abweichender Vereinbarungen bei § 25 I 2 HGB von der **wohl h.L. abgelehnt** (Staub/Burgard, § 25 Rn 113; EBJS/Reuschle § 25 Rn 85; Oetker/Vossler, § 25 Rn 52). Während eine unverzügliche Bekanntmachung bei § 25 I 1 HGB zum Schutz des Verkehrs erforderlich sei, um einen Schwebezustand hinsichtlich der Schuldnerstellung des Erwerbers auszuschließen, sei ein solcher Schwebezustand im Hinblick auf die Gläubigerstellung des Erwerbers hinnehmbar, denn zum Schutz des Unternehmensschuldners reiche es aus, wenn er nur **irgendwann vor seiner Leistung** von der abweichenden Regelung Kenntnis erlange. Solange der Schuldner noch nicht an den Erwerber geleistet habe, könne der Veräußerer daher durch eine eindeutige Mitteilung über den Verbleib der Forderung bei ihm die Rechtsfolge des § 25 I 2 HGB ausschließen.

Die Tatsache, dass ein Forderungsübergang nicht stattfindet, kann einem Dritten jedenfalls **nicht** gem. **§ 15 II HGB** entgegengehalten werden. § 15 II HGB erfasst nämlich nur einzutragende, d.h. anmeldungs*pflichtige* Tatsachen. Bei einer von § 25 I 2 HGB abweichenden Vereinbarung handelt es sich demgegenüber lediglich um eine eintragungs*fähige* Tatsache (Hopt/Merkt, § 15, Rn 13).

RECHTSFOLGEN DES INHABERWECHSELS UNTER LEBENDEN GEM. § 25 HGB

Haftung für Alt-Schulden		Forderungsübergang auf Neuinhaber	
Firmen- und Geschäftsfortführung	Keine Firmen- und/oder Geschäftsfortführung	Firmen- und Geschäftsfortführung	keine Firmen- und/oder Geschäftsfortführung
Neuinhaber: § 25 I 1, II HGB **Altinhaber: § 26 HGB**	**Neuinhaber: § 25 III HGB, ansonsten für beide Haftung nach BGB**	**§ 25 I 2 HGB (Forderungen „gelten“ als übergegangen)**	**Nur § 398 BGB**

II. Die Nachhaftungsbegrenzung des Veräußerers nach § 26 HGB

§ 26 HGB will einen angemessenen Ausgleich zwischen den Interessen der Gläubiger an einer Haftung des bisherigen Geschäftsinhabers für bereits früher begründete Verbindlichkeiten und den Interessen des früheren Geschäftsinhabers an einer zeitlichen Begrenzung dieser Haftung bewirken.
Die Fünfjahresfrist ist keine Verjährungsvorschrift, sondern eine **materiell-rechtliche** (also von Amts wegen zu beachtende) **Ausschlussfrist** (Canaris, § 7 Rn 42; Hopt/Merkt, § 26 Rn 1).
Mit Ablauf der Fünfjahresfrist erlischt die persönliche Haftung des früheren Geschäftsinhabers für Altverbindlichkeiten, wenn nicht der Gläubiger die Enthaftung rechtzeitig durch Maßnahmen gemäß § 26 I 1 HGB abgewendet hat; dem Veräußerer steht nunmehr eine **rechtsvernichtende Einwendung** zu. Die Enthaftung erfasst alle vor Fristablauf fällig gewordenen Ansprüche, die nicht rechtskräftig und vollstreckbar festgestellt sind, weiter die schon begründeten, aber bei Fristablauf noch nicht fällig gewordenen Ansprüche.

Beachte, dass diese verkürzte Haftung nach dem klaren Wortlaut **nur** greift, **wenn der neue Inhaber gem. § 25 I 1 oder III HGB haftet**. Ist dies nicht der Fall, haftet der ehemalige Inhaber nach den allgemeinen Vorschriften. Dies rechtfertigt sich aus der Gleichstellung des früheren Geschäftsinhabers mit einem ausgeschiedenen Gesellschafter (§ 137 [bisher: 160 HGB]).
Haftet der Erwerber den Gläubigern nicht oder lediglich aus einem anderen Rechtsgrund (etwa einem Schuldbeitritt), so ist § 26 HGB nicht anzuwenden, die Verjährung der Verbindlichkeiten des früheren Geschäftsinhabers richtet sich nach den allgemeinen Bestimmungen, eine Enthaftung nach Ablauf von fünf Jahren scheidet aus.
Wenn der Erwerber den Gläubigern allerdings nicht nur nach § 25 HGB, sondern – inhaltlich übereinstimmend – zugleich kraft Schuldübernahme haftet, kommt dem Veräußerer die Haftungsbegrenzung zugute (EBJS/Hillmann, § 26 Rn 5).

III. Die Haftung des Erben nach § 27 HGB

1. Ererbtes
2. Handelsgeschäft
3. Geschäftsfortführung
4. Fortführung der bisherigen Firma
5. Im Betrieb des Handelsgeschäfts begründete Verbindlichkeit
6. Kein Haftungsausschluss nach § 25 II HGB

Wird ein zu einem Nachlass gehörendes Handelsgeschäft von dem Erben fortgeführt, so finden gem. § 27 I HGB auf die Haftung des Erben für die früheren Geschäftsverbindlichkeiten die Vorschriften des § 25 HGB entsprechende Anwendung.
Mithin droht dem Erben eine Haftung erstens aus dem Bereich des Erbrechts (Gesamtrechtsnachfolge, § 1922 BGB) und zweitens aus dem Bereich des Handelsrechts.

Der Erbe kann seine Haftung auf den Nachlass beschränken durch Nachlassverwaltung oder Nachlassinsolvenz (§§ 1975 ff. BGB). Weiterhin steht ihm die Dürftigkeitseinrede (§ 1990 BGB) zur Verfügung.

§ 27 HGB begründet insoweit eine **strengere Haftung.**

Hiervon wird der Erbe bei Firmenfortführung nur frei, wenn einer der folgenden Fälle eingreift:

- § 27 II HGB: Einstellung des Geschäfts innerhalb von 3 Monaten ab Kenntniserlangung von der Erbschaft.

Definition: **Einstellung**
Völlige Aufgabe des Geschäfts oder Veräußerung ohne Firma.
Nach h.M. liegt diese strenge Anforderung nicht vor bei bloß **nachträglicher Firmenänderung** (vgl. Wortlaut: „Fortführung des *Geschäftes*").

- Haftungsbeschränkung gem. §§ 27 i.V.m. 25 II HGB

Problem: **Anwendbarkeit des** § 25 II HGB im Rahmen des § 27 HGB.

Nach einer **M.M.** ist § 25 II HGB im Rahmen des § 27 HGB nicht anwendbar, sonst laufe § 27 II HGB faktisch leer.

Nach **h.M.** ist § 25 II HGB uneingeschränkt anwendbar neben § 27 I HGB. Der Wortlaut des § 27 HGB verweist uneingeschränkt auf § 25 HGB („die Vorschrif**ten** des § 25"). Der Gläubiger ist zudem nicht schutzlos, da die bürgerlichrechtliche Haftung des Erben mit dem Nachlass (§§ 1967 i.V.m. 2059 I 1 BGB) ihn hinreichend sichert. § 27 II HGB läuft auch nicht leer, da er den Fall regelt, dass der Erbe das ererbte Unternehmen gerade nicht fortführen möchte.

RECHTSFOLGEN DES INHABERWECHSELS VON TODES WEGEN GEM. § 27 HGB

Haftung für Alt-Schulden		Forderungsübergang auf Neuinhaber (Erben)	
Firmen- und Geschäftsfortführung	keine Firmen- und/oder Geschäftsfortführung	Firmen- und Geschäftsfortführung	keine Firmen- und/oder Geschäftsfortführung
§§ 1922, 1967, 1975 ff. BGB und § 27 i.V.m. § 25 I HGB	**ausschließlich gem. §§ 1922, 1967, 1975 ff. BGB**	**§§ 1922, 1967, 1975 ff. BGB und § 25 I 2 HGB**	**ausschließlich gem. §§ 1922, 1967, 1975 ff. BGB**

IV. Haftung bei „Eintritt", § 28 HGB

Systematisch ist **§ 28 HGB ein Sonderfall des § 25 HGB**, da er ebenfalls einen Inhaberwechsel unter Lebenden (hier vom Einzelkaufmann auf die Personengesellschaft) betrifft (Hopt/Merkt, § 28 Rn 1).

Der Wortlaut des § 28 HGB ist missverständlich. Den „Eintritt" in das Geschäft eines Einzelkaufmanns gibt es rechtlich nicht. Gemeint ist die Gründung einer neuen Personengesellschaft unter Einbringung eines Handelsgeschäfts (Jung, Kap. 5 Rn 21).

Beispiel: G betreibt einen Großgetränkehandel unter der Firmierung *„G Großgetränkehandel e.K.“*. Als ihm die Arbeit als Alleinverantwortlicher zu viel wird, kauft sich H ein und beide werden Komplementäre der neu gegründeten *„G und H Getränke OHG“*.

Die neue Gesellschaft haftet gem. § 28 HGB unbeschränkt und gesamtschuldnerisch für die Schulden des bisherigen Inhabers G. § 28 HGB normiert einen **gesetzlichen Schuldbeitritt** (BeckOK-Bömeke, § 28 Rn 16; Canaris, § 7 Rn 91; ganz h.M.) bei Fortführung der Firma durch den rechtgeschäftlichen Erwerber. Nach einer M.M. soll § 28 I HGB hingegen einen gesetzlichen Forderungsübergang auf den neuen Inhaber bewirken (MK/Thiessen, § 28 Rn 29 f.).
Mit der Haftung der Gesellschaft haften auch die „eintretenden“ Gesellschafter nach § 126 [bisher: § 128] HGB. Wäre der bisherige Geschäftsinhaber Kommanditist geworden, wird dessen aus §§ 171 ff. HGB folgende Nachhaftung in entsprechender Anwendung des § 26 HGB auf fünf Jahre befristet (§ 28 III 1 HGB).

Klausurhinweis:

§ 28 HGB ist keine eigenständige Anspruchsgrundlage, sondern eine bloße Haftungsnorm (Preisner, JA 2012, 163, 166). § 28 HGB erstreckt die aus einer anderen Vorschrift bereits begründete Verbindlichkeit (z.B. § 433 II BGB) auf weitere Personen (den oder die Erwerber des Handelsgeschäfts). § 28 HGB ist daher nicht alleine zu zitieren, sondern zusammen mit der „eigentlichen“ Anspruchsgrundlage, also z.B. §§ 433 II BGB, 28 I HGB.

1. Voraussetzungen

a) Handelsgeschäft eines „Einzelkaufmanns“

b) Gründung einer Personenhandelsgesellschaft

c) Einbringung und Fortführung des Handelsgeschäfts

d) Fehlen einer abweichenden Vereinbarung

a) Handelsgeschäft eines „Einzelkaufmanns“

Der „Eintritt“ muss in das Geschäft eines „Einzelkaufmanns“ erfolgen. Ob sich die Stellung als Kaufmann aus §§ 1, 2, 3 oder 5 HGB ergibt, spielt keine Rolle. Der vom Gesetz verwendete Begriff des „Einzelkaufmanns“ ist jedoch nicht (nur) i.S.d. §§ 1 ff. HGB zu verstehen; er umfasst vielmehr nach h.M. schon wegen § 6 HGB auch Personenhandelsgesellschaften und juristische Personen, wenn sie sich an der Gründung einer „neuen“ Handelsgesellschaft beteiligen und das bisher von ihnen betriebene Unternehmen einbringen.

Problem: **§ 28 HGB bei Eintritt in ein bloßes Kleingewerbe:**

Nach **h.M.** findet die Vorschrift über den Wortlaut „Einzelkaufmann“ hinaus auch Anwendung auf nicht-kaufmännische Kleingewerbe, wenn die durch den „Eintritt“ entstandene Gesellschaft eine Handelsgesellschaft (z.B. OHG oder KG) ist. Letzteres rechtfertigt sich aus einem Redaktionsversehen des Gesetzgebers. Ursprünglich war durch den vom Gesetzgeber verwendeten Begriff des „Einzelkaufmanns“ auch ein Kleingewerbetreibender erfasst, der nach dem alten HGB sog. „Minderkaufmann“ gem. § 4 HGB a.F. – damit aber „Einzelkaufmann“ – war.

Bei Streichung der Rechtsfigur des Minderkaufmanns hat der Gesetzgeber übersehen, dass er dadurch den Kleingewerbetreibenden aus dem Anwendungsbereich des § 28 HGB herausnimmt, was vom Gesetzgeber gar nicht gewollt war.

Eine analoge Anwendung auf **Freiberufler** ist abzulehnen (BGH, IX ZR 161/09, JuS 2012, 357; Canaris, § 7 Rn 88).

Hier greift § 28 HGB nicht, weil schon gar kein Gewerbe betrieben wird.

b) Gründung einer Personenhandelsgesellschaft
Durch den „Eintritt" muss grundsätzlich eine **OHG oder KG neu entstehen**.

Im Unterschied hierzu regelt **§ 127** [bisher: § 130] **HGB** den Fall, dass in eine **bereits bestehende (!) Personengesellschaft** ein neuer Gesellschafter eintritt.

Problem: Fraglich ist, ob § 28 HGB auch dann **analoge Anwendung** findet, wenn das ursprüngliche Unternehmen bloß ein Kleingewerbe ist und (!) **die entstehende Gesellschaft kleingewerblich – also eine bloße GbR – bleibt**.

Der **BGH** (Z 143, 327) hat diese Frage zunächst offengelassen. Er betont aber, dass nach gefestigter Rechtsprechung des BGH § 28 HGB die Kaufmannseigenschaft des Einzelunternehmens voraussetzt und die Norm keine Anwendung findet, wenn durch den „Eintritt" keine OHG oder KG, sondern lediglich eine GbR entsteht. Bei analoger Anwendung droht vor allem eine Schlechterstellung der GbR im Vergleich zur OHG, da die OHG in der Lage ist, gem. § 28 II 1. Fall HGB einen Haftungsausschluss im Handelsregister eintragen zu lassen (EBJS/Reuschele, § 28 Rn 16).

Nach a.A. (z.B. OLG Naumburg, NZG 2006, 711, 712) ist die Analogie zu bejahen (BGH, NJW 2010, 3720, 3721: „gute Gründe"), da die GbR wegen ihres geringen Geschäftsumfangs auf die Möglichkeit der Registereintragung eines Haftungsausschlusses nicht angewiesen sei. Für die GbR genüge insoweit die gem. § 28 II 2. Fall HGB bestehende Möglichkeit, den Dritten die Nichtübernahme der Altverbindlichkeiten mitzuteilen.

Auszug aus der MoPeG-Gesetzesbegründung: Eine dem geltenden § 128 HGB in Verbindung mit § 28 I 1 HGB korrespondierende Regelung zur akzessorischen Haftung des – in kaufmännischer Terminologie – in das Geschäft eines Einzelkaufmanns „eintretenden" Gesellschafters ist mit Blick auf § 28 II 1. Fall HGB bewusst unterblieben.

Die Gesetzesbegründung geht davon aus, dass eine dem § 28 HGB entsprechende Regelung nur für die eGbR hätte gelten können, um auch ihr gem. § 28 II 1. Fall HGB die Option zu eröffnen, einen Haftungsausschluss im Handelsregister einzutragen. Die nicht eingetragene GbR würde generell nicht für die Altverbindlichkeiten haften. Dann jedoch ginge von einer dem § 28 HGB vergleichbaren Regelung ein Anreiz aus, die Eintragung im Gesellschaftsregister zu unterlassen (negative Anreizwirkung). Dies würde die dem neuen Gesetz ansonsten innewohnende positive Anreizwirkung einer Eintragung im Gesellschaftsregister drohen umzukehren.

Im Ergebnis hat der Gesetzgeber daher für die GbR von einer Regelung entsprechend § 28 HGB abgesehen. Ein Widerspruch zu § 721a BGB soll darin nicht liegen. Denn dort stelle sich die Frage eines Haftungsausschlusses ohnedies nicht, weil es sich –anders als bei § 28 HGB – um eine zwingende Vorschrift handele.

Es bleibt abzuwarten, ob alleine die Nichtregelung durch den Gesetzgeber dazu führen wird, dass sich der Streit im Sinne einer Ablehnung der analogen Anwendung erledigen wird (so Röß, NZG 2023, 401, 408, mangels Regelungslücke; **Grüneberg**/Retzlaff, § 721a Rn 2; nicht so eindeutig hingegen Sanders/Berisha/Bühring/Reinold, JURA 2023,1267, 1272).

Problem: Fraglich ist, ob **§ 28 HGB** auch dann **analog** Anwendung findet, wenn das Unternehmen in eine **„neue" Kapitalgesellschaft** eingebracht wird.

Nach e.A. ist **§ 25 HGB** anwendbar. Hierfür spricht der Wortlaut: Auch eine Kapitalgesellschaft kann ein „Wer" sein, der i.S.v. § 25 HGB ein unter Lebenden erworbenes Handelsgeschäft unter der bisherigen Firma – als Teil des Gesellschaftsvermögens – fortführt; ein anderer Rechtsformzusatz begründet nach heutigem Verständnis keine neue Firma mehr.
Für **§ 28 HGB analog** spricht, dass die Interessenlage stets gleich bleibt, wenn das Unternehmen des früheren Einzelkaufmanns in eine Gesellschaft eingebracht wird. Abweichend von der Grundstruktur des § 25 HGB löst sich der Altunternehmer nämlich nicht völlig vom übertragenen Unternehmen, sondern bleibt am neuen Unternehmensträger beteiligt. (Zum Streit z.B. MK/Thiessen, § 28 Rn 10).

Klausurhinweis:

Da es sich bei § 28 HGB um einen Sonderfall des § 25 HGB handelt, kann dieser Streit in der Klausur offengelassen werden, wenn sich die Ergebnisse nicht unterscheiden. Zu beachten ist jedoch, dass § 25 HGB – anders als § 28 HGB – die Fortführung der Firmierung voraussetzt.

Problem: Schließlich ist streitig, ob **§ 28 HGB** auch dann **analog** angewendet wird, wenn ein Handelsgeschäft **als Einlage in eine bereits bestehende** Personen- oder Kapital**gesellschaft** eingebracht wird

Nach **h.M.** ist dies abzulehnen, da hier – gerade anders als vom Gesetz verlangt – der Einzelkaufmann in die Gesellschaft eintritt. Dieser Fall ist in **§ 127 HGB** geregelt (BeckOK/Bömeke, § 28 Rn 8; Oetker/Vossler, § 28 Rn 8).

Nach einer **M.M.** stehe bei Personengesellschaften die Sonderregelung des § 127 HGB nicht entgegen, weil es dort nur um die persönliche Haftung des neuen Gesellschafters für Altverbindlichkeiten der Gesellschaft gehe. Dagegen gehe es bei der analogen Anwendung des § 28 HGB um die Frage, ob die Gesellschaft (und damit freilich auch deren Gesellschafter) für Altverbindlichkeiten ihres neuen Gesellschafters haften solle(n), die im Betrieb des eingebrachten Geschäfts vor Einbringung bereits begründet worden waren (MK/Thiessen, § 28 Rn 11).

Für die h.M. spricht, dass eine entsprechende Anwendung von § 28 HGB außer Betracht lassen würde, dass eine schon existierende Gesellschaft anders als eine neu zu gründende bereits andere Gläubiger hat, deren Haftungsinteressen vorrangig zu berücksichtigen sind (Canaris, § 7 Rn 98).

c) Einbringung und Fortführung des Handelsgeschäfts

Im Unterschied zu § 25 HGB ist eine Fortführung der Firma nicht erforderlich.

Die Gesellschaft muss grundsätzlich **wirksam gegründet** sein. Wurde gar kein Gesellschaftsvertrag geschlossen oder leidet dieser an gravierenden Mängeln, die seine Nichtigkeit ex tunc begründen (z.B. Geschäftsunfähigkeit des Eintretenden, Verstoß gegen ein gesetzliches Verbot), so scheidet die Anwendung von § 28 HGB schon deshalb aus, weil kein Haftungsobjekt existiert (EBJS/Reuschle, § 28 Rn 20; Oetker/Vossler, § 28 Rn 9). Sofern der Gesellschaftsvertrag zwar fehlerbehaftet ist, jedoch zumindest eine **fehlerhafte Gesellschaft** besteht, d.h. die Gesellschaft nur mit Wirkung für die Zukunft auflösbar ist, bleibt § 28 HGB anwendbar, denn die fehlerhafte Gesellschaft wird solange als voll wirksam behandelt, wie sie nicht aufgelöst und durch Abwicklung beendet ist (ganz h.M. BGH, NJW 1972, 1466; Oetker/Vossler, § 28 Rn 9).

d) Fehlen einer abweichenden Vereinbarung

§ 28 II HGB entspricht § 25 II HGB.

2. Rechtsfolgen

Die neu gegründete Gesellschaft haftet gemäß § 28 HGB unbeschränkt und gesamtschuldnerisch für die Schulden des bisherigen Inhabers des Handelsgeschäfts (**Fall des gesetzlichen Schuldbeitritts**). Damit haften auch die „eintretenden" Gesellschafter nach §§ 126 [bisher: 128], 161 II, 171 ff. HGB. Dem steht nicht entgegen, dass § 126 HGB nur Verbindlichkeiten betrifft, die nach Eintritt in die Gesellschaft bzw. nach ihrer Gründung entstanden sind. Die durch § 28 HGB angeordnete Haftung betrifft zwar vor diesem Zeitpunkt entstandene Verbindlichkeiten, entsteht aber selbst erst, nachdem der Eintretende bereits Gesellschafter geworden ist. Damit ist den Anforderungen von § 126 HGB genügt (BGH, NJW 1966, 1917, 1918; NJW 1972, 1466, 1467; BeckOK/Bömeke, § 28 Rn 18; EBJS/Reuschle, § 28 Rn 30).

Wurde der bisherige Geschäftsinhaber **Kommanditist**, wird dessen Nachhaftung in entsprechender Anwendung des § 26 HGB auf fünf Jahre befristet (§ 28 III 1 HGB).

Die Vertretung des Kaufmanns, §§ 48 ff. HGB

I. Die Prokura (§§ 48 ff. HGB)

1. Erteilung und Erlöschen

Die Prokura ist eine **Sonderform der Vollmacht** i.S.v. § 166 II BGB. Die §§ 164 ff. BGB sind daher auf die Prokura subsidiär anwendbar (Oetker/Schubert, § 48 Rn 5). Die Prokura ist eine rechtsgeschäftliche Vertretungsmacht mit gesetzlich umschriebenem Umfang.

Sie muss von einem **Kaufmann** (oder seinem gesetzlichen Vertreter) persönlich und **ausdrücklich** an eine **natürliche Person** (auch an einen Kommanditisten) erteilt werden und ist gem. § 53 HGB im Handelsregister einzutragen. Zwar muss das Wort Prokura bei der Erteilung nicht erwähnt werden, dennoch scheidet eine **konkludente Prokuraverleihung** ebenso aus wie eine „Anscheinsprokura“. Es ist nur der Rechtsschein einer BGB-Vollmacht möglich, die ihrem Umfang nach einer Prokura entspricht (Oetker/Schubert, § 48 Rn 33).
Der Prokurist selbst ist nicht berechtigt, seinerseits Prokura zu erteilen.

Erteilt ein **Nichtkaufmann** Prokura, ist diese unwirksam (§ 134 BGB). Sie lässt sich in der Regel in die Erteilung einer BGB-Vollmacht umdeuten (§ 140 BGB). Ihr Umfang ist durch Auslegung zu ermitteln. Die Umdeutung in eine Generalvollmacht ist hingegen ausgeschlossen, da ihr Umfang über den der Prokura hinausgeht (Oetker/Schubert, § 48 Rn 16). Ist der Nichtkaufmann **bereits aus anderen Gründen** als **Scheinkaufmann** anzusehen, muss er sich u.U. an der scheinbaren Prokura festhalten lassen.

Problem: **Prokuraerteilung** im Rahmen von § 112 BGB:

Ermächtigt der gesetzliche Vertreter mit Genehmigung des Familiengerichts den Minderjährigen zum selbstständigen Betrieb eines Erwerbsgeschäfts, so ist der Minderjährige gem. § 112 I 1 BGB für solche Rechtsgeschäfte unbeschränkt geschäftsfähig, welche der Geschäftsbetrieb mit sich bringt. Ausgenommen sind gem. § 112 I 2 BGB Rechtsgeschäfte, zu denen der Vertreter der Genehmigung des Familiengerichts bedarf.
Zu diesen genehmigungspflichtigen Rechtsgeschäften gehört gem. §§ 112 I 2, 1643 I, 1852 Nr. 3 BGB die Erteilung der Prokura. Folglich kann der gem. § 112 BGB ermächtigte Minderjährige eigenständig keine wirksame Prokura erteilen.

Beachte: Es kommt aber in Betracht, die unwirksame Prokura gem. § 140 BGB in eine Handlungsvollmacht gem. § 54 f. HGB umzudeuten.

Problem: **Beschränkte Geschäftsfähigkeit (§§ 2, 106 BGB) des Prokuristen**:

Diese steht der Erteilung nach h.M. nicht entgegen (Fischinger/Junge, JuS 2021, 396, 397). Denn das Handeln eines Vertreters entfaltet nur Wirkungen für und gegen den Vertretenen. Aus Sicht des Vertreters handelt es sich – wie auch § 165 BGB zeigt – um ein neutrales Geschäft. Auch haftet der minderjährige Prokurist bei Mängeln der Prokuraerteilung oder Überschreitung seiner Vertretungsmacht nur dann, wenn er mit Zustimmung seines gesetzlichen Vertreters handelte (§ 179 III 2 BGB). Damit wird auch auf Sekundärebene dem Minderjährigenschutz hinreichend Rechnung getragen.

Gem. § 48 II HGB kann die Prokura auch mehreren Personen gemeinschaftlich erteilt werden, die dann nur im Zusammenwirken eine Vertretung vornehmen können (**Gesamtprokura**). Durch die Gesamtprokura kann auch auf „Prokuristen-Ebene" ein 4-Augen-Prinzip sichergestellt werden. Zur **passiven Vertretung** (also für den Empfang von Willenserklärungen) ist aber auch in diesem Fall jeder Prokurist alleine vertretungsbefugt.

Die Prokura ist nicht übertragbar (§ 52 II HGB).

Die Prokura **erlischt** gem. § 168 S. 1 BGB durch die Beendigung des Grundverhältnisses (z.B. des Arbeitsvertrags), durch den Verlust der Kaufmannseigenschaft des Erteilers, durch den Tod des Prokuristen und bei Verlust der Geschäftsinhaberschaft des Erteilers.

Darüber hinaus ist der **Widerruf** der Prokura jederzeit zulässig (§ 52 I HGB i.V.m. § 168 S. 2 und 3 BGB). Zum Widerruf befugt ist stets derjenige, der im Augenblick des Widerrufs eine Prokura erteilen könnte. Der Geschäftsführer einer GmbH bedarf zum Widerruf nicht der Zustimmung der Gesellschafter, da auch § 46 Nr. 7 GmbHG nur für die Bestellung des Prokuristen gilt. Bei mehreren geschäftsführungsbefugten Gesellschaftern einer OHG / KG kann der Widerruf durch jeden einzelnen von ihnen erfolgen (§ 116 III 2 HGB). Soweit bei Personenhandelsgesellschaften und GmbHs interne Geschäftsführungsbefugnisse und organschaftliche Vertretungsmacht divergieren, ist die **Vertretungsmacht entscheidend**.
Der Widerruf der Prokura ist **formlos** möglich. Er ist als einseitige empfangsbedürftige Gestaltungserklärung grundsätzlich **bedingungs- und befristungsfeindlich**. Ein bedingter oder befristeter Widerruf ist – im Gegensatz zu anderen Gestaltungsrechten – nicht unwirksam, sondern sofort und ohne Einschränkung wirksam (EBJS/Weber, § 52 Rn 9). Die Unwirksamkeit des Widerrufs widerspräche § 52 I HGB, der gerade sicherstellen soll, dass dem Kaufmann jederzeit die Lösung von der Prokura möglich ist. Der Prokurist behielte Vertretungsmacht, was den Inhaber des Handelsgeschäftes erheblich belastete, wenn er die Unwirksamkeit nicht erkannt hat (Oetker/Schubert, § 52 Rn 9).

Der **Widerruf** der Prokura erfolgt **gegenüber dem Prokuristen oder der Öffentlichkeit** (insbesondere durch Antrag auf Löschung der Prokura im Handelsregister und entsprechende Bekanntmachung; § 168 S. 3 BGB, § 167 I BGB, § 171 BGB). Ein Widerruf der Prokura **gegenüber** einem **einzelnen Dritten** genügt ebenso. Insbesondere dann, wenn der Prokurist nicht erreichbar ist, ist ein Widerruf gegenüber dem Dritten, dem gegenüber die Ausübung der Prokura am wahrscheinlichsten ist (mit anschließender Anmeldung des Widerrufs beim Register), eine empfehlenswerte Möglichkeit, Gefahren aus dieser Prokura zu begegnen (MK/Krebs, § 52 Rn 14). Dritte, die vom Widerruf noch keine Kenntnis erhalten haben, bleiben durch **§ 15 I HGB** geschützt, bis die Veröffentlichung erfolgt (EBJS/Weber, § 52 Rn 8).

Beachte: Die Prokura **erlischt nicht durch den Tod des Kaufmanns**, § 52 III HGB. Dadurch ist gewährleistet, dass das Geschäft bis zur Klärung der Nachfolgefrage fortgeführt werden kann.

2. Der Umfang der Prokura im Außenverhältnis

Der Umfang der Prokura ist in §§ 49, 50 HGB festgelegt und dient in seiner sehr großen Reichweite dem typisch handelsrechtlichen Verkehrsschutz: Der Prokurist darf alle Geschäfte vornehmen, die der Betrieb **irgendeines** Handelsgeschäfts „**mit sich bringt**". Es muss sich dabei im Gegensatz zur Handlungsvollmacht nicht um branchenübliche oder gewöhnliche Geschäfte handeln.

Ausgeschlossen sind folgende Tätigkeitsbereiche:

- private Angelegenheiten des Geschäftsherrn (z.B. Testamentserrichtung gem. § 2064 BGB)
- **Inhabergeschäfte**, die dem Kaufmann kraft Gesetzes selbst vorbehalten sind wie z.B. die Prokuraerteilung (§ 48 I HGB)
- **Grundlagengeschäfte** (vgl. den Wortlaut „Betrieb“ in § 49 I HGB) wie Einstellung und Veräußerung des Betriebs, Änderung des Unternehmensgegenstandes, der Rechtsform, der Firma oder des Sitzes (EBJS/Weber, § 49 Rn 13)

Definition: **Grundlagengeschäfte** sind all diejenigen Geschäfte, die die Existenz, die Rechtsform und die rechtliche Ausgestaltung des Handelsgewerbes betreffen.

- Veräußerung und Belastung von Grundstücken, sofern die Prokura nicht ausdrücklich erweitert worden ist (§ 49 II HGB).

  Streitig ist, ob § 49 II HGB auch gilt, wenn der **Kaufmann** gar **nicht** der **Eigentümer des Grundstücks** ist. (Beispiel: Kaufmann K handelt als rechtsgeschäftlicher Vertreter eines Dritten oder als Träger eines privaten Amtes – z.B. als Testamentsvollstrecker – im eigenen Namen, aber mit Wirkung für einen Dritten, wobei K wiederum von seinem Prokuristen hierbei vertreten wird.) Nach e.A. greift § 49 II HGB hier nicht, weil die Norm alleine dem Eigentumsschutz des Kaufmanns diene (OLG Hamm, DnotZ 2012, 230). Nach a.A. kommt Grundstücksgeschäften wegen des Haftungsrisikos stets eine besondere Bedeutung zu. Auch beschränkt sich der Wortlaut des § 49 II HGB gerade nicht auf Geschäfte in denen der Kaufmann auch gleichzeitig der Eigentümer ist (KG Berlin, 1 W 26/21, **RA-Telegramm 2021, 96**; OLG Köln, 2 Wx 346/19).

Rechtsprechungsauswertung und Examenstipp (Klassiker):

Vollmacht zur Belastung des gekauften Grundstücks: OLG Hamm, 15 Wx 117/11

Allerdings ist zu beachten, dass der Kauf von Grundstücken von der Beschränkung des § 49 II HGB nicht erfasst ist.
Im Wege **teleologischer Reduktion** wird von der h.M. davon ausgegangen, dass der Prokurist auch die Vollmacht hat, das zu erwerbende Grundstück mit einer dinglichen Sicherheit (z.B. für die darlehensgebende Bank) zu belasten. Sinn und Zweck der Vorschrift ist es nämlich, den Kaufmann davor zu schützen, dass er durch Veränderung oder Belastung eines ihm gehörenden Grundstücks einen Substanzverlust erleidet. Im vorliegenden Fall hat der Kaufmann aber nie lastenfreies Eigentum erworben. Er verliert also nichts, was er nicht vorher hatte.

3. Die Beschränkung der Prokura im Innenverhältnis

Beschränkungen der Prokura können im Innenverhältnis (Geschäftsführungsbefugnis) erfolgen. Im Außenverhältnis dagegen ist die Prokura unbeschränkbar, § 50 I HGB. Daraus ergibt sich eine **Einschränkung der Grundsätze des Missbrauchs der Vertretungsmacht**: Ein Dritter darf sich nur dann nicht auf die unbeschränkte Vertretungsmacht des Prokuristen berufen, wenn sich dies als ein Verstoß gegen die guten Sitten oder gegen Treu und Glauben darstellen würde (§§ 138 und 242 BGB). Dies ist anzunehmen

- wenn der Dritte bewusst mit dem Prokuristen zum Schaden des Geschäftsherrn zusammengearbeitet hat (Kollusion), oder

- wenn der Prokurist vorsätzlich zum Nachteil des Geschäftsherrn handelte und der Dritte dies erkannt hat oder ohne weiteres hätte erkennen müssen (Jung, Kap 7 Rn 12).

Die **Rechtsfolgen** eines derartigen Missbrauchs sind umstritten. Nach h.M. (BGHZ 50, 112, 114) handelt der Prokurist zwar im Außenverhältnis mit Vertretungsmacht, jedoch steht dem Kaufmann der Einwand der Sittenwidrigkeit (§ 138 BGB bei Kollusion) bzw. des Rechtsmissbrauchs (§ 242 BGB bei Kenntnis oder Evidenz) zu. Nach a.A. steht das missbräuchliche Prokuristenhandeln einem Handeln ohne Vertretungsmacht gleich (§§ 177 BGB analog, Canaris, § 12 Rn 41).

4. Sonderfall der Gesamtprokura

Gem. § 48 II HGB kann die Prokura auch mehreren Personen gemeinschaftlich erteilt werden, die dann nur im Zusammenwirken eine Vertretung vornehmen können (Gesamtprokura).

Beachte: In diesem Fall gilt die Gesamtvertretung nur für die **aktive Vertretung**. Für den Empfang von Willenserklärungen (**passive Vertretung**) ist jeder Prokurist auch einzeln vertretungsbefugt (Rechtsgedanke der §§ 26 II 2 BGB, 125 II 3 HGB, 35 II 2 GmbHG).

5. Sonderfall der unechten Gesamtprokura (Synonym: unechte / gemischte Gesamtvertretung).

Demgegenüber bezeichnet die unechte Gesamtprokura eine Gesamtvertretung des Prokuristen mit einem anderen Vertreter, beispielsweise mit einem Geschäftsführer oder Gesellschafter, vgl. **§ 125 III HGB**, § 78 III AktG. Der **Umfang der Vertretungsmacht** richtet sich in einem solchen Fall **nicht** nach **§ 49 II HGB**, sondern nach den Vorschriften über die organschaftliche Vertretungsmacht, wird also für den Prokuristen erweitert (BGHZ 99, 76, 81; BeckOK/Meyer, § 49 Rn 48; Canaris, § 12 Rn 24; a.A. MK/Krebs, § 48 Rn 92 [nur Umfang der Prokura]). Anderenfalls würde das Organ nicht bloß an die Mitwirkung eines Prokuristen gebunden, sondern eines Teils seiner organschaftlichen Kompetenzen beraubt.

Eine Sonderform der unechten Gesamtprokura stellt die so genannte **halbseitige Gesamtprokura** dar, wonach der Prokurist nur zusammen mit einer anderen Person handeln kann, wobei die andere Person für sich allein vertretungsberechtigt bleibt. Im Bereich der **Aktivvertretung** kann damit der Prokurist alleine den Kaufmann nicht vertreten. Jedoch genügt im Bereich der **Passivvertretung** eine Erklärung alleine gegenüber dem Prokuristen. Auch schadet böser Glaube alleine in der Person des Prokuristen (Canaris, § 12 Rn 28).

Ob auch eine halbseitige Gesamtprokura in der Form erteilt werden kann, dass der **Prokurist an die Zustimmung des Geschäftsinhabers gebunden** ist, ist umstritten.

- Teilweise wird diese Konstruktion abgelehnt (BayObLG, DB 1997, 2427; Hopt/Merkt, § 48 Rn 7; Canaris, § 12 Rn 29). Es handele sich gar nicht um eine Gesamtvertretung, denn der Geschäftsinhaber könne nicht sein eigener Vertreter sein. Überdies sei diese Rechtsfigur sinnwidrig, weil in Wahrheit überhaupt keine Kompetenzübertragung auf den Prokuristen stattfinde. Darüber hinaus wäre diese Vertretungsform eine Umgehung des § 50 II HGB, da die Prokura „nur unter gewissen Umständen“ ausgeübt werden dürfe.

- Nach der Gegenansicht ist die Bindung des Prokuristen an eine Mitwirkung des Einzelkaufmanns zulässig (Bärwaldt/Hadding, NJW 1998, 1103; KKRD/Roth, § 48 Rn 20; Staub/Joost, § 48 Rn 104). Es handele sich nicht um eine Selbstbevollmächtigung des Geschäftsinhabers, sondern um die Bindung des Prokuristen an die Mitwirkung des Prinzipals. § 50 II HGB stehe nicht entgegen, da diese Vorschrift lediglich inhaltliche Beschränkungen der Prokura untersage, nicht aber Ausübungsbeschränkungen. Bei der Bindung an die Mitwirkung des Geschäftsinhabers bleibe aber der Umfang der Prokura unangetastet, lediglich die Frage, ob die Prokura ausgeübt werden dürfe, unterliege der Beschränkung.

Unzulässig ist in jedem Fall eine Bindung des Einzelkaufmanns an die Zustimmung des Prokuristen, da dann der Prinzipal nicht mehr unabhängig handeln könne (MK/Krebs, HGB, § 48 Rn 81).

II. Die Handlungsvollmacht (§ 54 HGB)

Die Handlungsvollmacht erfasst – gerade im Unterschied zur Prokura – nur **branchenübliche** Geschäfte.
Auch die Handlungsvollmacht ist eine rechtsgeschäftliche Vertretungsmacht mit gesetzlich umschriebenem Inhalt. Sie nimmt eine Zwischenstellung zwischen der Prokura und der einfachen BGB-Vollmacht ein. Im Gegensatz zur Prokura wird sie jedoch wie eine normale Vollmacht nach den allgemeinen Regeln der §§ 167, 171 BGB erteilt. Damit kann sie im Gegensatz zur Prokura auch konkludent oder im Wege der Duldung **erteilt** werden (Jung, Kap. 7 Rn 20). Auch ist sie mit Zustimmung des Geschäftsinhabers übertragbar (§ 58 HGB). Wie die Prokura kann sie **jederzeit widerrufen** werden.
Eine fehlgeschlagene Prokura-Erteilung kann u.U. in eine Handlungsvollmacht umgedeutet (140 BGB) werden.

Es sind in § 54 I HGB **drei Arten der Handlungsvollmacht** zu unterscheiden, deren Umfang gesetzlich nur vermutet wird:

- **General(handlungs)vollmacht**: Ermächtigung zu allen Handlungen, die der Betrieb eines derartigen Handelsgewerbes gewöhnlich mit sich bringt (z.B. Filialleiter ohne Prokura oder Stationsleiter einer Tankstelle [nach OLG Hamm, 19 U 85/10, ist dieser auch zur Abgabe eines Schuldanerkenntnisses wegen Falschbetankung vertretungsbefugt]).
- **Gattungs(handlungs)vollmacht**: Ermächtigung zur Vornahme einer bestimmten Art von Geschäften, die das konkrete Handelsgewerbe gewöhnlich mit sich bringt (z.B. Kellner, Kassiererin im Kaufhaus)
- **Spezial(handlungs)vollmacht:** Ermächtigung zur Vornahme eines einzelnen Handelsgeschäfts

Die Handlungsvollmacht unterliegt denselben Beschränkungen wie die Prokura, ist aber noch enger als die Prokura: Branchenunübliche und ungewöhnliche Geschäfte sowie Wechselverbindlichkeiten und Darlehen fallen nicht unter die Handlungsvollmacht (§ 54 II HGB). Weiterhin fehlt dem Handlungsbevollmächtigten die Befugnis zur Prozessführung.

Beispiel: Ein Filialleiter eines Großunternehmens hat Generalhandlungsvollmacht. Diese erfasst i.d.R. nicht die Bestellung einer neuen Ladeneinrichtung, da diese üblicherweise zentral durch die Unternehmensleitung selbst erfolgt, um ein einheitliches Auftreten des Unternehmens nach außen zu gewährleisten.

Vertraglich sind weitere Beschränkungen beliebig zulässig. Diese können jedoch gem. § 54 III HGB Dritten nicht entgegengehalten werden, wenn sie die Beschränkungen nicht kannten oder kennen mussten. Es kann auch Gesamthandlungsvollmacht erteilt werden.

III. Gegenüberstellung von Prokura und Handlungsvollmacht

	PROKURA	HANDLUNGSVOLLMACHT
Wer darf Vollmacht erteilen?	Nur der Kaufmann (oder der gesetzliche Vertreter) persönlich. Bei einer Gesellschaft das vertretungsberechtigte Organ der Gesellschaft.	Kann auch durch Prokuristen oder sonst hierzu Ermächtigte erteilt werden (Untervertretung, vgl. auch § 58 HGB)
Wie wird die Vollmacht erteilt?	Nur durch ausdrückliche Erklärung (§ 48 I HGB)	Auch stillschweigend (konkludent) möglich
Handelsregister	Muss eingetragen werden (§ 53 I HGB)	Weder eintragungspflichtig, noch eintragungsfähig
Umfang der Vertretungsmacht	Alle Geschäfte die **irgendein** Handelsgewerbe auch an ungewöhnlichen Geschäften mit sich bringt (§ 49 I HGB).	Enger: Alle Geschäfte, die ein **derartiger** Betrieb **gewöhnlich** mit sich bringt (§ 54 I HGB).
Beschränkbarkeit /Gestaltbarkeit des Umfangs der Vertretungsmacht	Gesetzlich festgelegt (keine Grundlagengeschäfte [§ 49I HGB: „Betrieb"] und kein Verkauf / keine Belastung von Grundstücken, § 49 II HGB); ggü. Dritten gem. § 50 HGB nicht beschränkbar. Allerdings gem. § 49 II HGB erweiterbar.	Umfang der Handlungsvollmacht kann gem. § 54 III HGB abweichend von der gesetzlichen Vermutung ggü. Dritten wirksam gestaltet werden. Allerdings wird ein Kennenmüssen des Dritten vorausgesetzt.
Rechtsnatur	Vollmacht mit gesetzlich **festgelegten** Umfang der Vertretungsmacht	Vollmacht mit gesetzlich **typisierten** Umfang der Vertretungsmacht

IV. Die Vertretungsmacht des Ladenangestellten (§ 56 HGB)

Nach § 56 HGB gilt derjenige, der in einem Laden oder in einem offenen Warenlager angestellt ist, als ermächtigt zu Verkäufen und Empfangnahmen, die in einem derartigen Laden oder Warenlager gewöhnlich geschehen.

Es handelt sich um einen gesetzlich geregelten Fall der **Anscheinsvollmacht** (Canaris, § 14 Rn 5; Oetker/Schubert, § 56 Rn 2), nicht um eine rechtsgeschäftliche Vollmacht (so z.B. MK/Krebs, § 56 Rn 27). Hierfür spricht, dass der Angestellt nur als ermächtigt „gilt".
Aus dem Rechtsgedanken der § 173 BGB und § 54 III HGB folgt, dass der Schutz des § 56 HGB nur gegenüber **gutgläubigen Geschäftsgegnern** greift.

Als Fall der Rechtsscheinvollmacht greift § 56 HGB nicht ein, wenn tatsächlich eine Vollmacht vorliegt (Jung, Kap. 7 Rn 28).

Während also § 54 HGB eine Vermutung über den Umfang einer tatsächlich erteilten Vollmacht enthält, begründet § 56 HGB die wohl widerlegliche (Canaris, § 14 Rn 6; Hopt/Merkt, § 56 Rn 4; a.A. BGH, NJW 1975, 2191; Jung, Kap. 7 Rn 28) Vermutung, dass eine Vollmacht bestimmten Inhalts überhaupt erteilt wurde.

Klausurhinweis:

In Klausuren ist daher zunächst prüfen, ob eine Vollmacht wirklich erteilt wurde. Nur wenn dies nicht der Fall ist, kann man auf § 56 HGB zurückgreifen.
Sofern es im Bereich einer eventuell tatsächlich erteilten Vollmacht größere (Beweis-) Probleme gibt, kann es im 2. Examen angezeigt sein, dies dahinstehen zu lassen und auf § 56 HGB abzustellen.

Die Vertretungsmacht des Ladenangestellten kann im Innenverhältnis frei beschränkt werden. Für ihre Wirksamkeit nach außen ist § 54 III HGB entsprechend anzuwenden.

Voraussetzungen des § 56 HGB

1. Der Vertrag muss im Laden abgeschlossen oder zumindest angebahnt worden sein.
2. Das Geschäft muss üblicherweise im Laden anfallen.
3. Es muss sich um eine im Laden angestellte Person handeln.
4. Der Schutz des § 56 HGB besteht analog §§ 173 BGB, 54 III HGB nur gegenüber Gutgläubigen. Schon leichte Fahrlässigkeit schadet.
5. Es muss ein „Verkauf" oder „Empfangnahme" vorliegen.

Definition: Unter einem „**Laden**" versteht man jedes dem Publikum zugängliche, wenn auch nur vorübergehend benutzte Verkaufslokal, wobei es nicht darauf ankommt, ob es dazu besonders gut ausgestattet ist. (Bsp. ein Warenhaus, Einzelhandelsgeschäft, Selbstbedienungsläden, nicht dagegen Büro- oder Fabrikräume, soweit dort nicht auch Verkaufsgeschäfte vorgenommen werden.)

„Angestellt" im Sinne des § 56 HGB ist jede Person, die mit Wissen und Wollen des Inhabers an der Verkaufstätigkeit mitwirkt. Dabei ist es nicht entscheidend, welcher Aufgaben- oder Pflichtenkreis sonst im Unternehmen wahrgenommen wird.

„Verkäufe" gem. § 56 HGB sind Kaufverträge und die auf die Erfüllung des schuldrechtlichen Kaufvertrags gerichteten dinglichen Verträge. Ebenfalls erfasst sind alle Nebenabreden (z.B. Ratenzahlungsvereinbarungen) sowie Verträge, die mit dem Umsatzgeschäft in engem wirtschaftlichen Zusammenhang stehen (z.B. Inzahlungnahme eines Gebrauchtwagens beim Kauf eines Neuwagens). Schließlich hat der Ladenangestellte gem. § 56 HGB natürlich auch die Befugnis, den vom Käufer gezahlten Kaufpreis entgegen zu nehmen („Inkassobefugnis").
Nicht erfasst ist der Ankauf von Waren.

Kaufmännisches Bestätigungsschreiben

I. Grundlagen

Nach § 346 HGB sind Handelsbräuche grds. nur unter Kaufleuten zu berücksichtigen. Der Handelsbrauch ist eine unter Kaufleuten verpflichtende Regel, die auf einer gleichmäßigen, einheitlichen Übung besteht. Die Übung muss allgemein beachtet werden und freiwillig zumindest innerhalb einer bestimmten Branche verbreitet sein. Sie muss während eines angemessenen Zeitraums bestehen und einer einheitlichen Verkehrsauffassung der beteiligten Kreise entsprechen.

Aus dem Handelsbrauch haben sich die Grundsätze über das kaufmännische Bestätigungsschreiben entwickelt.
Danach kommt ein Vertrag **nach dem Inhalt des Bestätigungsschreibens** zustande, wenn folgende Voraussetzungen gegeben sind (**Für das 2. Examen:** Alles gut kommentiert bei **Grüneberg**/Ellenberger, § 147 Rn 8 ff.):

1. Teilnahme am Wirtschaftsleben zumindest „wie“ Kaufleute
2. Echtes Bestätigungsschreiben
3. Zeitlicher Zusammenhang zwischen Vertragsverhandlungen und Zugang des KBS
4. Redlichkeit des Absenders
5. Kein rechtzeitiger Widerspruch

1. Teilnahme am Wirtschaftsleben zumindest „wie“ Kaufleute

Beide Beteiligte müssen Kaufleute sein oder in größeren Umfang am Wirtschaftsleben teilnehmen, so dass ihre Kenntnis der der Lehre vom Bestätigungsschreiben zugrunde liegenden Handelsbräuche unterstellt werden kann (BGH, NJW 1987, 1940). Damit können z.B. auch Ausübende der freien Berufe erfasst werden. Zunehmend wird es als ausreichend angesehen, wenn der Empfänger „Unternehmer“ i.S.d. § 14 BGB ist.

2. Echtes Bestätigungsschreiben

Es muss ein echtes Bestätigungsschreiben sein. Von einem Bestätigungsschreiben ist dann auszugehen, wenn die Parteien davon ausgegangen waren, dass in ihrer bisherigen Vereinbarung bereits alles umfassend und abschließend geregelt sei. Das Schreiben muss den früheren Vertragsschluss unter Wiedergabe des Vertragsinhalts endgültig und eindeutig bestätigen (Auslegung).

Eine Auftragsbestätigung, durch die der Absender das Angebot eines anderen erst annimmt und damit den Vertrag zustande bringt, ist kein Bestätigungsschreiben, selbst wenn es so bezeichnet wird. Weicht die Annahme vom Angebot ab, kommt gem. § 150 II BGB der Vertrag gerade nicht zustande! Ob ein KBS oder eine Annahme vorliegt, ist durch Auslegung zu ermitteln; gerade der vom Rechtslaien verwendete Begriff „**Auftragsbestätigung**“ ist z.B. ein völlig unklarer Begriff, der „alles heißen kann“.

3. Zeitlicher Zusammenhang zwischen Vertragsverhandlungen und Zugang des KBS

Das Bestätigungsschreiben muss unmittelbar nach den Vertragsverhandlungen abgeschickt werden, so dass der Empfänger auf das Eintreffen vorbereitet ist. Die zu § 130 BGB entwickelten Regeln zum Zugang gelten entsprechend.

Fraglich ist, ob die Wirkungen des KBS auch eintreten, wenn dieses an einen **vollmachtlosen Vertreter** gesendet wird. Nach einer M.M. genügt der Zugang an den vollmachtlosen Vertreter, mit dem kontrahiert wurde, nicht, weil der Absender dann mit Aufdeckung des Mangels nicht rechnen könne. Folglich seien die Grundsätze des Schweigens auf ein KBS nicht anwendbar, d.h. es liege kein wirksamer Vertragsschluss vor (Lettl, JuS 2008, 849, 852).
Nach **h.M.** ist der Zugang des KBS **innerhalb des Machtbereichs des Adressaten** zu bejahen, wenn dem Absender der Mangel der Vertretungsmacht verborgen geblieben ist. Wird das KBS von einem **außerhalb** des Machtbereichs des Adressaten stehenden Vertreter (z.B. einem Handelsmakler) entgegengenommen, der weder zu dem Abschluss des Vertrags noch zu der Annahme von Postsendungen berechtigt ist, geht es dem Empfänger in dem Zeitpunkt zu, in dem es an ihn oder einen Vertreter mit Vertretungsmacht weitergegeben wird und er bzw. sein Vertreter unter normalen Verhältnissen die Möglichkeit hat, von dem Inhalt des Schreibens Kenntnis zu nehmen (EBJS/Fest, § 346 Rn 290 f.).

4. Redlichkeit des Absenders

Geschützt wird nur der redliche Geschäftsverkehr. Der Absender muss schutzwürdig sein, d.h. unter Berücksichtigung von Treu und Glauben das Schweigen des Empfängers als Einverständnis auffassen dürfen. Es werden nur solche Änderungen durch das Bestätigungsschreiben zum Vertragsinhalt, bei denen der Absender redlicherweise noch mit der Zustimmung des Empfängers rechnen darf (bestätigt der Verkäufer Parkettfliesen statt der vereinbarten Deckenplatten, kann hierdurch der Inhalt der ursprünglichen Vereinbarung nicht geändert werden, da eine ganz andere Leistung vorliegt. Bestätigt der Absender jedoch z.B. eine Menge von 180 statt 160 Kisten, so ist dies noch als billigungsfähig anzusehen).

Es besteht keine Pflicht zum Widerspruch gegen ein kaufmännisches Bestätigungsschreiben bei erheblichen Abweichungen. Allerdings trägt der Empfänger des Bestätigungsschreibens die Darlegungs- und Beweislast für eine erhebliche Abweichung (BGH, NJW-RR 2001, 680).

5. Kein rechtzeitiger Widerspruch

Der Empfänger darf nicht rechtzeitig (unverzüglich, § 121 I 1 BGB analog) widersprochen haben.
Die Frist liegt i.d.R. bei **2 Tagen** (bei komplexen Geschäften u.U. bei 3 Tagen).

Die Wirkungen des KBS treten nicht ein, wenn es kein Klarstellungsbedürfnis gibt.

<u>Beispiel:</u> Die Kaufleute A und B haben einen Vertrag geschlossen und das Verhandlungsergebnis vollständig schriftlich fixiert. A schickt ein KBS, welches in einem Punkt von dem schriftlichen Vertragstext abweicht. B widerspricht nicht.
Die Wirkungen des KBS greifen nicht ein.
Besteht nämlich weder bezüglich des Vertragsinhalts noch hinsichtlich des Zustandekommens des Vertrages (z.B. Vertretungsbefugnisse) vernünftigerweise Anlass zu Zweifeln, so fehlt es am notwendigen Klarstellungsbedürfnis, auf welchem die Grundsätze des KBS basieren.

<u>Beachte</u>: Beachten Sie, dass es vertragsmodifizierende KBS aber auch vertragsbegründende KBS geben kann!

DAS KAUFMÄNNISCHE BESTÄTIGUNGSSCHREIBEN

deklaratorisch	konstitutiv	
Bloß schriftliche Bestätigung des mdl. Vertrages ohne Abweichungen	vertrags**modifizierendes** KBS: Bestätigung eines geschlossenen Vertrags mit Abweichungen oder Ergänzungen	vertrags**begründendes** KBS: „eigentlich" kein Vertrag z.B. wegen fehlender Vertretungsmacht oder verstecktem Dissens, aber Bestätigender geht subjektiv redlich von Vertragsschluss aus

II. Besondere Klausurprobleme zum KBS

Die folgenden drei Konstellationen sind absolute „Klassiker" im Bereich des KBS, die immer mal wieder geprüft werden.

Examenstipp (Klassiker):

1. Anfechtung des KBS

Das „Schweigen" auf ein KBS kann gem. §§ 119 ff., 142 ff. BGB analog angefochten werden. Der KBS-Empfänger soll nicht stärker gebunden sein als bei einer ausdrücklichen Erklärung.

Damit die Regeln des KBS nicht umgangen werden, darf der Empfänger jedoch nicht anfechten, wenn er entweder durch Unachtsamkeit nicht erkannt hat, dass die mündlichen Abreden und das KBS voneinander abweichen, oder wenn er über die Bedeutung seines „Schweigens" irrt.

Beispiel: Kaufmann K erhält von seinem Vertragspartner ein KBS. Da K erst seit kurzer Zeit gewerblich tätig ist, reagiert er auf das KBS nicht, welches Abweichungen vom vereinbarten Vertragsinhalt enthält. Als er völlig überrascht erfährt, welche Wirkung sein „Schweigen" hat, will er wegen Erklärungsirrtums, § 119 I BGB, anfechten. Dies ist ihm verwehrt.

Hingegen besteht das Anfechtungsrecht, wenn er den Inhalt des KBS falsch verstanden hat. Dieses Recht hat er nämlich auch sonst, wenn er eine schriftliche Offerte missversteht und daher darf er im Fall des KBS nicht schlechter gestellt sein. Ob das auch dann gilt, wenn der Irrtum bloß auf einem flüchtigen Lesen des KBS beruht, ist streitig, wird von einer vordringenden Meinung aber abgelehnt (vgl. MK/Armbrüster, § 119 BGB Rn 70).

2. Nachträgliche Einbeziehung von AGB

Nach h.M. ist auch die nachträgliche Einbeziehung von AGB grundsätzlich zulässig. Notwendig ist hierfür eine ausdrückliche Bezugnahme im KBS. Allein deren Beifügung oder deren Abdruck auf der Rückseite des KBS genügt nicht, weil der Handelsverkehr auf klare und eindeutige Erklärungen angewiesen ist.

Nicht erforderlich ist hingegen, dass die AGB dem KBS beigelegt werden oder dem KBS-Empfänger bekannt sind.
Jedoch scheitert eine nachträgliche Einbeziehung, wenn bei den Vertragsverhandlungen keine der Parteien die Einbeziehung ihrer AGB durchsetzen konnte. Gleiches gilt, wenn sich die Gegenseite gegen die Geltung der fremden AGB verwahrt hat, was auch durch eine „Abwehrklausel" in den eigenen AGB geschehen kann.
Schließlich können auch AGB, die nicht branchenüblich sind, durch das KBS kein Vertragsbestandteil werden.

3. Sich kreuzende KBS

Bestätigen beide Vertragsparteien sich wechselseitig den Vertragsschluss mit anderem Inhalt, so fehlt es regelmäßig an der Schutzwürdigkeit der Parteien. Widersprechen sich die Schreiben inhaltlich (und ist dies für den jeweiligen Absender erkennbar), so finden die KBS-Grundsätze keine Anwendung; ein Widerspruch ist nicht erforderlich.

Sofern sich die kreuzenden KBS nur bzgl. der unterschiedlichen AGB widersprechen, gelten die allgemeinen Regeln für sich widersprechende AGB.
Früher vertrat die h.M. die „Theorie des letzten Wortes" und hat mithin die Geltung der zuletzt eingeführten AGB angenommen. Nach heute h.M. gelten nur diejenigen Klauseln, die miteinander vereinbar sind (sog. „Konsenstheorie"). Im Übrigen ist dann auf das dispositive Gesetzesrecht zurückzugreifen, vgl. § 306 II BGB (MK/Maultzsch, § 346 Rn 184).

III. Schweigen auf einen Antrag (§ 362 HGB)

Das Schweigen auf ein Angebot, das grds. als Ablehnung gilt, wird unter den Voraussetzungen des § 362 HGB ausnahmsweise als Annahme fingiert.

Voraussetzungen des § 362 I 1 HGB:

1. Der Antragsempfänger muss Kaufmann sein.

2. Sein Betrieb muss die **Besorgung von Geschäften für andere** mit sich bringen. (Vgl. zum Begriff der Geschäftsbesorgung: **Grüneberg**/Grüneberg, § 675, Rn 2 ff. [vor allem Fracht-, Lager-, Speditions- und Maklergeschäfte]) **Nicht erfasst sind Kaufgeschäfte** und Lieferungsverträge, da der Kaufmann solche Geschäfte naturgemäß nicht unbegrenzt abschließen kann.

3. Er muss mit dem Antragenden in fortgesetzter Geschäftsbeziehung stehen.

4. Das angetragene Geschäft muss zum üblichen Geschäftskreis des Empfängers gehören.

5. Der Kaufmann muss auf das Angebot geschwiegen haben.

Voraussetzungen des § 362 I 2 HGB:

1. Der Antragsempfänger muss Kaufmann sein.

2. Sein Betrieb muss die **Besorgung von Geschäften für andere** mit sich bringen. (Vgl. zum Begriff der Geschäftsbesorgung: **Grüneberg**/Grüneberg, § 675, Rn 2 ff. [vor allem Fracht-, Lager-, Speditions- und Maklergeschäfte]) **Nicht erfasst sind Kaufgeschäfte** und Lieferungsverträge, da der Kaufmann solche Geschäfte naturgemäß nicht unbegrenzt abschließen kann.

3. Der Kaufmann muss eine **invitatio ad offerendum** an eine bestimmte Person ausgesprochen haben.

4. Der Empfänger der invitatio muss ein Angebot gemacht haben, welches sich in deren Rahmen hält.

5. Der Kaufmann muss auf das Angebot geschwiegen haben.

Klausurhinweis:

Verwechseln Sie nicht § 151 BGB und § 362 HGB. § 151 BGB regelt nur einen Verzicht auf den Zugang der Annahmeerklärung, was aber impliziert, dass es eine (u.U. nur konkludente) Annahmeerklärung gibt. Im Unterschied hierzu wird von § 362 HGB bereits die Annahmeerklärung selbst fingiert.

Das Handelsgeschäft, § 343 f. HGB

Ein Handelsgeschäft ist ein Geschäft eines Kaufmanns, das zum Betrieb seines Handelsgewerbes gehört, § 343 I HGB. Die von einem Kaufmanne vorgenommenen Rechtsgeschäfte gelten im Zweifel als zum Betriebe seines Handelsgewerbes gehörig, § 344 I HGB. Jedoch ist **§ 13 BGB** als jüngeres und spezielleres Gesetz **vorrangig** (BGH, VIII ZR 187/20).

Hinsichtlich der Begriffsbildung ist das Folgende zu beachten:

Unter „Handelsgeschäft" wird einmal das Unternehmen (Unternehmung) eines Kaufmanns verstanden, so z.B. in § 25 HGB. „Handelsgeschäft" wird aber auch das einzelne Rechtsgeschäft genannt, das ein Kaufmann im Rahmen seines Handelsgewerbes tätigt, so z.B. in §§ 343 ff. HGB.

I. Geschäft = Jedes rechtserhebliche willentliche Verhalten

- Mehrseitige Rechtsgeschäfte (z.B. Kaufvertrag, Übereignung)
- Einseitige Rechtsgeschäfte (z.B. Rücktritt, Kündigung)
- Rechtsgeschäftsähnliche Handlungen (z.B. Mahnung)
- Gewollte Realakte, str. (z.B. Verbindung, Vermischung, Wettbewerbshandlung, deliktische Schädigung)

II. Kaufmannseigenschaft nach §§ 1-6 HGB
Bedeutung auch für *Nicht*kaufleute:

- bei lediglich einseitigen Handelsgeschäften (vgl. § 345 HGB)
- kraft ausdrücklicher Anordnung (§§ 383 II 2, 407 III 2, 453 III 2, 467 III 2 HGB)
- gegenüber Scheinkaufmann
- bei analoger Anwendung (z.B. Angehörige der freien Berufe)

III. Betriebsbezogenheit

Mindestens mittelbarer oder entfernter Funktionszusammenhang, z.B. auch
- Hilfsgeschäfte (Kreditaufnahme, Materialeinkauf) - Vorbereitende Geschäfte (Anmietung von Geschäftsräumen)
- Abwicklungsgeschäfte (Unternehmensverkauf)

Nicht: Privatgeschäfte des Kaufmanns

IV. Arten des Handelsgeschäfts
Einseitiges = nur ein Beteiligter ist Kaufmann
Beiderseitiges = beide Beteiligte sind Kaufleute

- Grundsätzlich gelten §§ 346 ff. HGB auch für das nur **einseitige Handelsgeschäft**, vgl. § 345 HGB
  z.B.: §§ 352 II, 355-357, 358-361, 363-365, 366, 367 HGB

- Nur auf **beiderseitige Handelsgeschäfte** sind anwendbar
  z.B.: §§ 346, 353, 369, 377, 379, 391 HGB

- Nur für kaufmännische Vertragspartei anwendbar sind
  z.B. §§ 347-352 I, 353, 354, 368 HGB

Rügeobliegenheit beim Handelskauf, § 377 HGB

I. Vorbemerkung

Der Wortlaut des § 377 HGB ist in zweierlei Hinsicht ungenau:

- § 377 HGB statuiert keine Pflicht, deren Nichterfüllung etwa zu Schadensersatzansprüchen führen würde, sondern eine **Obliegenheit**, deren Nichterfüllung lediglich zum Verlust eigener Rechte führen kann.
- Untersuchungs- und Rügeobliegenheit stehen nicht gleichbedeutend nebeneinander. Der Erhalt der Rechte aus dem Kaufrecht wird nur durch rechtzeitige Rüge bewirkt. Die Untersuchung selbst ist keine eigenständige Obliegenheit.

II. Sinn und Zweck des § 377 HGB

Die Verkürzung der für den Handelskauf noch zu langen Gewährleistungsfristen soll zu einer schnellen und raschen Abwicklung von Geschäften des Handelsverkehrs führen. Der Verkäufer wird in die Lage versetzt, zu planen und zeitnah eventuelle rechtzeitige Maßnahmen zur Schadensabwendung zu treffen. Der Verkäufer erlangt so Rechtsicherheit und ihm gelingt u.U. die Vermeidung von Prozessen mit Beweisschwierigkeiten.

III. Voraussetzungen der Rügeobliegenheit

1. Beiderseitiger Handelskauf
2. Ablieferung
3. Nicht ordnungsgemäße Lieferung
4. Redlichkeit des Verkäufers

1. Beiderseitiger Handelskauf

Aus der Formulierung „für beide Teile“ folgt, dass ein beiderseitiger Handelskauf vorliegen muss. Eine Analogie für nichtkaufmännische „Unternehmer“ wird von der h.M. abgelehnt (EBJS/Achilles, § 377 Rn 9). Der Gesetzgeber hat sich ganz bewusst gegen die Einbeziehung des gesamten Spektrums der Unternehmer i.S.d. § 14 BGB in den persönlichen Anwendungsbereich des Handelsgesetzbuches und damit des Handelskaufs entschieden, sodass schon keine planwidrige Regelungslücke vorliegt; anders kann man etwa das Festhalten am Begriff des Handelsgewerbes und die explizite Herausnahme selbst der Kleingewerbetreibenden aus weiten Anwendungsbereichen des HGB einschließlich der Handelsgeschäfte schlechthin nicht verstehen.

2. Ablieferung

Sache gelangt in Erfüllung des Vertrages so in den Machtbereich des Käufers, dass dieser die tatsächliche Möglichkeit zu ihrer Untersuchung hat. Der Begriff der Ablieferung ist nicht mit dem der Übergabe gleichzusetzen.

Auch eine eventuelle Nacherfüllung (§ 439 I BGB) ist als selbstständige Lieferung anzusehen. Deshalb greift auch für die Nachlieferung eine separate Rügeobliegenheit ein (Hopt/Leyens, § 377 Rn 6).

3. Nicht ordnungsgemäße Lieferung

§ 377 HGB legt keinen eigenständigen Mangelbegriff fest. Es gelten die Regeln des BGB zum Sach- oder Rechtsmangel, §§ 434, 435 BGB.

4. Redlichkeit des Verkäufers

Keine Anwendung findet § 377 HGB bei Unredlichkeit des Verkäufers, wenn dieser also gem. § 377 V HGB den Mangel arglistig verschwiegen hat. Gleichzustellen ist der Fall des arglistigen Vortäuschens nicht gegebener Beschaffenheitsmerkmale.

IV. Inhalt der Rügelast

1. Zeitpunkt der Rüge

§ 377 HGB unterscheidet zwischen einem „offenen" Mangel und einem „versteckten" Mangel.
Ein **offener Mangel** liegt vor, wenn die Mängel bei ordnungsgemäßer Untersuchung entdeckt werden können, z.B. eingetrocknete Filzstifte.
Für die Untersuchungsobliegenheit nach § 377 I HGB ist darauf abzustellen, welche in den Rahmen eines ordnungsgemäßen Geschäftsgangs fallenden Maßnahmen einem ordentlichen Kaufmann im konkreten Einzelfall unter Berücksichtigung auch der schutzwürdigen Interessen des Verkäufers zur Erhaltung seiner Gewährleistungsrechte zugemutet werden können. Die von § 377 I HGB geforderte Untersuchung muss dabei nicht von derartigem Umfang und solcher Intensität sein, dass sie nach Art einer „Rundum-Untersuchung" alle irgendwie in Betracht kommenden Mängel der Ware erfasst (so müssen Futtermittel nicht durch einen Sachverständigen auf Dioxinbelastung untersucht werden, BGH, VIII ZR 245/16, **RA 2018, 83, 84**).

Die Frist für die Rüge offener Abweichungen ist – bei genauer Betrachtung des Wortlautes von § 377 I HGB – dreiteilig:

- Frist zwischen Ablieferung und Beginn der Untersuchung
- Dauer der Untersuchung
- Frist zwischen Ende der Untersuchung und Rüge

Es geht um eine **Gesamtbetrachtung**; Verzögerungen in einem Bereich können durch übersorgfältige Schnelligkeit an anderer Stelle ausgeglichen werden.

Ein **versteckter** (oder auch „verdeckter") **Mangel** kann auch bei ordnungsgemäßer Untersuchung nicht entdeckt werden. Er könnte nur durch z.B. Zerlegen einer Maschine oder ähnliches sichtbar werden.
Bei der Berechnung der bei einem verdeckten Mangel zu wahrenden Rügefrist fallen die Punkte „Ablieferung" und „Untersuchung" weg: Maßgeblich ist allein der Zeitraum zwischen Erkennen und Absenden der Rüge.

MANGEL		
ohne Untersuchung erkennbar	durch angemessene Untersuchung erkennbar	durch angemessene Untersuchung **nicht** erkennbar
§ 377 I HGB ▸ Rüge unverzüglich nach Ablieferung	**§ 377 I HGB** ▸ Rüge unverzüglich nach unverzüglicher Untersuchung	**§ 377 III HGB** ▸ Rüge unverzüglich nach der Entdeckung

Problem: § 377 IV HGB regelt nur das Verzögerungsrisiko (vgl. BGHZ 101,49)

Die Mängelanzeige ist eine **empfangsbedürftige Erklärung**. Nur so ist sichergestellt, dass der Verkäufer die Möglichkeit hat, seine Falsch- oder Schlechtlieferung zu korrigieren und weiteren Schaden abzuwenden.

Vor diesem Hintergrund ist § 377 IV HGB so zu lesen, dass der Empfänger (Verkäufer) das Verzögerungsrisiko trägt, der Absender (Käufer) hingegen das Verlustrisiko.

Die Beweislast liegt beim Absender, weil der Empfänger die prozessuale Negativtatsache (einen Brief nicht erhalten zu haben) nicht beweisen kann. Demgegenüber hat der Absender durch Einschreiben oder Boten recht einfache Möglichkeiten, den Zugang beim Empfänger zu beweisen.

2. Inhalt der Mängelanzeige

Der Mangel muss nicht in allen Einzelheiten, aber doch so genau bezeichnet sein, dass der Verkäufer ihn ermessen und danach seine Dispositionen treffen kann. Die Angabe des Grundes für den Mangel ist ebenso wenig erforderlich wie die Angabe der Rechte, deren Geltendmachung der Käufer beabsichtigt.

3. Sonderproblem: Durchlieferung beim Streckengeschäft

Problem: § 377 HGB beim Streckengeschäft (vgl. BGHZ 110,139)

Ein besonderes Problem ergibt sich bei Streckengeschäften oder bei anderen Formen der Vertragsabwicklung, bei der ein Zwischenhändler nicht die Möglichkeit hat, das gelieferte Produkt zu untersuchen. Hier stellt sich die Frage, wann er seiner Rügeobliegenheit nachzukommen hat.

Die Grundkonstellation ist wie folgt:

Hersteller (Kaufmann)

↕ Kaufvertrag mit Rügepflicht, § 377 HGB ↕

Hersteller (Kaufmann)

↕ Kaufvertrag u.U. ohne (!) Rügepflicht ↕

Endkunde (u.U. Verbraucher)

Problemvariante 1: Zwischenhändler vereinbart mit Hersteller direkte Lieferung an Endkunden.

Problemvariante 2: Zwischenhändler hat rein tatsächlich nicht die Möglichkeit, z.B. eine bestimmte Maschine in Gebrauch zu nehmen und zu testen.

Der Erstkäufer wird nicht bei seinem Abnehmer auftauchen und die Ware untersuchen wollen, wobei er dies natürlich könnte.

In seinem Interesse ist vielmehr, wenn der Zweitkäufer untersucht und ihm ggf. erkannte Mängel mitteilt, so dass der Erstkäufer durch Weiterleitung der Rüge an den Verkäufer seine Rechte wahren kann. Vor diesem Hintergrund stellt sich das Meinungsspektrum wie folgt dar:

- h.M.: Die h.M. geht von einer „normalen" Untersuchungs- und Rügefrist aus, allerdings mit etwas verlängerter Frist. Folglich muss der Käufer ausreichend dafür Sorge tragen, dass der Kunde ihn alsbald über einen Mangel informiert (BGHZ 110, 130; OLG Köln, 11 U 183/14). Erfährt der kaufmännische Käufer seinerseits durch Reklamationen seiner Kunden von Mängeln, so beginnt die Rügefrist, wenn es sich um ernstzunehmende und glaubhafte Reklamationen handelt (LG Essen, 45 O 28/22, **RA 2024, 25**). Sofern dieser nicht Kaufmann ist, stellt die vertragliche Auferlegung kaufmännischer Rügeobliegenheiten einen AGB-Verstoß dar (Muhl, GWR 2015, 341). Bei einer vermeidbaren Verzögerung der Mängelanzeige muss der Käufer sich den aus § 377 II HGB ergebenden Rechtsnachteil vom Verkäufer entgegenhalten lassen. Hieran ändert sich auch dann nichts, wenn der Endkunde kein Kaufmann ist. So sieht § 445a IV BGB für den Rückgriffanspruch des Unternehmers sogar ausdrücklich vor, dass § 377 HGB unberührt bleibt.

- a.A.: Nach a.A. ist eine Differenzierung nötig.
  - Ist der Dritte, der belieferte Kunde, Kaufmann, so sei die Rechtslage wie von der h.M. beschrieben.
  - Ist der Dritte hingegen nicht Kaufmann, so habe der Zwischenhändler lediglich die Obliegenheit, den Mangel unverzüglich nach Kenntniserlangung zu rügen.

  Begr.: Bei Anwendung der h.M. hätte der Dritte gegen den Käufer Ansprüche wegen der Mangelhaftigkeit der Sache, dieser jedoch mangels Rüge nicht gegen den Verkäufer (unbilliges Ergebnis)

- Rspr.: Vor allem auch die Rspr. folgt der h.M.:

  Der Endkunde (Zweitabnehmer) **sei „Untersuchungsgehilfe" des Zwischenhändlers** (Erstkäufers). **Abgeliefert werde durch Lieferung an den Endkunden** (OLG Köln, NJW-RR 1995, 28, 29; RGZ 96, 13, 14). **Es komme hier nicht darauf an, ob der Zwischenhändler die tatsächliche und rechtliche Möglichkeit habe, seinen Abnehmer zu einer unverzüglichen Untersuchung zu bewegen. Entscheidend sei allein, dass der Zwischenhändler vom Hersteller (Verkäufer) eine Durchlieferung verlangt habe: Dann müsse er auch die Konsequenzen tragen, die daraus erwachsen.** Nicht erforderlich ist, dass das Streckengeschäft beim ursprünglichen Vertragsschluss vereinbart wurde (a.A. Staub/Brüggemann, § 377 Rn 38). Es reicht vielmehr aus, dass sich der Verkäufer auf Verlangen des Erstkäufers später darauf einlässt. In einer solchen Einigung wird man ohnehin oftmals eine konkludente Änderung des Vertrages sehen können, da insbesondere die Frage der veränderten Transportkosten einer verbindlichen Regelung bedarf. An die Annahme eines **(konkludenten) Verzichts** auf § 377 HGB sind jedoch **strenge Anforderungen** zu stellen (BGH, VIII ZR 272/20, **RA-Telegramm 2023, 38**).

Wenn der Zwischenhändler nicht sicher sein kann, dass seine Abnehmer die Ware unverzüglich untersuchen, er sich seine Rechte im Verhältnis zum Hersteller gleichwohl erhalten will, dann muss er die Ware vor der Versendung selbst untersuchen (OLG Köln, NJW-RR 1995, 28).

Examenstipp:

(P): Streckengeschäft: Mängelrüge entlang der Kaufvertragsverhältnisse

Beim Streckengeschäft hat die handelsrechtliche Mängelrüge grundsätzlich entlang der Kaufvertragsverhältnisse zu erfolgen (BGHZ 110, 130; OLG Karlsruhe, 12 U 31/16, **RA 2016, 529**; Abgrenzung zu OLG Frankfurt a.M., 15 U 147/11).

Fragt der Endkunde aufgrund eines Mangelverdachts beim Hersteller nach und gibt ihm der Hersteller eine falsche Auskunft, entlastet das den Endkunden mit Blick auf die Mängelrüge nach § 377 HGB gegenüber seinem Verkäufer – dem Zwischenhändler – nicht. Die Auskunft des Herstellers ist dem Zwischenhändler grundsätzlich nicht zuzurechnen (OLG Karlsruhe, 12 U 31/16, **RA 2016, 529**).

Jedoch kann im Einzelfall für die rechtzeitige Rüge im Verhältnis des Zwischenhändlers zum Hersteller gegebenenfalls auch eine Direktrüge des Endkunden genügen (vgl. BGH, VIII ZR 91/13).

V. Rechtsfolgen bei nicht ordnungsgemäßer Rüge

1. Käuferrechte

Gem. § 377 II HGB gilt die gelieferte Ware als genehmigt. Hieraus folgt der Ausschluss der Ansprüche wegen Mangelhaftigkeit der Kaufsache („Gewährleistungsansprüche") und auch der Ansprüche aus §§ 119 II und 320 BGB.

Ebenfalls anwendbar ist § 377 HGB (wohl analog) auf Ansprüche aus § 280 I BGB, sofern sich der Anspruch als ein Gewährleistungsanspruch im weiteren Sinne darstellt. Das ist der Fall, wenn eine Nebenpflichtverletzung einen Sachmangel hervorruft oder der Mangelfolgeschaden auf die Mangelhaftigkeit der Kaufsache zurückzuführen ist. Folge ist der Ausschluss dieses Anspruchs.

Problem: **Schließt eine Verletzung der Rügeobliegenheit des § 377 HGB auch deliktische Ansprüche, §§ 823 ff. BGB, aus?**

Der Zweck, den kaufmännischen Rechtsverkehr zu beschleunigen, spricht eigentlich dafür. Nur der Ausschluss aller Ansprüche verschafft dem Kaufmann die intendierte Planungssicherheit, dass keine Ansprüche aus dem Rechtsgeschäft mehr geltend gemacht werden.

Dennoch findet § 377 auf Ansprüche aus §§ 823 ff. BGB, keine Anwendung (ganz h.M., BGHZ 101, 337, 343 ff.). Dies wird damit begründet, dass die deliktische Haftung nichts mit vertraglichen Ansprüchen zu tun habe und der geschädigte Vertragspartner sonst schlechter gestellt wäre als wenn er von einem X-Beliebigen geschädigt worden wäre. Diesem gegenüber müsste er auch keine Rügefristen beachten.

2. Verkäuferrechte

Der Verkäufer behält unverändert seine Rechte, insb. den Anspruch auf Kaufpreiszahlung.

a) Schlecht- oder Zuweniglieferung

Im Fall einer Schlechtlieferung muss der Käufer die Ware behalten und den vereinbarten Kaufpreis zahlen. Gleiches gilt bei einer Zuweniglieferung, da diese gem. § 434 III Fall 2 BGB ebenfalls einen Mangel darstellt (BGHZ 91, 293, 300 ff.).

b) Lieferung einer wertvolleren Sache oder Mehrlieferung

Ist die Falschlieferung wertvoller als die bestellte Ware, kann der Verkäufer das Geleistete nach § 812 I 1 BGB kondizieren, einen Anspruch auf einen entsprechend höheren Preis hat er aber nicht (Canaris, § 29 Rn 73; Jung, Kap. 10 Rn 10).

U.U. ist zu prüfen, ob ein Angebot des Verkäufers auf Vertragsänderung vorliegt, welches der Käufer konkludent durch Aneignung oder Ingebrauchnahme der Ware akzeptiert, wobei auf den Zugang der Annahmeerklärung gem. § 151 S. 1 BGB verzichtet werden kann (Canaris, § 29 Rn 74; Jung, Kap. 10 Rn 10).

Weitere Besonderheiten beim Handelskauf

I. Guter Glaube an die Verfügungsbefugnis, § 366 HGB

Häufiger Anwendungsfall sind Kaufleute, die u.a. **Kommissionsgeschäfte** ausführen.

Beispiel: Fahrradhändler F verkauft neue und gebrauchte Räder und bietet Werkstattleistungen an. Kunde K will ein gebrauchtes Rad kaufen. Der Eigentümer hatte es nur zur Reparatur abgegeben. Der kaufmännische Fahrradhändler F kann der Versuchung nicht widerstehen, und verkauft das Rad.

Wenn dem Kunden klar ist, dass F gebrauchte Räder als Kommissionär verkauft, dann ist erst bzgl. des Eigentums des F wohl nicht gem. § 932 BGB gutgläubig. Jedoch kommt gem. § 366 HGB ein guter Glaube in die Verfügungsbefugnis in Betracht.

§ 366 HGB gilt nicht beim Erwerb vom **Scheinkaufmann**, weil in diesem Fall der Schaden gar nicht beim Scheinkaufmann selbst, sondern bei einem Dritten, dem wahren Eigentümer, eintreten würde.

Problem: Analoge Anwendbarkeit des § 366 HGB auf den guten Glauben an die Vertretungsmacht?

Beispiel: Kaufmann verfügt im **fremden** Namen ohne Vertretungsmacht über die Sache des Eigentümers an einen Dritten als Nichtberechtigter. Dann stellt sich die Frage, ob der Eigentümer die Sache nach § 985 vom gutgläubigen Dritten herausverlangen kann.

§ 366 HGB geht von der fehlenden Verfügungsbefugnis aus und ersetzt sie durch den guten Glauben des Erwerbers an die Verfügungsbefugnis. Der Wortlaut der Vorschrift erfasst also nicht den Fall, dass jemand im fremden Namen handelt, ohne Vertretungsmacht zu haben, der Erwerber ihn aber gutgläubig zur Vertretung befugt hält.

Eine Ansicht bejaht eine analoge Anwendung (Hopt/Leyens, § 366 Rn 5; K. Schmidt, JuS 1987, 936, 939)

- Zwar bedeutet „Verfügungsbefugnis" in der Terminologie des BGB, dass der Verkäufer in eigenem Namen verfügt. Demnach ist streng zwischen der Ermächtigung, die eine Verfügungsbefugnis verleiht (§ 185 I BGB), und der Vollmacht, die Vertretungsmacht verleiht (§§ 164 I, 167 I BGB) zu unterscheiden. Da das HGB aber älter als das BGB sei, dürfe diese Terminologie nicht auf das HGB übertragen werden, da es noch nicht exakt zwischen Verfügungsbefugnis und Vertretungsmacht unterscheide. Dies zeige sich z.B. bei §§ 49 I, 54 I, 56, 125 I HGB. Dort werde von „ermächtigt" gesprochen, gemeint sei aber die Bevollmächtigung.
- § 366 HGB will im Interesse der Sicherheit des Handelsverkehrs einen verstärkten Schutz des gutgläubigen Erwerbers gewährleisten. Für den Erwerber sei es aber häufig schwer festzustellen, ob sein Vertragspartner im eigenen oder fremden Namen handelt und ob Verfügungs- oder Vertretungsbefugnis vorliegt.

Die **Gegenmeinung** lehnt eine Anwendung des § 366 I HGB auf die Fälle des guten Glaubens an die Vertretungsmacht ab (Canaris, § 27 Rn 16; Kindler, Grundkurs, § 7 Rn 59).

- Der Wortlaut des § 366 I HGB ist nach heutigem Verständnis eindeutig. Erfasst sein soll nur der gute Glaube an die Verfügungsbefugnis (§ 185 I BGB), nicht aber der gute Glaube an die Vertretungsmacht (§ 164 I BGB).

- Die Regelung des § 75h HGB über den Schutz des guten Glaubens an die Vertretungsmacht von Handlungsgehilfen ergibt wenig Sinn, wenn schon § 366 I HGB eingreifen würde.
- Die Schutzwürdigkeit des Erwerbers ist geringer, wenn der andere Teil in fremdem Namen (also als Vertreter statt als Verfügungsbefugter) handelt, da er den Vollmachtgeber genannt bekommt (Offenkundigkeitsprinzip!) und sich bei diesem erkundigen kann.
- Die Gegenansicht hätte zur Konsequenz, dass zwar ein Eigentumserwerb stattfände, dieser aber wegen der Unwirksamkeit des Verpflichtungsgeschäfts (dieses ist gem. § 177 BGB [schwebend] unwirksam) einer bereicherungsrechtlichen Rückabwicklung unterworfen ist. Dann aber ist es konsequenter, direkt die analoge Anwendung von § 366 HGB abzulehnen.

  Zwar vertritt K. Schmidt (JuS 1987, 936, 939), dass § 366 HGB auch auf den schuldrechtlichen Vertrag anwendbar sein müsse und der Eigentumserwerb damit kondiktionsfest sei. Dies wäre aber eine dem deutschen Privatrecht völlig fremde Konstruktion. Außerdem kann Rechtsgrund für das Behaltendürfen nur der Kaufvertrag zwischen dem Vertretenen und dem Geschäftspartner sein, nicht aber der Anspruch des Geschäftspartners gegen den Vertreter aus § 179 I BGB.

II. Lagergeld, § 354 HGB

Der Schuldner kann im Falle des Verzugs des Gläubigers gem. § 304 BGB Ersatz der Mehraufwendungen verlangen, die er für das erfolglose Angebot sowie für die Aufbewahrung und Erhaltung des geschuldeten Gegenstands machen musste.

Wenn also der Verkäufer wegen Annahmeverzugs des Käufers die Kaufsache bei sich einlagert, ist er nach § 304 BGB auf den Ersatz des tatsächlich entstandenen Mehraufwandes beschränkt, soweit dieser objektiv erforderlich war (**Grüneberg**/Grüneberg, § 304 Rn 1, 2). Ist jedoch der Verkäufer Kaufmann, so greift ergänzend § 354 HGB ein, wonach der Verkäufer, grundsätzlich auch Ersatz der **üblichen** Lagerkosten verlangen kann.

III. Selbsthilfeverkauf, §§ 373, 374 HGB

Ist der Käufer mit der Annahme der Ware im Verzug, so kann der Verkäufer als Erfüllungssurrogat zum Selbsthilfeverkauf schreiten, § 373 II HGB. Der Selbsthilfeverkauf (also z.B. die Versteigerung) erfolgt für Rechnung des säumigen Käufers, § 373 III HGB).

Beispiel 1: Der Käufer, der sich mit der Annahme der Ware im Verzug befindet, verlangt die Herausgabe des Erlöses gem. § 667 BGB. Hier kann der Verkäufer mit seinem Kaufpreisanspruch und den Versteigerungskosten (§ 373 III HGB i.V.m. § 670 BGB) aufrechnen. Innerhalb der §§ 387 ff. BGB müssen die Voraussetzungen der §§ 373 f. HGB geprüft werden.

Beispiel 2: Der Käufer, der sich mit der Annahme der Ware im Verzug befindet, verlangt Vertragserfüllung. Hier ist zu prüfen, ob der Erfüllungsanspruch wegen der Selbsthilfeverkauf gem. § 362 BGB wegen Erfüllung untergegangen ist.

Klausurhinweis:

In einer **Anwaltsklausur** dürfen Sie in so einem Fall nicht vergessen, die Aufrechnung als Gestaltungsrecht auch tatsächlich zu erklären.

Kaufmännische Zinsen

Nach § 353 S. 1 HGB sind Kaufleute untereinander berechtigt, für ihre Forderungen aus beiderseitigen Handelsgeschäften vom Tage der **Fälligkeit** an Zinsen zu fordern. Die **Höhe** der gesetzlichen Zinsen, mit Ausnahme der Verzugszinsen, ist bei beiderseitigen Handelsgeschäften gem. § 352 I 1 HGB **5 %**.

§ 352 HGB ist auf Ansprüche aus **unerlaubter Handlung** – selbst wenn sie im Zusammenhang mit einem beiderseitigen Handelsgeschäft entstanden sind – **nicht** anwendbar (BGH, NJW-RR 1987, 181, 183).

Gleiches gilt für **§ 353 S. 1 HGB**. Die ratio legis der Norm ist schwer zu erfassen und aus heutiger Sicht in Bezug auf das Zinsrecht eine Ungleichbehandlung von Kaufleuten und Nichtkaufleuten kaum nachzuvollziehen, da bereits die Annahme der höheren Produktivität des Geldes in den Händen von Kaufleuten fraglich erscheint. Im Hinblick auf diese Bedenken ist jedenfalls eine enge Auslegung der Norm geboten, die einer Erstreckung auf Forderungen aus unerlaubter Handlung entgegensteht (BGH, VI ZR 121/17, **RA 2018, 365** = JuS 2018, 1243).

Im Falle des **Verzugs** betragen die Zinsen bei Rechtsgeschäften, an denen ein Verbraucher nicht beteiligt ist gem. § 288 II BGB **9 Prozentpunkte über dem Basiszinssatz**.

Sonderregeln bei Bürgschaften

- **§ 350 HGB:** Auf eine Bürgschaft findet, sofern die Bürgschaft auf der Seite des Bürgen ein Handelsgeschäft ist, die Formvorschrift des § 766 Satz 1 und 2 BGB keine Anwendung.

  Beispiel: Der GmbH-Geschäftsführer bürgt für eine Verbindlichkeit der GmbH. Hier greift § 350 HGB nicht ein, da der Geschäftsführer Partei des Bürgschaftsvertrags wird, dieser aber kein Kaufmann ist, sondern die kaufmännische GmbH nur vertritt.

  Beachte: Deshalb ist im Beispiel der Geschäftsführer auch kein Unternehmer, sondern Verbraucher i.S.d. § 13 BGB, was z.B. für §§ 310 und § 312g BGB wichtig sein kann. Für das Widerrufsrecht ist alleine entscheidend, dass der Bürge Verbraucher ist! Ob die Hauptschuld ein Verbraucherdarlehen oder ein gewerblicher Kredit ist und ob der Hauptschuldner ebenfalls durch eine Haustürsituation zum Vertragsschluss bestimmt worden ist, spielt keine Rolle (BGH, XI ZR 169/05; **Grüneberg**/Grüneberg, § 312 Rn 8).

- Fraglich ist, ob ein Fremdgeschäftsführer einer GmbH, eine von ihm persönlich gestellte Sicherheit (z.B. Schuldbeitritt oder Bürgschaft) aus wichtigem Grund kündigen kann, wenn er als Geschäftsführer ausscheidet. Im Wegfall der Geschäftsführerstellung sieht der BGH, XII ZR 155/09, hierfür keinen hinreichenden Grund, denn der Vermieter sollte ja gerade eine zusätzliche Sicherheit erhalten. Das Risiko der Beendigung seiner Geschäftsführerstellung trifft somit allein den Fremdgeschäftsführer.

- **§ 349 HGB:** Dem Bürgen steht, wenn die Bürgschaft für ihn ein Handelsgeschäft ist, die Einrede der Vorausklage (§ 771 BGB) nicht zu.

- **§ 138 BGB** (hierzu **Grüneberg**/Ellenberger, § 138 Rn 38g): Die zur Frage der Sittenwidrigkeit von Bürgschaften bei **krasser wirtschaftlicher Überforderung von Bürgen** entwickelten Grundsätze **gelten nicht für** Bürgschaftserklärungen von **GmbH-Gesellschaftern** für Verbindlichkeiten der GmbH. Die Gesellschaftsgläubiger haben i.d.R. ein billigenswertes Interesse an der persönlichen Haftung.

  Eine **Ausnahme** kommt in Betracht, wenn jemand ohne eigenes wirtschaftliches Interesse (allein einem ihm persönlich eng verbundenen Dritten zuliebe) Gesellschafter einer GmbH wird und er deshalb die Bürgschaft für alle Kreditverbindlichkeiten der Gesellschaft übernimmt, obwohl ihm nur die Funktion eines **Strohmanns** zukommt.

Das Kommissionsgeschäft, § 383 ff. HGB

I. Begriff des Kommissionärs

Kommissionär ist derjenige, der es gewerbsmäßig übernimmt, Waren oder Wertpapiere für Rechnung eines anderen (Kommittenten) in eigenem Namen zu kaufen oder zu verkaufen (§ 383 HGB). Die Vorschriften der §§ 383 ff. HGB über das Kommissionsgeschäft sind auch dann anzuwenden, wenn das Unternehmen des Kommissionärs nach Art oder Umfang einen in kaufmännischer Weise eingerichteten Geschäftsbetrieb nicht erfordert und die Firma des Unternehmens auch nicht nach § 2 HGB in das Handelsregister eingetragen ist (§ 383 II HGB). In diesem Fall ist der Kommissionär zwar kein Kaufmann i. S. d. §§ 1, 2 HGB. Wegen der ausdrücklichen gesetzlichen Bestimmung unterliegt er aber gleichwohl den handelsrechtlichen Vorschriften über das Kommissionsgeschäft.

II. Die Rechtsbeziehungen

Dabei sind im Einzelnen folgende Geschäfte zu unterscheiden:

- Der **Kommissionsauftrag**: Hierunter ist die Beauftragung des Kommissionärs durch den Kommittenten zu verstehen.
- Das **Ausführungsgeschäft**: Dies ist der zwischen dem Kommissionär und dem Dritten geschlossene Kaufvertrag und das Erfüllungsgeschäft.
- Das **Abwicklungsgeschäft**: Hierunter ist die Weiterleitung des Verkaufserlöses bzw. der eingekauften Sache (bei der so genannten Einkaufskommission) von dem Kommissionär an den Kommittenten zu verstehen.
- Der Kommissionär schließt den Vertrag mit dem Dritten im eigenen Namen ab. Das bedeutet:
  - bei der Verkaufskommission bleibt der Kommittent Eigentümer. Der Eigentumsübergang vollzieht sich unmittelbar vom Kommittenten auf den Dritten;
  - bei der Einkaufskommission wird zunächst der Kommissionär Eigentümer. Dieser überträgt das Eigentum dann weiter an den Kommittenten.

III. Die Pflichten des Kommissionärs

Diese regeln die §§ 384 ff. HGB.
Besonders hervorzuheben ist die Pflicht des Kommissionärs zur Herausgabe des Erlangten (§ 384 II Hs. 2 HGB).

Bei einer Einkaufskommission muss der Kommissionär entweder den Anspruch gegen den Dritten auf Übereignung der Kaufsache an den Kommittenten abtreten (der Kommissionär wird Inhaber des Anspruchs gegen den Dritten!), oder aber, sofern er den Gegenstand vom Dritten bereits erhalten hat, diesen herausgeben bzw. übereignen (s. oben).

Für den Fall der Verkaufskommission bedeutet die Herausgabepflicht, dass der Kommissionär die Kaufpreisforderung gegen den Dritten an den Kommittenten abtreten muss. Sollte der Kommissionär die Forderung bereits eingezogen haben, so muss er entweder das Bargeld oder aber die Kontogutschrift herausgeben. In der Praxis wird häufig eine Vorausabtretung (antizipierte Abtretung) der Ansprüche gegen den Dritten vereinbart, so dass der Kommittent schon mit Abschluss des Ausführungsgeschäfts Inhaber der Forderung wird. Wird dies jedoch nicht vereinbart, so bleibt der Kommissionär Inhaber der Forderung, wie auch § 392 I HGB ausdrücklich regelt.

IV. Die Rechte des Kommissionärs

1. **Provisionsanspruch**, lesen Sie hierzu § 396 HGB.

2. **Aufwendungsersatz**
   Der Kommissionär kann weiterhin gem. § 670 BGB Aufwendungsersatz verlangen (zum Umfang vgl. auch § 396 II HGB). Dieser Anspruch folgt aus dem Wesen des Kommissionsverhältnisses als eines Geschäftsbesorgungsvertrages. Denn der Kommissionär wird für Rechnung des Kommittenten tätig (vgl. § 383 HGB).

V. Schutzwirkung des § 392 II HGB

Der Kommissionär wird mit Abschluss des Ausführungsgeschäfts Inhaber der Forderungen gegen den Dritten. Es besteht dann für den Kommittenten ein Bedürfnis nach einem Schutz dieser vom Kommissionär für fremde Rechnung gehaltenen Forderung für den Fall, dass Gläubiger des Kommissionärs auf diese Forderung – sei es im Wege der Einzelzwangsvollstreckung durch Pfändung oder im Insolvenzfall – zugreifen. Diesen Schutz gewährt § 392 II HGB, der nämlich im Verhältnis des Kommissionärs zu dessen Gläubigern eine gesetzliche Fiktion („gelten") der Forderungsinhaberschaft des Kommittenten anordnet. Es handelt sich um eine „nur" wirtschaftliche Zuordnung der Forderung zum Kommittenten, denn formell ist und bleibt der Kommissionär Forderungsinhaber (Treuhand).

Einführung

Der Gesetzgeber hat durch das am 1.1.2024 in Kraft tretende Personengesellschaftsrechtsmodernisierungsgesetz (**MoPeG**) das **Personengesellschaftsrecht** – endlich – neu strukturiert.

Neben inhaltlichen Änderungen und Klarstellungen hat dies im Recht der GbR und der OHG dazu geführt, dass sich fast alle bisherigen Paragrafen geändert haben. In der 1. Auflage dieses Skripts werden **die bisherigen Paragrafen i.d.R. in eckigen Klammern** angegeben. Dies erfolgt jedoch nicht durchgängig. Vor allem, wenn in einem Abschnitt der gleiche Paragraf mehrfach auftaucht, wird der bisherige Paragraf i.d.R. nur einmal aufgeführt, gerade auch um die Lesbarkeit zu erleichtern.

Die Gesellschaft bürgerlichen Rechts (im Folgenden „GbR") ist die Grundform der Personenhandelsgesellschaften OHG und KG (vgl. §§ 105 III, 161 II HGB). Dem wird die Gesetzeslage nunmehr endlich gerecht. Das Recht der GbR wurde zum „allgemeinen Teil" des Personengesellschaftsrechts ausgebaut. Die Regelungen zu OHG und KG beschränken sich demgegenüber darauf, einerseits Abweichungen vom Recht der GbR zu regeln (vor allem als Folge des Umstands, dass OHG und KG Handelsgesellschaften, also Kaufleute, sind). Andererseits werden wichtige Grundprinzipien in den §§ 105 ff. HGB teilweise wiederholt, um eine zusammenhängende Regelung im HGB zu ermöglichen.

Der Fokus beim Lernen:

In der Regel geht es bei Klausuren aus dem Bereich des Gesellschaftsrechts um die folgenden Themenbereiche:

- Ist die Gesellschaft wirksam vertreten worden?
- Kann der Gesellschaft Wissen oder Verschulden zugerechnet werden?
- Wer haftet externen Gläubigern neben der Gesellschaft?
- Kann ein Gesellschafter, der einen Gesellschaftsgläubiger befriedigt hat, hierfür Ersatz im Innenverhältnis verlangen?

Auch wenn das vorliegende Skript sich nicht auf diese Themen beschränkt, sollten Sie auf diese Punkte stets den primären Fokus beim Lernen legen. Bei diesen „Standards" werden Fehler nämlich vom Prüfer nicht verziehen.

Das MoPeG

Das Gesetz zur Modernisierung des Personengesellschaftsrecht (MoPeG) wurde bereits 2021 verkündet und tritt am 01.01.2024 in Kraft. Es ist die größte Reform des Personengesellschaftsrechts seit über hundert Jahren.

Das für die GbR als Grundform aller rechtsfähigen Personengesellschaften geregelte Recht (§§ 705 ff. BGB) stammt (bis 2023) in Teilen aus dem 19. Jahrhundert. Der historische Gesetzgeber hatte eine Rechtsfähigkeit der GbR nicht vorgesehen und dabei eher das Bild einer „Gelegenheitsgesellschaft" vor Augen.

Dies entspricht nicht mehr den Bedürfnissen der Praxis, denn viele als GbR organisierte Gesellschaften sind sehr wohl auf eine gewisse Dauer angelegt (z.B. Grundstücksgesellschaften, Gemeinschaften von Ärzten, Anwälten, Steuerberatern usw.).

Der BGH hatte daher 2001 in einer Grundsatzentscheidung der am Rechtsverkehr teilnehmenden GbR (sog. „Außen-GbR") die Rechtsfähigkeit zuerkannt, später auch Grundbuchfähigkeit. Zwar reagierte der Gesetzgeber hierauf mit zwei Änderungen für den Grundstücksverkehr, die Regelungen zur GbR blieben hingegen weitgehend unverändert.

Da gesellschaftsrechtliche Praxis und Rechtsprechung vom gesetzlichen Leitbild immer mehr „abrückten", z.B. durch Übertragung von Regelungen der OHG und KG auf die GbR und damit Gesetzeswortlaut und Rechtsanwendung immer seltener in Einklang zu bringen waren, war eine Reform zwingend nötig.

Das MoPeG bringt – ab 2024 – die folgenden zentralen Änderungen und Klarstellungen:

- **Leitbild der GbR:** Bisher geht das Gesetz immer noch von einer Gelegenheitsgesellschaft aus. Das neue Leitbild ist die auf gewisse Dauer angelegte GbR.

- **Die GbR wird als rechtsfähig anerkannt.**

  Drei Formen der GbR: (1.) nicht rechtsfähige GbR (2.) rechtsfähige GbR (3.) rechtsfähige und eingetragene („registrierte") GbR („eGbR").

- **Kein Eintragungszwang** in das neue Gesellschaftsregister. Jedoch wird die GbR, die z.B. registrierungsfähige Rechte an Immobilien oder Gesellschaftsbeteiligungen hat oder erwerben will, faktisch zur Eintragung gezwungen, da gem. **§ 47 II GBO** nur eGbRs im Grundbuch eingetragen werden dürfen (**Grundbuchsperre; Voreintragungsgebot; Grüneberg**/Retzlaff, § 707 Rn 1, 713 Rn 5 m.w.Bsp.). Weiterhin verlangen die §§ 707a I 2 BGB, 40 I 3 GmbHG und 67 I 3 AktG die Voreintragung, wenn eine GbR Gesellschafterin einer Gesellschaft werden soll. Die im Gesellschaftsregister eingetragene GbR muss den Rechtsformzusatz „eGbR" tragen. **§ 707a III 1 BGB: § 15 HGB gilt entsprechend!**

  Das sog. Gesellschaftsregister wird bei den Amtsgerichten geführt. Die Registrierung erfolgt über eine Registeranmeldung, die über den Notar vorzunehmen ist.

  Die GbR, die sich hat registrieren lassen, kann sich nicht ohne weiteres wieder löschen lassen. **§ 707a IV BGB** gestattet die Löschung der eGbR nur nach den allgemeinen Vorschriften, also nach der Liquidation (§ 738 BGB; **Grüneberg**/Retzlaff, § 707a Rn 12). Also: **„Einmal eGbR, immer eGbR!"** („Wahlrecht ohne Rückfahrkarte)."

  Die Registrierungen erfolgen bei Veränderungen aufseiten der GbR nur noch im Gesellschaftsregister und nicht mehr z.B. im Grundbuch.

- Das Vermögen der GbR wird der GbR selber zugeordnet, **nicht mehr** einer **Gesamthand** (wie z.B. bei der Erbengemeinschaft).

- Die **Haftung** wird auch gesetzlich derjenigen der OHG angeglichen:

  Für Gesellschaftsverbindlichkeiten haftet die **Gesellschaft selbst.** Ihre Gesellschafter haften **akzessorisch** und müssen als Gesamtschuldner persönlich und uneingeschränkt einstehen. Eine Gesellschaft mit beschränkter Haftung in der Rechtsform der GbR gibt es nicht.

- Die **Fortsetzungsklausel** für den Fall des Todes eines Gesellschafters wird überflüssig: Aus den bisherigen Auflösungsgründen in der Person eines Gesellschafters (wie Tod, § 723 I Nr. 1 BGB) werden (wie bei OHG und KG) Ausscheidensgründe. Damit muss die Fortsetzung der Gesellschaft für den Fall des Todes eines Gesellschafters nicht mehr explizit geregelt werden.
  Nur bei der nicht rechtsfähigen GbR bleibt es gem. § 740a I Nr. 3 BGB bei der Auflösung als Folge des Todes.

- **Die Nachhaftung für Verbindlichkeiten der GbR wird auf fünf Jahre festgelegt.** Bestimmte Fragen bei Dauerschuldverhältnissen bleiben ungeregelt.

- **Das Recht der Personenhandelsgesellschaften (OHG und KG) wird den Freien Berufen eröffnet.** Voraussetzung ist, dass das entsprechende Berufsrecht dies zulässt. Insbesondere für Rechtsanwälte besteht folglich die Möglichkeit eine **GmbH & Co. KG** zu gründen.

  Die **Partnerschaftsgesellschaft** bleibt eine für Freie Berufe weiterhin zulässige Organisationsform. Für die Namensgebung einer **Partnerschaftsgesellschaft** werden reine Sach- oder Phantasiebezeichnung zulässig werden.

- **Statuswechsel zwischen Organisationsformen der Personengesellschaft**: Der Wechsel z.B. von der eGbR in die Partnerschaftsgesellschaft oder Personenhandelsgesellschaft wird ebenso wie der umgekehrte Weg aus dem Register ersichtlich sein.

Synopse der wichtigsten neuen BGB-Vorschriften in der Klausur:

BGB ALT	**BGB NEU**	**Inhalt**
705 I	709 I	Leistung von Beiträgen (auch Diensten!)
706	709 I	Begriff des „Beitrags“
709	715 I	Gesamtgeschäftsführung
713 i.V.m. 670	716 I	Aufwendungsersatz**anspruch**
714 i.V.m. 709	720 I	Gesamtvertretung
719	713	Gesamthandsprinzip abgeschafft
730 ff.	735 ff.	Auseinandersetzung / Liquidation
736 i.V.m. 160 HGB	728b	Nachhaftungsbegrenzung des ausgeschiedenen Gesellschafters
738	712 I	Anwachsung bei Ausscheiden eines Gesellschafters
738	728	Ansprüche des Ausscheidenden

Synopse der wichtigsten neuen BGB-Vorschriften in der Klausur, die die bisherige analoge Anwendung von HGB-Vorschriften überflüssig machen:

HGB analog ALT	BGB NEU	Inhalt
123 analog	719	Entstehung der rechtsfähigen Außengesellschaft
124 analog	705 II 1. Var.	Rechtsfähigkeit der GbR
128 analog	721 S. 1	Persönliche Haftung der Gesellschafter
129 analog	721b	Einreden und Einwendungen der Gesellschaft können dem Gläubiger auch vom Gesellschafter entgegengesetzt werden
130 analog	721a	Haftung des eintretenden Gesellschafters für Altverbindlichkeiten

Synopse der wichtigsten neuen HGB-Vorschriften in der Klausur:

HGB ALT	HGB NEU	Inhalt
105 I, 123 II, 2	123 I 2, 107 I 1	Entstehung Kann-OHG (oder i.V.m. 161 II der Kann-KG)
110	716 I BGB, 105 III	Aufwendungsersatz**anspruch**
114	116 III	Alleingeschäftsführungsbefugnis in der OHG
123 I	123 I 1	Entstehung der Außengesellschaft durch Eintragung ins Handelsregister
123 II	123 I 2	Entstehung der Außengesellschaft durch Beginn der Geschäftstätigkeit
124	105 II	Rechtsfähigkeit der OHG (i.V.m. § 161 II der KG)
125, 126	124	Vertretungsmacht
128	126 S. 1	Persönliche Haftung der Gesellschafter
129	128	Einreden und Einwendungen
130	127	Haftung des eintretenden Gesellschafters
160	137	Nachhaftungsbegrenzung des ausgeschiedenen Gesellschafters

Die unterschiedlichen Personengesellschaften

A. Einleitung

I. Rechtsformzwang

Wer eine Gesellschaft gründen will, muss sich aus dem „Angebot" des Gesetzgebers bedienen.

Merke: Es ist nicht möglich, im Wege der Privatautonomie, eigene Gesellschaftsformen zu erfinden. Man nennt dies den **numerus clausus der Gesellschaftsformen** oder auch **Rechtsformzwang.**

Dadurch kann es den Fall der „**Rechtsformverfehlung**" geben. Das bedeutet entweder, dass die Gesellschafter objektiv eine Gesellschaft gegründet haben, obwohl ihnen dies gar nicht bewusst war, oder dass sie objektiv eine andere Gesellschaft gegründet haben, als sie dies eigentlich wollten.

Klausurhinweis:

Hier liegen häufig Probleme, weil Prüflinge entweder selbst nicht realisieren, dass „eigentlich" z.B. eine GbR vorliegt, oder weil eine im Sachverhalt geschilderte Aussage einer Person („Wir sind eine GmbH in Gründung.") ungeprüft übernommen wird.

Maßgeblich ist die objektive Sachlage und nicht die subjektive Einschätzung der Rechtslage durch die Gesellschafter. Das kann zu massiven Haftungsrisiken führen, wenn z.B. eine Rechtsform falsch eingeschätzt wird und deshalb wegen falscher Bezeichnung (Firmierung) eine Rechtsscheinhaftung begründet wird oder wenn z.B. „unbewusst" eine kaufmännische Gesellschaft gegründet wurde, die das Kaufmannsrecht beachten muss.

Beispiel: A und B gründen einen großen Versandhandel. Dabei meinen Sie, dass sie nur durch eine Registereintragung kaufmännisch werden. Diese Eintragung schieben sie aber auf, weil sie erst etwas Erfahrung sammeln wollen, bevor sie sich dem Kaufmannsrecht unterwerfen.

Gem. §§ 105 I, 123 I 2, 107 I [bisher: 123 II] HGB i.V.m. § 1 HGB stellt der Versandhandel eine sog. „Ist-OHG" dar. Auf diese Handelsgesellschaft findet gem. § 6 I HGB Kaufmannsrecht Anwendung. Mithin müssen A und B z.B. die Regeln über die kaufmännische Rügepflicht gem. § 377 HGB beachten, auch wenn ihnen das nicht bewusst ist.

Merke: Der Rechtsformzwang führt auch dazu, dass es einen **Formwechsel durch rein tatsächliche Umstände** geben kann.

Beispiel 1: A und B gründen einen kleinen Versandhandel, der zunächst eher hobbymäßig betrieben wird. Das Geschäft entwickelt sich jedoch so gut, dass beide ihre Jobs kündigen, ihr Hobby zum Beruf machen und einen Groß-Versand aufbauen.

Hier ist aus der ursprünglichen – nicht eingetragenen aber rechtsfähigen (vgl. § 705 III BGB) – GbR gem. §§ 105 I, 123 I 2, 107 I [bisher: 123 II] HGB i.V.m. § 1 HGB eine Ist-OHG geworden; sog. **„Aufstieg“ der GbR zur Ist-OHG** (**Grüneberg**/Retzlaff, Einf v § 705 Rn 12).

Beispiel 2: A und B gründen einen kleinen Versandhandel, der zunächst eher hobbymäßig betrieben wird. Dennoch entschließen sie sich, die Gesellschaft als „**eGbR**“ im Gesellschaftsregister eintragen zu lassen. Das Geschäft entwickelt sich schließlich so gut, dass beide ihre Jobs kündigen, ihr Hobby zum Beruf machen und einen Groß-Versand aufbauen.

Auch hier ist aus der ursprünglichen – eingetragenen und rechtsfähigen – eGbR gem. §§ 105 I, 123 I 2, 107 I [bisher: 123 II] HGB i.V.m. § 1 HGB eine Ist-OHG geworden (**„Aufstieg“ der eGbR zur Ist-OHG**). Der Umstand, dass die Gesellschaft noch als „eGbR“ im Gesellschaftsregister eingetragen ist, ändert hieran gem. § 707a III 1 BGB nichts. Denn das Fehlen der Kaufmannseigenschaft der als „eGbR“ eingetragenen Gesellschaft nimmt hiernach nicht an der Publizitätswirkung des Gesellschaftsregisters teil. § 15 I, II HGB findet also insoweit keine Anwendung (**Grüneberg**/Retzlaff, § 707a Rn 11).

Auszug aus der MoPeG-Gesetzesbegründung: § 707a III 1 BGB ordnet die entsprechende Anwendung der Publizitätsvorschriften des § 15 HGB auch auf das Gesellschaftsregister an. Aus der Eintragung einer Gesellschaft im Gesellschaftsregister als „GbR“ kann und darf der Teilnehmer im Rechtsverkehr jedoch nicht schließen, dass die Gesellschaft in dieser Rechtsform auch (fort-)besteht. Vielmehr wandelt sich eine GbR kraft Rechtsformzwangs unabhängig von dem Willen ihrer Gesellschafter und außerhalb des Umwandlungsgesetzes **identitätswährend** in eine OHG um und ist fortan als Kaufmann zu behandeln, sobald ihr Zweck darauf gerichtet ist, ein Handelsgewerbe im Sinne von § 1 II HGB zu betreiben Ob und inwieweit eine ein Handelsgewerbe betreibende Gesellschaft einem Dritten nach § 15 I HGB entgegenhalten kann, sie habe als OHG Kaufmannseigenschaft, während das Gesellschaftsregister sie noch als GbR ausweist, erscheint mit Blick auf § 15 II HGB zweifelhaft. Um die Zweifel auszuräumen, ob sich die Regelungen hier im Sinne einer Meistbegünstigungstheorie gegenseitig aufheben, war daher gesetzlich klarzustellen, dass das Fehlen der Kaufmannseigenschaft der als „GbR“ eingetragenen Gesellschaft nicht an der Publizitätswirkung des Gesellschaftsregisters teilnimmt. § 707a III 2 BGB stellt weiter klar, dass die Pflicht nach § 106 I HGB, die Gesellschaft als „offene Handelsgesellschaft“ zur Eintragung in das Handelsregister anzumelden, in jedem Fall (fort-) besteht.

Merke: Der **Rechtsformwechsel** berührt nicht die Identität der Gesellschaft. Bzgl. des Gesellschaftsvermögens und der Vertragsbeziehungen sind also keine Übertragungsakte nötig. Wenn der Rechtsformwechsel auch zum Registerwechsel führt, nennt man dies „**Statuswechsel**“ (§ 707c I BGB; **Grüneberg**/Retzlaff, § 707c Rn 1). **Es liegt beim „identitätswahrenden Rechtsformwechsel“ weder ein Fall des § 25 HGB, noch des § 28 HGB vor. Auch ist arbeitsrechtlich kein Betriebsübergang nach § 613a BGB gegeben.**

II. Allgemeiner und Besonderer Teil des Personengesellschaftsrechts

Die Regelungen der §§ 705 ff. BGB stellen den „allgemeinen Teil des Personengesellschaftsrechts“ dar. Hierauf aufbauend (vgl. § 105 III HGB) regeln die §§ 105 ff. HGB die besondere Personenhandelsgesellschaft der „offenen Handelsgesellschaft“ (OHG) und – gem. § 161 II HGB wiederum hierauf aufbauend – die §§ 161 ff. HGB die besondere Personenhandelsgesellschaft der Kommanditgesellschaft (KG).
Mithin sind die §§ 705 ff. BGB auch auf die OHG und die KG anwendbar, wenn sich im HGB insoweit keine vorrangigen Spezialregelungen finden. Insgesamt sind damit zunächst die folgenden **rechtsfähigen Personengesellschaften** zu unterscheiden:

Beispiele: GbR: A und B betreiben gemeinsam einen kleinen Handel mit Briefmarken und fahren gemeinsam viermal im Jahr auf einen „Sammlertag“, wo sie jeweils Umsätze in Höhe von maximal 2.000 € erzielen (vgl. § 705 III BGB).

eGbR: Wie oben, jedoch ist die Eintragung in das Gesellschaftsregister erfolgt.

OHG: A und B betreiben gemeinsam einen Großgetränkehandel.

KG: A, B und K betreiben gemeinsam einen Großgetränkehandel. A und B führen die Geschäfte, wohingegen K sich nur mit einer Geldeinlage i.H.v. 50.000 € beteiligt hat und dafür einen fixen Gewinnanteil erhält.

III. Übersicht zu den Personengesellschaften

Personengesellschaft (Grundtyp: GbR, 705 BGB)

- i.d.R. kleine Mitgliederzahl, persönliches Vertrauen
- vom Mitgliederbestand abhängig
- Einstimmigkeitsprinzip bei GbR (§ 720 I BGB)
- Einzelvertretungsvermutung bei OHG / KG (§ 124 I HGB)
- Grundsatz der Selbstorganschaft
- Existenz durch Vertragsschluss

- nicht rechtsfähige GbR (§ 705 II BGB)
- rechtsfähige GbR:
  - nicht eingetragen
  - eGbR
- Personenhandelsgesellschaft
  - OHG (§ 105 HGB)
  - KG (§ 161 HGB)
- Partnerschaftsgesellschaft (§ 1 PartG)
- stille Gesellschaft (§ 230 HGB)

B. Gemeinsame Merkmale aller Personengesellschaften

I. Mindestkapital

Für die Gründung einer Personengesellschaft ist **kein Mindestkapital** erforderlich, denn in jeder Personengesellschaft gibt es Gesellschafter, die **persönlich** und ohne Einschränkung mit ihrem gesamten Vermögen für alle Verpflichtungen der Gesellschaft **haften**. Es zählt der „gute Name" der Gesellschafter. Eine „Pleite" der Gesellschaft kann aber auch mit der Insolvenz der persönlich haftenden Gesellschafter einhergehen.

Dies ist der zentrale Unterschied zu den **Kapitalgesellschaften**, z.B. GmbH und AG. Hier haften die Gesellschafter im Regelfall nicht persönlich, sondern alleine die Gesellschaft als juristische Person. Deshalb muss sie durch Stammeinlagen (bzw. Aktien) kapitalisiert werden.

II. Grundsatz der Selbstorganschaft

Definition: Zur Geschäftsführung zählen alle Tätigkeiten gleich ob tatsächlicher oder rechtlicher Natur, die der Förderung des Gesellschaftszwecks dienen.

Merke: Die Geschäftsführung einer Personengesellschaft kann nicht vollständig auf einen außenstehenden Dritten delegiert werden, sie obliegt den persönlich haftenden Gesellschaftern (**Grundsatz der Selbstorganschaft**).
Wer haftet, muss auch entscheiden können.

Das bedeutet nicht, dass es verboten ist, z.B. bei OHG und KG einen Prokuristen zu bestellen, der **neben** den Gesellschaftern die Gesellschaft vertreten kann. Es darf lediglich keine Regelung getroffen werden, bei welcher ohne einen externen Dritten keine Entscheidungen mehr getroffen werden können.

Beispiel: Die AB-OHG hat noch einen Prokuristen, den P. Eine Regelung im Gesellschaftsvertrag, wonach die OHG entweder durch A & P oder durch B & P vertreten wird, wäre unzulässig. Zulässig wäre es aber, wenn zusätzlich auch noch die Vertretung durch A & B vorgesehen wäre.

Hier findet sich ein weiterer Unterschied zu den **Kapitalgesellschaften** GmbH und AG. Der GmbH-Geschäftsführer muss kein Gesellschafter sein und der Vorstand der AG muss keine Aktien besitzen. Insofern gilt der Grundsatz der **Fremdorganschaft**.

III. Geringe formale Anforderungen

Die Gründung einer Personengesellschaft unterliegt schließlich nur **geringen formellen Anforderungen**. So kann eine Personengesellschaft auch bereits dadurch entstehen, dass mehrere Personen gemeinsam handeln und dadurch einen formfreien **konkludenten Gesellschaftsvertrag** abschließen.

Auch hier besteht ein weiterer Unterschied zu den **Kapitalgesellschaften** GmbH und AG. Der Gesellschaftsvertrag (bzw. die Satzung) muss notariell beurkundet werden, § 2 I 1 GmbHG, § 23 I 1 AktG, und die Gesellschaft ersteht erst mit Eintragung in das Handelsregister, §§ 7 I, 11 I GmbHG, §§ 36, 37 AktG.

Bei den Personengesellschaften gilt allerdings eine **Ausnahme**: Enthält der Gesellschaftsvertrag ein **formbedürftiges Leistungsversprechen**, bedarf der ganze Vertrag der entsprechenden Form. Beispiele sind die §§ 311b I 1, II, 518 I BGB, wobei an die Heilungsvorschriften der §§ 311b I 2, 518 II BGB zu denken ist.

Klausurhinweis:

Merken Sie sich in diesem Kontext: Die Formvorschrift darf durch die Anwendung der Grundsätze zur fehlerhaften Gesellschaft nicht umgangen werden!

IV. Persönliche Haftung

Die Personengesellschaften sind durch die unbeschränkte persönliche Haftung ihrer Gesellschafter geprägt, vgl. § 721 S. 1 BGB und § 126 S. 1 HGB [bisher: § 128 S. 1 HGB (analog)]. Eine Ausnahme gilt insoweit für die Kommanditisten einer KG, die nur bis zur Höhe ihrer Haftsumme haften, § 171 I HGB.

V. Zweckförderung

Die Gesellschafter verpflichten sich, den **gemeinsamen Zweck zu fördern**, § 705 I BGB. Dies geschieht auch und vor allem durch die Leistung der vertraglich vereinbarten **Beiträge**, § 709 I [bisher: § 705 I] BGB.

Merke: Es gibt keine beitragsfreie Gesellschaft.

Dieser Grundentscheidung der Gesellschafter entspringt der Rechtsgedanke der **Treupflicht** der Gesellschafter gegenüber der Gesellschaft bzw. ihren Mitgesellschaftern. Diese Treuepflicht ist zum einen oftmals Anknüpfungspunkt, wenn „unredliches" Verhalten in Diskussion steht und zum anderen flexible Quelle zur Schöpfung von ungeschriebenen Rechtspflichten der Gesellschafter untereinander und zur Gesellschaft.

Merke: Der **Beitrag** eines Gesellschafters kann auch in der **Leistung von Diensten** bestehen, § 709 I 1 BGB.

Auszug aus der MoPeG-Gesetzesbegründung: Künftig wird zwischen „Beitrag" und „Einlage" nicht mehr unterschieden. Vielmehr wird der „**Beitrag**" im Sinne von § 709 I BGB dahingehend definiert, dass er „in **jeder Förderung des gemeinsamen Zwecks**" bestehen kann. Dieses weite Begriffsverständnis erfasst sowohl die noch geschuldeten als auch die bereits geleisteten Beiträge unabhängig von ihrem Vermögenswert und auch unabhängig davon, ob sie zu einer Vermehrung der Haftungsmasse beitragen. Die Beiträge können verschiedener Art sein. **Neben Sachen und Rechten werden daher insbesondere auch Dienstleistungen erfasst.** Damit schützt die Regelung zum einen den mitarbeitenden Gesellschafter, indem sie einem etwa mit der gesellschaftsvertraglichen Beitragsregelung einhergehenden Dienstverhältnis zusätzlichen gesellschaftsrechtlichen Bestandsschutz gibt (...). Weiterhin stellt sie klar, dass nicht schon die Vereinbarung von Dienstleistungen im Gesellschaftsvertrag dazu führen soll, dem mitarbeitenden Gesellschafter nach §§ 611, 612 BGB eine übliche Vergütung zuzusprechen.

Schon lange wird um die Frage gestritten, ob der Gesellschaftsvertrag im **Innenverhältnis** zwischen den Gesellschaftern ein **gegenseitiger Vertrag** ist. Der bisher in § 705 BGB stehende Begriff „gegenseitig" verleitete wegen seiner Nähe zum Begriff des gegenseitigen Vertrages zu entsprechenden gedanklichen Kurzschlüssen (Fleischer, DStR 2021, 430, 432).

Daraus, dass man sich gemeinsam zur **Zweckförderung** verbunden hat, wurde schon bisher ganz überwiegend geschlussfolgert, dass der Gesellschaftsvertrag **kein gegenseitiger Vertrag** ist, also auch **keine Anwendung von §§ 320, 322 BGB** erfolgt. Der einzelne Beitrag wird nicht als Gegenleistung für diejenigen der Mitgesellschafter geschuldet, sondern zur Förderung des gemeinsamen Zwecks und mit Blick auf den aus der Gesellschaftsbeteiligung erwarteten Gewinn. In der neuen Fassung des § 705 I BGB wurde das **Wort „gegenseitig" gestrichen**, was vorstehende Überlegungen untermauert.

Jedenfalls eine uneingeschränkte Anwendung der §§ 320 ff. BGB kommt **nicht** in Betracht. Es droht eine Lähmung der Gesellschaft, wenn jeder Gesellschafter die Erbringung seiner eigenen Beiträge und Leistungen stets von derjenigen seiner Mitgesellschafter abhängig macht.

Dennoch kann sich der Beitragsschuldner gegenüber der Einforderung des Beitrags durch die Gesellschaftsorgane auf den **Gleichbehandlungsgrundsatz** berufen, sofern er nach dem Gesellschaftsvertrag nicht vorleistungspflichtig ist. Mit dieser Begründung kann er entsprechend **§ 273 BGB** die Leistung der Einlage verweigern, wenn und solange die Einlagen der Mitgesellschafter weder eingefordert noch geleistet sind (MK/Schäfer, § 705 Rn 172).

Nach ganz h.M. soll dies bei einer **Gesellschaft aus nur zwei Personen** anders sein. Hier nähern sich die wechselseitigen Beitragspflichten angesichts der besonderen Konstellation des Gesellschaftsverhältnisses denjenigen in einem Austauschverhältnis so weitgehend an, dass der entsprechenden Anwendung der §§ 320, 322 BGB keine Bedenken entgegenstehen. Der Erfüllung verlangende Mitgesellschafter, dessen Beitrag ebenfalls noch aussteht, kann also nur Verurteilung des säumigen Gesellschafters auf Leistung gleichzeitig mit der Erbringung des eigenen Beitrags in das Gesellschaftsvermögen verlangen (MK/Schäfer, § 705 Rn 173; **Grüneberg**/Retzlaff, § 705 Rn 17).

C. Die Gesellschaft bürgerlichen Rechts (GbR)

Eine GbR entsteht bereits dann, wenn mehrere Personen **gemeinsam einen Zweck verfolgen** (§ 705 I BGB).

Rechtsfähige und nicht rechtsfähige Gesellschaft bilden mit der Reform die beiden, sich gegenseitig ausschließenden Rechtsformvarianten einer GbR. Ein und dieselbe Rechtsform in ihren beiden Varianten gestattet den Gesellschaftern damit entweder eine Teilnahme am Rechtsverkehr namens der Gesellschaft oder lediglich eine Ausgestaltung ihres Rechtsverhältnisses untereinander.

Durch das MoPeG gibt es **drei Formen der GbR**:

- die nicht rechtsfähige GbR,
- die nicht registrierte, aber rechtsfähige GbR,
- die im sog. Gesellschaftsregister registrierte rechtsfähige GbR („eGbR").

Der Begriff der rechtsfähigen GbR entspricht demjenigen der **Außengesellschaft**. Der Begriff der nicht rechtsfähigen GbR entspricht demjenigen der **Innengesellschaft**. Beide Begriffspaare werden synonym verwendet (Schmidt, JuS 2024, 1, 4; Armbrüster; ZGR Sonderheft 23, 2020, 143, 147; Hell, JA 2021, 12, 17; hingegen spricht Storz, GWR 2021, 1, 5, von einer „Abkehr" von den Begriffen der Innen- und der Außengesellschaft).

Der Prüfungsschwerpunkt dürfte weiterhin die rechtsfähige GbR sein. Die Prüfung der nicht rechtsfähigen GbR dürfte sich auch künftig auf die schon bisher bekannten Problemfälle der Innengesellschaft zwischen Ehegatten und nichtehelichen Lebensgefährten beschränken (Sanders/Berisha/Bühring/Reinhold, JURA 2024, 1267, 1269).

Es bedarf weder eines schriftlichen Gesellschaftsvertrages noch einer Eintragung in einem Register. Die Eintragung im neuen Gesellschaftsregister ist grundsätzlich freiwillig. Vielmehr kann der notwendige **Gesellschaftsvertrag mündlich oder gar konkludent geschlossen** werden. Anders formuliert kann es den Fall geben, dass die Beteiligten selbst nicht wissen, dass sie juristisch betrachtet eine GbR gegründet haben.

Beispiel 1: Wenn sich mehrere Schülerinnen und Schüler eines Jahrgangs für die Förderung eines gemeinsamen Zwecks z.B. der **Organisation der Abiturfeier**, zusammenschließen, kann durch schlüssiges Verhalten ein Vertrag über eine rechtsfähige GbR abgeschlossen werden (LG Detmold, 10 S 27/15, **RA 2015, 417** = JA 2017, 69).

Beispiel 2: Fünf Freunde fuhren gemeinsam weg, weil sie ein Wochenende am See verbringen wollten. Die Kosten, unter anderem für zwei Kästen Bier, teilten sie sich. In einem der **Kronkorken** verbarg sich ein Sofortgewinn, ein neuer Audi. Einer der Fünf tauschte den Korken gegen den Neuwagen ein. Die Gruppe zerstritt sich daraufhin, eine der Frauen verlangte schließlich vor Gericht ihren Anteil (LG Arnsberg, I-10 O 151/16)
Nach Ansicht des LG Arnsberg fehlte am Rechtsbindungswillen, außerdem sei das Gewinnspiel, **anders** als etwa **bei Lottogemeinschaften**, nicht Zweck der vermeintlichen GbR gewesen. Vielmehr seien alle Beteiligten Miteigentümer an dem Kornkorken geworden. Der beklagte Mann hätte den Kronkorken deswegen nicht alleine einlösen dürfen. Indem er es trotzdem tat, habe er sich gem. § 745 II i.V.m. § 280 I BGB ersatzpflichtig gemacht (zustimmend Förster, JA 2017, 627, 629; für eine GbR hingegen Albers, NJW 2017, 2380, 2380).

Merke: Die meisten Regeln der §§ 705 ff. BGB sind dispositives Gesetzesrecht, können also durch den Gesellschaftsvertrag abweichend geregelt werden. Jedoch sind der Gestaltungsfreiheit auch explizite (§ 708 BGB) und durch Auslegung zu ermittelnde Grenzen gezogen (vgl. **Grüneberg**/Retzlaff, § 708 Rn 2).

Nicht dispositiv sind im Kapitel 2 explizit (vgl. § 708 BGB):
- § 715a Satz 2 BGB (Notgeschäftsführungsbefugnis),
- § 715b II BGB (Gesellschafterklage) und
- § 717 I Satz 3 und II Satz 2 BGB (Informationsrechte und -pflichten).

Durch Auslegung ergibt sich, dass nicht dispositiv sind:
- 711 I 2 BGB (kein Erwerb eigener Anteile durch die Gesellschaft)
- § 711a BGB (eingeschränkte Übertragbarkeit von Gesellschafterrechten) und
- § 707 III BGB (Pflicht zur Anmeldung des Eintritts und Ausscheidens eines Gesellschafters bei einer eingetragenen GbR).

§ 708 BGB bestimmt, dass der **Gesellschaftsvertrag den Vorschriften des Kapitels 2 vorgeht, soweit ihnen nicht ausdrücklich zwingender Charakter zukommt**. Dies lässt nicht den Umkehrschluss zu, dass die **Vorschriften der übrigen Kapitel** zwingend wären. Deren zwingender Charakter muss sich vielmehr entweder aus dem Gesetzestext oder aus dem jeweiligen Normzweck ergeben.

Aus dem **Gesetzestext** folgt die **fehlende Disposivität** z.B. hier:
- § 719 II BGB (Entstehung der Gesellschaft),
- § 720 III BGB (Umfang der Vertretungsbefugnis),
- § 721 BGB (persönliche Haftung der Gesellschafter),
- § 721a BGB (Haftung des eintretenden Gesellschafters),
- § 725 VI BGB (Kündigung der Mitgliedschaft),
- § 731 II BGB (Kündigung der Gesellschaft),
- § 736 I BGB (Gesellschafter als Liquidatoren),
- § 736a I BGB (gerichtliche Berufung und Abberufung von Liquidatoren)

Aus dem **Normzweck** folgt die **fehlende Disposivität** z.B. hier:
- § 726 BGB (Kündigung durch einen Privatgläubiger eines Gesellschafters).

Fehlen vertragliche Regelungen ganz oder teilweise, **gelten die Bestimmungen des BGB**, ohne Rücksicht darauf, ob dies den Vorstellungen der Beteiligten entspricht oder nicht. Das bedeutet z.B., dass Gesamtgeschäftsführungsbefugnis besteht, § 715 I [bisher: § 709 I] BGB.

D. Die offene Handelsgesellschaft (OHG)

Die gleichen Grundprinzipien gelten für die OHG. Allerdings setzt diese die Verfolgung eines besonderen Zwecks voraus: Den **Betrieb eines Handelsgewerbes, § 105 I HGB**.

Klausurhinweis:

Im Gegensatz zum Gesetzeswortlaut des § 105 I HGB ist „unter gemeinschaftlicher Firma“ kein zu prüfendes Tatbestandsmerkmal!

Ob ein Handelsgewerbe betrieben wird, bestimmt sich nach den allgemeinen Regeln der §§ 1 – 5 HGB, §§ 123 I, 107 I [bisher: § 123 I, II] HGB.

„**Istkaufmännische OHG**“ (vgl. § 1 HGB): A und B betreiben in Personengesellschaft einen Großgetränkehandel.

„**Kannkaufmännische OHG**“ (vgl. § 107 I 1 [bisher: § 105 II] i.V.m. § 2 HGB): A und B betreiben in Personengesellschaft einen kleinen „Tante-Emma-Laden“, lassen sich aber freiwillig als OHG in das Handelsregister eintragen.

Darüber hinaus kann durch das MoPeG eine Gesellschaft gem. **§ 107 I 2 HGB** auch dann als OHG gegründet werden, wenn sich ihre Gesellschafter zum Zweck der **Ausübung Freier Berufe** zusammenschließen. Für den Begriff des Freien Berufs kann auf die Legaldefinition in **§ 1 II PartGG** zurückgegriffen werden. Die Errichtung einer OHG zur Ausübung Freier Berufe steht unter dem Vorbehalt der Erlaubnis durch das anwendbare Berufsrecht. Für den klausurrelevanten Anwaltsberuf findet sich diese Erlaubnis in **§ 59b II Nr. 1 BRAO**. Wegen der Verweisung des § 161 II HGB gilt die neue Regelung auch für eine KG. Insbesondere für Rechtsanwälte besteht folglich die Möglichkeit eine **GmbH & Co. KG** zu gründen, selbst mit einem einzigen Gesellschafter, **§ 59b I 2 BRAO**.

„Fiktiv-OHG“ (vgl. § 107 I 1 i.V.m. § 5 HGB): A und B betreiben einen Großgetränkehandel, den sie in das Handelsregister eintragen lassen. Als die Geschäfte immer schlechter laufen und sie auf das Niveau eines „Tante-Emma-Ladens“ absteigen, lassen Sie alte Eintragung unverändert.

Details zu den §§ 1 ff. HGB finden sich im Crashkurs-Skript zum Handelsrecht.

Ob durch die Personengesellschaft ein **Handelsgewerbe** betrieben wird oder nicht, ist das einzige Abgrenzungskriterium zur GbR. Wird kein Handelsgewerbe betrieben, kann die Rechtsform als („Kann“-)OHG nur durch die entsprechende Eintragung im Handelsregister erreicht werden.

Die **persönlich haftenden Gesellschafter** (man nennt sie bei der KG **Komplementäre**) sind nach h.M. auch selbst – und nicht nur die OHG bzw. die KG – **Kaufleute**. Deshalb kann z.B. nach h.M. ein persönlich haftender Gesellschafter für eine Gesellschaftsverbindlichkeit gem. § 350 HGB mündlich wirksam bürgen.

E. Die Kommanditgesellschaft (KG)

Einige wesentliche Unterschiede zu den vorstehenden Personengesellschaften bestehen bei der **Kommanditgesellschaft (KG)**. Hier trifft die uneingeschränkte persönliche Haftung nur den oder die sog. **Komplementäre**, die auch für die Geschäftsführung der Gesellschaft verantwortlich sind, §§ 116 I, 161 II; 164 1. HS HGB.

Daneben gibt es eine zweite Gesellschafterart, die **Kommanditisten**, die lediglich als Kapitalgeber fungieren und keine Geschäftsführungs- (§ 164 HGB) und keine Vertretungsbefugnisse (§ 170 I HGB) haben. Diese sind deshalb auch nicht „Betreiber“ des Gewerbes, also **selbst keine Kaufleute**. Jedoch bedürfen außergewöhnliche Geschäfte der Zustimmung des Kommanditisten (§ 164 2. HS i.V.m. § 116 II 1 HGB).

Die Haftung dieser Kommanditisten beschränkt sich auf die im Handelsregister eingetragene **Haftsumme** und erlischt, sobald diese ordnungsgemäß an das Unternehmen als „**Einlage**“ gezahlt wurde, § 171 I 2. HS HGB. Die Eintragung im Handelsregister ist für diese Haftungsbeschränkung Voraussetzung, sofern der Vertragspartner nicht explizit auf die Kommanditistenstellung hingewiesen wird, § 176 HGB. Auf diese Weise kann die Expansion einer Personengesellschaft ermöglicht werden, ohne den Kapitalgebern Geschäftsführungsbefugnis zu gewähren oder diese einem unkalkulierbaren Haftungsrisiko auszusetzen.

F. Übersicht zu den Personengesellschaften im Detail

BGB-GESELLSCHAFT	PERSONENHANDELSGESELLSCHAFTEN	
	OHG	**KG**
Nicht unbedingt wirtschaftl., vertraglicher Zusammenschluss mehrerer Personen zur Förderung eines gemeinsamen Zwecks (§§ 705 ff. BGB). Aber gem. § 705 III BGB Vermutung, dass ein Unternehmen als rechtsfähige GbR betrieben wird.	Rechtsfähiger Personenzusammenschluss zum Betrieb eines **kaufmännischen** Gewerbes (§ 105 I HGB). Ausreichend: Betrieb eines nichtkaufmännischen Gewerbes bzw. Verwaltung eigenen Vermögens (§ 107 I 1 HGB), oder gar freier Beruf (§ 107 I 2 HGB), sofern jeweils die Firma in das HR eingetragen wird.	Wie OHG, jedoch **Haftung bei einem oder mehreren Gesellschaftern** (den sog. **Kommanditisten**) auf die **Haftsumme beschränkt**.

G. Die Partnerschaftsgesellschaft

Freiberufler haben die Möglichkeit, sich in einer **Partnerschaftsgesellschaft** zusammenzuschließen. Das PartGG enthält weitreichende Verweisungen auf das Recht der OHG, vgl. §§ 6 III, 7 II, III, 8 I, 9 I PartGG. Außerdem wird in § 1 IV PartGG subsidiär auf das Recht der GbR verwiesen.

Klausurhinweis:

Machen Sie sich deutlich: Dadurch ergeben sich für den Prüfer interessante Optionen: Er „schockt" den Prüfling durch das Auftauchen einer Partnerschaftsgesellschaft, prüft aber „eigentlich" Standards aus dem normalen Personengesellschaftsrecht.

Anders als bei der GbR kann die Haftung hier auf den Partner beschränkt werden, der für ein bestimmtes Geschäft verantwortlich zeichnet.

Beispiel: Eine Sozietät besteht aus 5 Gesellschaftern (den sog. „Partnern") und 15 angestellten Anwälten. Wenn im Team des Partners A ein Fall der Anwaltshaftung auftritt, haften hierfür die anderen Partner nicht; bei einer GbR wäre dies wegen der akzessorischen Haftung für die Verbindlichkeiten der GbR anders.

Für die Partnerschaftsgesellschaft ist die Anmeldung in ein gesondertes Partnerschaftsregister vorgesehen.

H. Die GmbH & Co. KG

Die **GmbH & Co. KG** ist eine besondere Erscheinungsform der KG, deren persönlich haftende Gesellschafterin (Komplementär) keine natürliche Person, sondern eine GmbH (juristische Person) ist. Die GmbH & Co. KG wird häufig dann verwendet, wenn eine Vielzahl von Kommanditisten Geldbeträge einbringen und aufgrund hoher Finanzvolumen niemand die Position des persönlich haftenden Gesellschafters übernehmen will.

In der Praxis häufig ist aber auch die „**Ein-Mann-Gründung**": A gründet alleine eine Ein-Mann-GmbH, deren einziger Gesellschafter und deren Gesellschafter-Geschäftsführer er wird. Mit dieser Ein-Mann-GmbH schließt A persönlich als Kommanditist einen KG-Vertrag und gründet so alleine (!) eine GmbH & Co. KG. Dieses Konstrukt hat gewisse steuerliche Vorteile, die den Rahmen dieses Skript sprengen würden und auch kein Prüfungsstoff sind. Die Öffnung von OHG und KG für die **freien Berufe (§ 59b II Nr. 1 BRAO)** lässt erwarten, dass viele Anwaltsgesellschaften und auch Einzelanwälte (§ 59b I 2 BRAO) in die Rechtsform der GmbH & Co. KG umwandeln werden.

Merke: Da es sich bei der GmbH & Co. KG also um eine „KG" handelt, bei der dennoch niemand unbeschränkt persönlich haftet, muss dieser Umstand durch die Firmierung als GmbH & Co. KG deutlich gemacht werden, **§ 19 II HGB**, um eine **Rechtsscheinhaftung** (i.d.R. des Geschäftsführers der Komplementär-GmbH) zu vermeiden.

Der Zusatz Compagnie, heutzutage fast immer Co. oder Cie. abgekürzt, dient in Firmen dem Hinweis, dass es neben der im Firmennamen genannten Person noch weitere Gesellschafter gibt. Otto Müller & Co. bedeutet zum Beispiel, dass Otto Müller nicht alleiniger Unternehmensinhaber ist.

Beispiel: Der Geschäftsführer F der Komplementär-GmbH nennt die Gesellschaft beim Vertragsschluss nur „KG". Damit setzt er den **Rechtsschein** unbeschränkter persönlicher Haftung mindestens einer natürlichen Person.
Rechtsfolge: Nach den Grundsätzen zum „**unternehmensbezogenen Geschäft**" kommt der Vertrag mit der Gesellschaft zustande, die tatsächlich existiert, also der GmbH & Co. KG. Zusätzlich haftet aber der F, der den Rechtsschein gesetzt hat, unbeschränkt persönlich als **Schein-Komplementär** gem. §§ 161 II, 105 II [bisher: § 124 I], 126 S. 1 [bisher: § 128 S. 1] HGB analog i.V.m. § 242 BGB.

I. Abgrenzung der GbR zur bloßen Bruchteilsgemeinschaft

Bei der bloßen Bruchteilsgemeinschaft hat jeder Teilhaber ein durch die Mitberechtigung der anderen beschränktes Recht an dem ganzen, ungeteilten Gegenstand. Es gibt kein ungeteiltes Sondervermögen „der Gemeinschaft", auch keine Einbringung von Gegenständen in „die Gemeinschaft". Das Teilrecht bildet einen selbstständigen Vermögensgegenstand; aber es ist dem Vollrecht wesensgleich.

Miteigentum ist ein Unterfall der Bruchteilsgemeinschaft (gesetzliches Schuldverhältnis) gem. §§ 741 ff. BGB. Einziger Unterschied sind die Sonderregeln für das Miteigentum in §§ 1008 - 1011 BGB.

Folglich gilt, dass der Miteigentumsbruchteil „echtes" Eigentum ist (dem Vollrecht wesensgleich).

Eine **reine Bruchteilsgemeinschaft** ist keine GbR. Die GbR zeichnet sich gerade dadurch aus, dass das Eigentum eben nicht allen Gesellschaftern zu (frei verfügbaren) Bruchteilen zusteht, sondern dass die (rechtsfähige) Gesellschaft selbst Eigentümerin ist (vgl. § 713 BGB). Bei der **Gesellschaft** steht keinem Gesellschafter ein ideeller oder bestimmbarer Teil an z.B. dem Grundstück zu, sondern jedem Gesellschafter gehört „nur" ein Anteil an der Gesellschaft selbst.
Bei der Bruchteilsgemeinschaft hingegen kann jeder gem. § 747 S. 1 BGB über seinen Anteil verfügen. Dies ist bei der GbR gerade ausgeschlossen, da die Gesellschaft selbst Eigentümerin ist.

Merke: Das bloß gemeinsame Halten von Miteigentum genügt nicht als verfolgter Gesellschaftszweck i.S.v. § 705 I BGB.

Beispiel 1: Die Nachbarn A und B kaufen sich gemeinsam einen Rasenmäher, weil sie ihn sich jeweils alleine nicht leisten wollen. Die Nutzung erfolgt bei Bedarf.

Beispiel 2: A und B kaufen sich gemeinsam ein Ferienhaus, um es an Touristen zu vermieten.

In Beispiel 1 liegt eine Bruchteilsgemeinschaft in Beispiel 2 eine rechtsfähige GbR vor.
Fazit: Bei der Bruchteilsgemeinschaft wird zwar nicht der Gegenstand geteilt, aber die **Rechtszuständigkeit**.
Bei der Gesellschaft werden weder der Gegenstand noch die Rechtszuständigkeit geteilt.

Merke: Gemeinschaft (Bruchteilsgemeinschaft) und Gesellschaft sind unvereinbare Gegensätze. Derselbe Gegenstand kann entweder mehreren zu Bruchteilen zustehen, oder er steht in Gänze der Gesellschaft zu. Beides zugleich ist nicht möglich.

J. Abgrenzung der GbR zur Gesamthandsgemeinschaft

Die „**Gesamthand**" ist eine Mehrheit von Personen, denen ein Sondervermögen in besonderer Art und Weise (gesamthänderisch) zusteht. Die Beteiligten haben weder einen realen (wirklichen) noch einen ideellen (gedachten) Anteil am einzelnen Vermögensgegenstand des Sondervermögens, sondern nur eine Beteiligung und einen Auseinandersetzungsanspruch hinsichtlich des gesamten Sondervermögens.

Beispiele: Gütergemeinschaft, §§ 1416 ff. BGB, und Erbengemeinschaft, §§ 2032 ff. BGB. Die Verfügung einzelner Miterben über einzelne Nachlassgegenstände ist folglich ausgeschlossen (§ 2040 I BGB); gleiches gilt gem. § 1419 I BGB bei der Gütergemeinschaft.

In der Vorstellung des **historischen BGB-Gesetzgebers** war die GbR ein Vertragsverhältnis zwischen den Gesellschaftern, bei dem das Gesellschaftsvermögen nicht der Gesellschaft selbst, sondern der **„gesamten Hand" der Gesellschafter** zugeordnet war, also der „Gesamthandsgemeinschaft". Der Gesetzgeber ging von Gelegenheitsgesellschaften aus, weshalb eine Rechtsfähigkeit der GbR weder vorgesehen noch für notwendig gehalten worden war. Somit gehörte eine Sache z.B. den Gesellschaftern persönlich, jedoch in ihrer „gesamthänderischen Verbundenheit". Das Gesamthandsprinzip hatte – mangels eigener Rechtspersönlichkeit der GbR – die Aufgabe, das Gesellschaftsvermögen dauerhaft für den vereinbarten Gesellschaftszweck zu sichern und gegen den Zugriff von Privatgläubigern abzuschotten.

Mit der Anerkennung der Rechtsfähigkeit der GbR durch BGH (im Jahr 2001) und Literatur wurde diese Struktur überflüssig.

MoPeG: Im Bereich der GbR (und damit über §§ 105 III, 161 II HGB im gesamten Personengesellschaftsrecht) wurde das **Prinzip der „Gesamthand" abgeschafft**. **§ 713 BGB** regelt nunmehr explizit: „Die Beiträge der Gesellschafter sowie die für oder durch die Gesellschaft erworbenen Rechte und die gegen sie begründeten Verbindlichkeiten sind **Vermögen der Gesellschaft**." Hiermit soll zum Ausdruck gebracht werden, dass Träger des Vermögens die Gesellschaft selbst ist und *nicht mehr die Gesellschafter in gesamthänderischer Verbundenheit*.
Die nicht rechtsfähige GbR kann überhaupt keine Vermögensträgerin mehr sein, auch nicht in Form eines Gesamthandsvermögens, wie § 740 I BGB ausdrücklich klarstellt.

	BRUCHTEILSGEMEINSCHAFT	GESAMTHANDSGEMEINSCHAFT
Entstehung	i.d.R. durch Gesetz, vgl. z.B. §§ 947 f., 984 BGB; ausnahmsweise Vertrag, wenn Sache durch mehrere Personen erworben wird (z.B. Anschaffungen in einer WG)	Erbengemeinschaft durch Gesetz, § 2032 I BGB Gütergemeinschaft durch Ehevertrag, § 1415 BGB
Gegenstand der Berechtigung	Einzelner Gegenstand; niemals an einem Vermögen	Sondervermögen, welches aber ausnahmsweise nur ein Gegenstand sein kann
Berechtigung	ideeller Anteil am Recht	Gesamthand als solche
Verfügungsbefugnis	§ 747 S. 1 BGB: jeder kann über seinen Anteil verfügen, nicht über Gegenstand als solchen, § 747 S. 2 BGB	§§ 1419 I, 2040 I BGB: Ein Gesamthänder kann weder über seinen Anteil am Vermögen noch an einzelnen Gegenständen verfügen.

Die Entstehung der Personengesellschaft

A. Einigung über gemeinsamen Zweck

Jeder Personengesellschaft liegt ein Gesellschaftsvertrag zugrunde.

Die Gesellschafter (mindestens zwei natürliche oder juristische Personen) müssen sich darüber einigen, dass ein gemeinsamer Zweck verfolgt wird. Der gemeinsame Zweck ist die Grundvoraussetzung der Gesellschaft und grenzt den Gesellschaftsvertrag von den sonstigen vertraglichen Schuldverhältnissen – vor allem den Austauschverträgen – ab.

Der **Gesellschaftsvertrag** kann ausdrücklich oder stillschweigend geschlossen werden. Er ist **formfrei**. Zwar gelten insoweit die allgemeinen Regelungen der §§ 145 ff. BGB, jedoch kann bei einer Personengesellschaft, die aus mehr als zwei Personen besteht, nicht von „Angebot und Annahme" gesprochen werden. Vielmehr handelt es sich um (auch empfangsbedürftige) Beitrittserklärungen (MK/Schäfer, § 705 Rn 26; Sanders/Berisha/Bühring/Reinhold, JURA 2024, 1267, 1269).

Genehmigung: Zur Beteiligung eines **Minderjährigen** an einer Gesellschaft (Abschluss oder Eintritt) bedarf es des Vertragsschlusses durch den gesetzlichen Vertreter (der nicht Mitgesellschafter sein darf, §§ 181, 1795 II 1629 II BGB!) mit Genehmigung des Vormundschaftsgerichts (§§ 1852 Nr. 2, 1643 I BGB).

Gerade bei einem bloß **konkludenten Vertragsschluss** tauchen typische **Abgrenzungsprobleme** auf:

Gemeinsames Halten einer Sache begründet nur dann eine Gesellschaft, wenn ein darüber hinausgehender Zweck verfolgt wird (Abgrenzung zur Bruchteilsgemeinschaft, §§ 741 ff. BGB), dazu oben.

Finden sich z.B. mehrere Schülerinnen und Schüler zu dem gemeinsamen Zweck der **Organisation der Abiturfeier** zusammen, kommt u.U. durch schlüssiges Handeln eine GbR zustande. Die fehlende Registerpublizität der Schüler-GbR steht der Annahme einer rechtsfähigen Außen-GbR nicht grundsätzlich entgegen, sondern es obliegt demjenigen, der nach einem Urteil gegen die GbR einzelne natürliche Personen in Anspruch nehmen möchte, darzulegen, ob diese Personen Gesellschafter sind.

Fraglich ist jedoch, ob eine „Abiturjahrgangs-GbR" anzunehmen ist (bejahend LG Detmold, 10 S 27/15, **RA 2015, 417**) oder bloß eine „Abschlussballkomitee-GbR" (so [in Klausurform!] Hau/Lerp, JA 2017, 251 ff.). Gegen eine GbR mit allen Schülern, welche Feierlichkeiten des Abiturjahrgangs befürworten, spricht, dass man dann fälschlicherweise von der Zulässigkeit einer GbR mit offenem Gesellschafterkreis ausgehen würde (Hippeli, NJW 2015, 3176, 3178; Hippeli, ZJS 2015, 620, 621). Dafür spricht eine an der Interessenlage ausgerichtete Auslegung (BeckOK/Schöne, § 705 Rn 27): Die Komiteemitglieder haben ein starkes Interesse daran, sämtliche Abiturientinnen und Abiturienten vertraglich mit zu binden, um eine gleichmäßige Kostenverteilung sicherzustellen; dem hätten sich die übrigen Mitglieder des Abiturjahrgangs (außer etwaiger Mitwirkungsverweigerer) billigerweise nicht verweigern können (Weber, JA, 2017, 69, 71). Sofern man eine GbR ablehnt, liegt insoweit ein reines **Gefälligkeitsverhältnis** vor.

Liegt das gemeinsame Interesse in einer **Gewinnbeteiligung**, können *partiarische Rechtsverhältnisse* (Austauschverträge, bei denen das Entgelt einer Partei ganz oder zum Teil in einer Gewinnbeteiligung liegt) oder Gesellschaften vorliegen. Zwar hat der am Gewinn Beteiligte in diesem Fall ein eigenes Interesse am Gewinn des anderen. Dieses Ziel wird aber nicht als gemeinsamer Vertragszweck verfolgt (z.B.: Dienstvertrag mit Umsatzbeteiligung). Für eine Gesellschaft sprechen als Indizien: Verlustbeteiligung; Vereinbarung von Kontroll- und Mitwirkungsrechten (vgl. **Grüneberg**/Retzlaff, Einf v § 705 Rn 16).

Die konkludente Vereinbarung einer **Ehegattengesellschaft** setzt voraus, dass ein über die Verwirklichung der ehelichen Lebensgemeinschaft (oder Lebenspartnerschaft) hinausgehender Zweck verfolgt wird; z.B.: gemeinsamer Aufbau eines Unternehmens oder gleichberechtigte Ausübung einer gewerblichen oder beruflichen Tätigkeit.
Bei **nichtehelichen Lebensgemeinschaften** sind auch ohne Gesellschaftsvertrag bei der Auseinandersetzung bezüglich einzelner Vermögensgegenstände gesellschaftsrechtliche Grundsätze anwendbar, wenn sich die Absicht gemeinschaftlicher Wertschöpfung feststellen lässt.

B. Innen- und Außengesellschaft

Bei der gemeinsamen Gründung einer Personengesellschaft ist der „Auftritt nach außen" eine ganz entscheidende Zäsur.

Merke: Erst wenn nach außen gehandelt wird, z.B. in Form eines Vertragsschlusses, können erstmals größere Haftungsrisiken für die Gesellschaft und die Gesellschafter selbst entstehen. Deshalb unterscheidet man die nicht rechtsfähige Gesellschaft (sog. Innengesellschaft), die (noch) nicht am Rechtsverkehr teilnimmt, von den sog. Außengesellschaften (rechtsfähige – u.U. gar eingetragene [„eGbR"] – GbR, OHG und KG).

I. OHG

Gut nachvollziehen lässt sich dies z.B. bei der OHG.

Beispiel: A und B wollen gemeinsam einen Großgetränkehandel betreiben. Sie führen intern umfangreiche Vorbereitungsmaßnahmen durch, wie z.B. Entwicklung eines Geschäftsmodells, Aufstellung eines Wirtschaftsplans, Entwürfe für Arbeitsverträge und Stellenanzeigen.

Irgendwann wird im Beispiel eine „Kneipenidee" also so konkret, dass man vom konkludenten Abschluss eines Gesellschaftsvertrags ausgehen muss. Dies wäre eine sog. **Gründungsgesellschaft**, weil der Zweck der Gesellschaft darin liegt, eine Großgetränkehandels-OHG zu gründen. Diese Gründungsgesellschaft wäre zunächst eine reine **Innengesellschaft**, vgl. § 105 I HGB.

Reine Innengesellschaften wirken auch zunächst nur im Innenverhältnis, da auch nur das Rechtsverhältnis untereinander ausgestaltet werden soll (z.B. eine „WG", vgl. § 705 II 2. Var. BGB). Es gibt noch kein Gesellschaftsvermögen und keine gemeinsame Vertretung, da dies ja den Auftritt nach außen voraussetzen würde.
Innengesellschaften sind folglich (noch) nicht rechtsfähig.

Wenn sich im Beispiel die Planungen und Vorbereitungen immer weiter verdichten, wird der Tag kommen, wo der erste Vertrag nach außen geschlossen werden muss, z.B. Anmietung der Räumlichkeiten, Programmierung einer Homepage. Hier droht nun erstmals eine Haftung der Gesellschaft gem. § 105 II HGB [bisher: § 124 HGB] und eine unbeschränkte persönliche Haftung der Gesellschafter gem. § 126 [bisher: § 128] HGB. Deshalb verlangt § 123 I HGB, dass für die **Entstehung der Außengesellschaft** bestimmte Voraussetzungen erfüllt sein müssen:

Gem. § 123 I 1 HGB kann die Außen-OHG entstehen durch **Eintragung im Handelsregister**.

Ohne diese Eintragung entsteht die Außen-OHG gem. § 123 I 2 [bisher: II] HGB durch **faktische Geschäftsaufnahme** als Handelsgesellschaft. Da nunmehr aber allen Gesellschaftern gem. § 126 HGB die unbeschränkte persönliche Haftung droht, müssen **sämtliche Gesellschafter** dem Auftritt der Gesellschaft nach außen **zustimmen**. (Dieses bisher ungeschriebene Merkmal ist nunmehr explizit in § 123 I 2 HGB aufgeführt.) Dadurch soll verhindert werden, dass einzelne („übereifrige") Gesellschafter die anderen in persönliche Haftung stürzen können.

Fehlt es im Rahmen von § 123 I 2 HGB an der Zustimmung aller Gesellschafter, ist die Außen-OHG nicht entstanden. In diesem Fall haften diejenigen Gesellschafter, die den eigenmächtigen Auftritt nach außen zu verantworten haben, einerseits als Vertreter ohne Vertretungsmacht gem. § 179 BGB und andererseits nach Rechtsscheinsgesichtspunkten als Schein-Komplementäre einer Schein-OHG gem. §§ 105 II, 126 S. 1 HGB analog, § 242 BGB [bisher: §§ 124 I, 128 S. 1 HGB analog i.V.m. § 242 BGB].
Nur bei sehr deutlichen Hinweisen im Sachverhalt kann von der Gründung einer „Rumpf-Gesellschaft" nur durch die „übereifrigen" Gesellschafter ausgegangen werden.

Merke: Eine OHG (**parallel KG und GbR**) kann folglich als Innengesellschaft bereits entstanden sein, als Außengesellschaft aber nicht. Sind bloße Ansprüche aus dem Innenverhältnis zu prüfen, darf folglich nicht darauf abgestellt werden, dass die OHG (KG) gem. § 123 I HGB (bzw. die rechtsfähige GbR gem. § 719 I BGB) nicht entstanden sei! Dies ist im Innenverhältnis unerheblich.

II. KG

Die gleichen Grundsätze wie bei der OHG gelten auch bei der KG. Hier ist ergänzend auf § 176 I HGB hinzuweisen. Diese Norm regelt eine Rechtsscheinhaftung für den folgenden Fall:

Beispiel: Tritt eine KG, die noch nicht im Handelsregister eingetragen ist, am Markt auf, geht der Vertragspartner der Personengesellschaft an sich davon aus, dass ihm alle Gesellschafter persönlich haften. Wenn und weil dies bei einer KG in Person der Kommanditisten nicht der Fall ist, muss der Vertragspartner – solange die KG nicht im Handelsregister eingetragen ist – hierauf hingewiesen werden. Anderenfalls wird der Rechtsschein persönlicher Haftung der Kommanditisten gesetzt und diese haften gem. § 176 I 2 HGB unbeschränkt persönlich. Dies gilt freilich nur – vgl. § 176 I 1 HGB – wenn der jeweilige Kommanditist dem Geschäftsbeginn zugestimmt hat.

III. GbR

Für die GbR gelten die Regeln der OHG für die Entstehung der rechtsfähigen Außen-GbR entsprechend.
Gem. § 719 I 1. Var. BGB entsteht die rechtsfähige GbR (Außengesellschaft), sobald sie mit Zustimmung sämtlicher Gesellschafter am Rechtsverkehr teilnimmt [bisher: § 123 II HGB analog].
Gem. § 719 I 2. Var. BGB entsteht sie jedoch als „eGbR" spätestens mit ihrer Eintragung im Gesellschaftsregister.

BGB-GESELLSCHAFT	PERSONENHANDELSGESELLSCHAFTEN	
Entstehung § 705 BGB	**Entstehung OHG**	**Entstehung KG**
(formfreier) Gesellschaftsvertrag: mind. zwei Personen (natürliche oder juristische, OHG oder KG); Gemeinsamer Zweck: grds. **jeder Zweck** ausreichend, (Halten und Haben von Sachen dann nicht, wenn keine gemeinsame Nutzung). Beachte: Sofern ein kaufmännischer Zweck i.S.d. § 1 HGB vorliegt, ist eine OHG gegeben!	**Im Innenverhältnis** formfreier Gesellschaftsvertrag: mind. zwei Personen; gemeinsamer Zweck: Betrieb eines Handelsgewerbes unter gemeinschaftlicher Firma; bei den kleingewerbetreibenden und vermögensverwaltenden Zusammenschlüssen (§ 107 I 1 HGB) muss zusätzlich noch eine konstitutive Eintragung erfolgen. Auch **freie Berufe** können OHG werden, wenn das anwendbare Berufsrecht (z.B. § 59b II Nr. 1 BRAO) dies zulässt (§ 107 I 2 HGB). **Im Außenverhältnis § 123 HGB:** Grundsatz: § 123 I 1 HGB Eintragung ins HReg Ausn.: § 123 I 2 HGB <u>einverständliche</u> Geschäftsaufnahme sofern § 123 I 2 letzter HS HGB nicht einschlägig (dann nur GbR)	§ 161 II HGB: Es gelten die Regeln der OHG. Es besteht nunmehr auch für die freien Berufe die Möglichkeit, eine GmbH & Co. KG zu gründen (selbst mit einem einzigen Gesellschafter, § 59b I 2 BRAO).

Die Rechtsfähigkeit der Personengesellschaften

Das zentrale Problem des bisherigen Personengesellschaftsrechts war, dass der historische Gesetzgeber die GbR als nicht rechtsfähig angesehen hat. Dennoch wurde die Rechtsfähigkeit der Außen-GbR 2001 vom BGH (II ZR 331/00) und auch von der Literatur anerkannt.
Der Gesetzgeber reagierte jedoch nur in Randbereichen auf die neue Rechtslage, was dazu führte, dass viele zentrale Haftungsnormen aus dem Recht der OHG auf die GbR analog angewendet wurden.
Mit der Reform schafft der Gesetzgeber endlich Klarheit: Die rechtsfähige GbR wird anerkannt und die Regelungen der §§ 705 ff. BGB werden zum allgemeinen Teil des Personengesellschaftsrechts ausgebaut. Die §§ 705 ff. BGB gelten für die OHG (§ 105 III HGB) und für die KG (§§ 161 II, 105 III HGB), sofern im HGB keine Regelungen getroffen werden.

A. GbR

Merke: Nach der Reform gibt es drei Formen der GbR:
- **Die nicht rechtsfähige GbR (reine Innengesellschaft),**
- **die nicht registrierte, aber rechtsfähige GbR,**
- **die im sog. Gesellschaftsregister registrierte rechtsfähige GbR („eGbR“).**

Die eGbR ist stets rechtsfähig, § 719 I 2. HS BGB. Bei einer GbR, die ein Unternehmen unter gemeinschaftlichem Namen betreibt, wird dies hingegen „nur“ vermutet, § 705 III BGB (**Grüneberg**/Retzlaff, § 705 Rn 1), wobei die Vermutung eine unwiderlegliche Fiktion ist (BeckOK/Schöne, § 705 Rn 46; Bachmann, NJW 2021, 3073, 3074).
Die rechtsfähige GbR kann gem. § 705 II 1. Var. BGB [bisher: § 124 I HGB analog] Rechte erwerben und Verbindlichkeiten eingehen.

Klausurhinweis:

Sofern Ansprüche gegen eine rechtsfähige GbR geprüft werden, sollte nach der zivilrechtlichen Anspruchsgrundlage § 705 II 1. Var. BGB mitzitiert werden. Also z.B. bei einer Kaufpreisforderung:
Gegen GbR: §§ 433 II, 705 II 1. Var. BGB

B. OHG/KG

Die OHG kann gem. § 105 II HGB [bisher: § 124 I HGB] Rechte erwerben und Verbindlichkeiten eingehen.
Gleiches gilt über § 161 II HGB auch für die KG.

Klausurhinweis:

Sofern Ansprüche gegen eine OHG bzw. KG geprüft werden, sollten nach der zivilrechtlichen Anspruchsgrundlage § 105 II HGB (KG: 161 II HGB) mitzitiert werden. Also z.B. bei einer Kaufpreisforderung:
Gegen OHG: §§ 433 II BGB, 105 II HGB
Gegen KG: §§ 433 II BGB, 161 II, 105 II HGB

Außenverhältnis: Die Vertretung

Im Bereich der Vertretung wird hier zunächst das Recht der GbR (der „allgemeine Teil“) dargestellt und dann erst die Rechtslage bei den Handelsgesellschaften (dem „besonderen Teil“).

Klausurhinweis:

Strikt zu unterscheiden ist die **Geschäftsführungsbefugnis** (§ 715 [bisher: § 709] BGB für die GbR und § 116 [bisher: §§ 114-116] HGB für OHG und KG), welche die Befugnis (das „**Dürfen**“) im **Innenverhältnis** regelt, von der **Vertretungsmacht** (§ 720 [bisher: § 714] BGB für die GbR und § 124 [bisher: § 125 f.] HGB für OHG und KG), die das „**Können**“ im **Außenverhältnis** regelt! Der „Witz“ kann in der Klausur sein, dass ein Gesellschafter nach außen wirksam vertreten hat, obwohl er dies nach innen nicht durfte.
Lies hierzu §§ 720 III BGB, 124 IV HGB (Vertretung; Stichwort: „rechtliches Können“), im Vergleich zu den Geschäftsführungs-Schranken im Innenverhältnis (§§ 715 II BGB, 116 II 1 HGB [Beschränkung auf „**gewöhnliche**“ Geschäfte]; Stichwort: „rechtliches Dürfen“).

Prüfungspunkt: Eigene Willenserklärung in fremdem Namen **„mit Vertretungsmacht“**.

Beachte: Die Voraussetzungen und Rechtsfolgen der Vertretungsmacht richten sich im Ausgangspunkt nach **§ 164 I BGB**. Die §§ 720 BGB, 124 HGB füllen nur die Voraussetzung der Vertretungsmacht aus.

A. Vertretung der GbR

Es wird lediglich im Namen der Gesellschaft gehandelt. Der Vertreter der Gesellschaft vertritt nicht auch die anderen Gesellschafter. Mithin wird auch **nur die Gesellschaft Vertragspartner**.

Die früher vertretene *Doppelverpflichtungstheorie* (nach welcher auch die Gesellschafter der GbR selbst Vertragspartner wurden), ist spätestens durch die Neuregelung in §§ 705 II 1. Var., 721 BGB überholt und in einer Klausur nicht mehr darzustellen.

I. Arten der Vertretung

Die Vertretungsmacht steht nach § 720 I [bisher: § 714 BGB (i.V.m. § 709)] BGB mangels abweichender Vereinbarungen den Gesellschaftern als **Gesamtvertreter** zu. Jedoch geht eine Willenserklärung bereits dann der GbR zu (**passive Vertretung**), wenn sie einem der Gesamtvertreter zugeht (§ 720 V BGB; so auch bisher schon BGH, XII ZR 210/09). § 720 V BGB ist nicht abdingbar (Röß, NZG 2023, 401, 405). Geht die Willenserklärung jedoch einen nicht zur Vertretung befugten Gesellschafter zu, ist die Erklärung der Gesellschaft gegenüber nicht wirksam geworden (Kuhn, JURA 2024, 14, 19).

In Abweichung vom gesetzlichen Regelfall kann im Gesellschaftsvertrag auch einem (oder allen) Gesellschafter(n) Alleinvertretungsmacht eingeräumt werden, § 720 I 2. HS BGB. Nur die im Gesellschaftsregister eingetragene Einzelvertretungsbefugnis genießt Registerpublizität, während die Gesellschafter einer nicht eingetragenen GbR ihre Einzelvertretungsbefugnis weiterhin zum Beispiel durch Vorlage einer Vollmachtsurkunde nachweisen müssen.
Die in **§ 707a II 1 BGB** vorgesehene Verpflichtung, den Namenszusatz „eGbR“ zu führen, soll auch und gerade darauf aufmerksam machen, dass die Vertretungsmacht im Vergleich zum gesetzlichen Regelfall modifiziert sein könnte (**Grüneberg**/Retzlaff, § 707 Rn 4).

Ebenso kann z.B. bei einer GbR aus 3 Personen angeordnet werden, dass mindestens zwei Gesellschafter die Gesellschaft vertreten müssen.

Die Erteilung von Prokura (§§ 48 ff. HGB) oder Handlungsvollmacht (§ 54 HGB) bleibt weiterhin alleine OKG und KG vorbehalten.

II. Umfang der Vertretungsmacht

Die Vertretungsbefugnis der Gesellschafter erstreckt sich auf alle Geschäfte der Gesellschaft, § 720 III 1 BGB. Folglich sind auch Geschäfte erfasst, welche die *Grundlagen der Gesellschaft* betreffen (z.B. Verkauf der einzigen Immobilie der GbR; **Grüneberg**/Retzlaff, § 720 Rn 3, 7).

Die Vertretungsmacht umfasst aber keine Grundlagengeschäfte (z.B. Änderung des Gesellschaftsvertrags oder des Gesellschaftszwecks). Im Rahmen von Grundlagengeschäften sowie außergewöhnlichen Geschäftsführungsmaßnahmen dient der **Gesellschafterbeschluss**, § 714 BGB, der Gestaltung des Gesellschaftsverhältnisses.

Eine Beschränkung des Umfangs der Vertretungsbefugnis eines Gesellschafters ist Dritten gegenüber unwirksam. Dies gilt insbesondere für die Beschränkung, dass sich die Vertretung nur auf bestimmte Geschäfte oder Arten von Geschäften erstreckt oder dass sie nur unter gewissen Umständen oder für eine gewisse Zeit oder an einzelnen Orten stattfinden soll.

Merke: Diese Neuregelung in § 720 III 2, 3 BGB unterscheidet sich deutlich von der bisherigen Rechtslage. Diese ließ eine Beschränkung der Vertretungsbefugnis mit Außenwirkung unter bestimmten Voraussetzungen zu.

Auszug aus der MoPeG-Gesetzesbegründung: Einem allgemeinen Prinzip des Gesellschaftsrechts folgend sieht die Vorschrift vor, dass der Umfang der Vertretungsbefugnis gegenüber Dritten nicht beschränkt werden kann (vgl. § 126 II [jetzt: § 124 IV] HGB, § 82 I AktG, § 37 II GmbHG, § 27 II GenG). Das sichert die Handlungsfähigkeit der Gesellschaft im Außenverhältnis und dient zugleich dem Verkehrsschutz, insofern potenzielle Vertragspartner der GbR davor bewahrt werden, vor Abschluss des Vertrags prüfen zu müssen, ob die Vertretungsbefugnis beschränkt ist. Insbesondere geht es nicht an, den Rechtsverkehr mit dem Risiko zu belasten, dass nach Abschluss eines Rechtsgeschäfts im Namen der GbR ein Streit über die Auslegung und Reichweite einer Vertretungsbeschränkung im Außenverhältnis entsteht.

Absatz 3 unterscheidet sich somit von der geltenden Rechtslage, die eine Beschränkung der Vertretungsbefugnis mit Außenwirkung zulässt, wenn sie für den Vertragspartner erkennbar ist, er insbesondere vor Vertragsschluss darauf hingewiesen wurde. Diese Rechtslage befördert Rechtsunsicherheit.
Die Vorstellung, Haftungsrisiken der Gesellschafter für rechtsgeschäftlich begründete Gesellschaftsverbindlichkeiten über eine Beschränkung der Vertretungsbefugnis begrenzen zu können, lässt unberücksichtigt, dass sich die Gesellschafter ihres Schutzes durch Abbedingung der Gesamtvertretungsbefugnis zuvor selbst begeben haben müssen, um überhaupt ein Schutzbedürfnis vor dem betreffenden Haftungsrisiko hervorrufen zu können. Ausreichenden Schutz genießen die Gesellschafter dann aber schon durch das allgemeine Rechtsinstitut des Missbrauchs der Vertretungsmacht sowie in strafrechtlicher Hinsicht durch den Missbrauchstatbestand der Untreue (§ 266 StGB).

Für **Rechtsgeschäfte der Gesellschaft mit einem ihrer Gesellschafter** (auch Kommanditisten) gilt zwar § 720 III 1 BGB, nicht aber § 720 III 2, 3 BGB! Der Gesellschafter als Vertragspartner ist nämlich nicht schutzwürdig, da ihm der Inhalt des Gesellschaftsvertrags bekannt ist, er also auch die Beschränkung des Umfangs der Vertretungsmacht kennt. **Der Umfang der Vertretungsmacht richtet sich ggü. dem Mitgesellschafter also nach dem der Geschäftsführungsmacht.**

Klausurhinweis:

Dieser Aspekt dürfte für das Prüfungsamt interessant sein: Es könnte sich anbieten, z.B. zwei Vertragsschlüsse zu schildern; einen mit einem externen Dritten und einen mit einem Gesellschafter, der mit der Gesellschaft ein sog. „Drittgeschäft" abschließt, also der Gesellschaft wie ein Dritter z.B. einen Gegenstand verkauft. Dem Gesellschafter gegenüber wäre dann eine Beschränkung des Umfangs der Vertretungsmacht wirksam.

Schließlich können auch Dritte gem. §§ 167 ff. BGB bevollmächtigt werden. Es kann sogar einem Dritten „**Generalvollmacht**" erteilt werden. Jedoch muss immer gewährleistet sein, dass die Gesellschaft nur durch Gesellschafter vertreten werden kann (**Prinzip der Selbstorganschaft**).

B. Vertretung der OHG und KG

Auch hier gilt: Es wird lediglich im Namen der Gesellschaft gehandelt. Der Vertreter der Gesellschaft vertritt nicht auch die anderen Gesellschafter. Mithin wird auch nur die Gesellschaft Vertragspartner.

I. Arten der Vertretung

Gemäß **§ 124 I** [bisher: § 125 I] **HGB** besteht mangels abweichender Vereinbarungen im Gesellschaftsvertrag **Einzelvertretungsmacht** jedes persönlich haftenden Gesellschafters.

Klausurhinweis:

Die in **§§ 106 II Nr. 3 HGB** geregelte Eintragungspflicht ist rein deklaratorisch. Sind Abweichungen von § 124 I HGB nicht eingetragen und bekannt gemacht, kommt eine **Anwendung von § 15 I HGB** in Betracht, welcher wieder zum gesetzlichen Regelfall (§ 124 I HGB) zurückführen kann (wenn dies dem Interesse des Gegenübers entspricht).

Beispiel: In der A & B OHG haben nach dem Gesellschaftsvertrag nur A und B gemeinschaftlich Vertretungsmacht. Dies ist aber im Handelsregister nicht eingetragen. A schließt alleine einen Vertrag mit V im Namen der OHG. V verlangt die Erfüllung, was B verweigert.

Lösung: Eigentlich ist A Vertreter ohne Vertretungsmacht. Unter den Voraussetzungen des § 15 I HGB muss sich V aber die Gesamtvertretungsmacht nicht entgegensetzen lassen und kann sich auf den gesetzlichen Regelfall des § 124 I HGB berufen. Folglich kann V von der OHG Erfüllung verlangen.

Im Gesellschaftsvertrag kann gem. **§ 124 II 1** [bisher: § 125 II 1] **HGB** bestimmt werden, dass alle oder mehrere Gesellschafter nur in Gemeinschaft zur Vertretung der Gesellschaft ermächtigt sein sollen (**Gesamtvertretung**). Die zur Gesamtvertretung berechtigten Gesellschafter können gem. **§ 124 II 2** [bisher: § 125 II 2] **HGB** einzelne von ihnen zur Vornahme bestimmter Geschäfte oder bestimmter Arten von Geschäften **ermächtigen**. Bei der Ermächtigung handelt es sich nicht um eine Vollmacht, sondern um eine Erweiterung der nach § 124 HGB bestehenden organschaftlichen Vertretungsmacht (BGHZ 64, 72, 76). Das **Zurückweisungsrecht des § 174 BGB** kann deshalb zwar nicht direkt, aber **analog** angewendet werden (BAG, NJW 1981, 2374 f.; Preis/Lukes, JA 2015, 900, 903). Für den Erklärungsempfänger besteht durch die Abweichung von der – eingetragenen – Gesamtvertretung dieselbe Unsicherheit wie bei einer Vollmacht; er weiß nicht sicher, ob der handelnde Gesellschafter zum alleinigen Handeln befugt ist.

Beispiel: D hat einen Mietvertrag mit der FG-OHG geschlossen. Im Gesellschaftsvertrag der FG-OHG ist geregelt, dass F und G nur gemeinschaftlich zur Vertretung der Gesellschaft berechtigt sind. Weil F die Verwaltung der im Eigentum der FG-OHG stehenden Wohnungen lästig wird und er sich auf andere Geschäftsfelder konzentrieren will, ermächtigt er G, alle Erklärungen, die Wohnungen der FG-OHG betreffen, allein abgeben zu können. G unterschreibt ein an D gerichtetes Mieterhöhungsverlangen allein. Kann R dieses nach § 174 BGB zurückweisen?

Lösung: Nach obigen Ausführungen ja, in analoger Anwendung von § 174 BGB.

Ist der Gesellschaft gegenüber eine Willenserklärung abzugeben (**passive Vertretung**), so genügt gem. **§ 124 VI HGB** die Abgabe gegenüber einem der zur Mitwirkung bei der Vertretung befugten Gesellschafter.

Im Gesellschaftsvertrag kann gem. **§ 124 III** [bisher: § 125 III] **HGB** weiterhin bestimmt werden, dass die Gesellschafter, wenn nicht mehrere zusammen handeln, nur in Gemeinschaft mit einem Prokuristen zur Vertretung der Gesellschaft ermächtigt sein sollen (sog. **unechte Gesamtvertretung** bzw. **unechte Gesamtprokura**; Näheres hierzu auch im Skriptteil HGB, „Die Vertretung des Kaufmanns" I. 5.).

Merke: Diese Gestaltung findet ihre Grenze aber im **Grundsatz der Selbstorganschaft**, wonach die Gesellschaft stets ohne die Mitwirkung Dritter handlungsfähig bleiben muss. Neben unechter Gesamtvertretung muss also stets noch ein weiterer Gesellschafter entweder alleinvertretungsberechtigt sein, oder es muss zusätzlich echte Gesamtvertretung der Gesellschafter vereinbart sein.
Sollte dennoch dieser Fall eintreten (z.B. durch den Tod eines Gesellschafters), muss eine **ergänzende Vertragsauslegung** erfolgen und auf diesem Wege (mindestens) eine weitere Vertretungsmöglichkeit der Gesellschaft – nur durch einen oder mehrere Gesellschafter – ermittelt werden. Zu beachten ist, dass (naturgemäß) die durch Auslegung ermittelte Vertretungsoption (noch) nicht eingetragen und bekannt gemacht sein wird. Es kommt deshalb eine Anwendung von **§ 15 I HGB** in Betracht!

Eine Klausel im Gesellschaftsvertrag, welche die Vertretungsmacht des einzigen **Komplementärs an die Mitwirkung eines Kommanditisten bindet**, **verletzt** das Prinzip der **Selbstorganschaft** und ist daher unwirksam (BGHZ 41, 367, 369; Saenger/Henke, JA 2022, 720, 723). Dies folgt aus § 170 I [bisher: § 170] HGB, wonach Kommanditisten von der organschaftlichen Vertretungsbefugnis ausgeschlossen sind; die organschaftliche Vertretungsbefugnis in der KG ist also den Komplementären vorbehalten. Wegen der unbeschränkten Haftung mit dem gesamten Privatvermögen müssen die Komplementäre jedes Rechtsgeschäft für die KG auch ohne Mitwirkung der Kommanditisten selbst durchführen können.

II. Umfang der Vertretungsmacht

Die **Vertretungsmacht ist unbeschränkt und gegenüber Dritten unbeschränkbar, § 124 IV 2, 3** [bisher: § 126 I, II] **HGB**.

Die Vertretungsmacht der Gesellschafter umfasst alle gerichtlichen und außergerichtlichen Geschäfte und Rechtshandlungen (§ 124 IV 1 [bisher: § 126 I] HGB), also nicht nur solche, die der Betrieb eines derartigen Handelsgewerbes gewöhnlich mit sich bringt.

Grenzen bilden die allgemeinen Grundsätze des **Missbrauchs der Vertretungsmacht**.

Eine Ausnahme der Unbeschränkbarkeit enthält § 124 IV 3 [bisher: 126 III] HGB unter Verweisung auf § 50 III HGB, für den Fall, dass die Gesellschaft mehrere Filialen unter verschieden Firmen betreibt. Die Vertretungsmacht kann dann auch mit Wirkung gegenüber Dritten auf Handlungen im Betrieb einer dieser Niederlassungen beschränkt werden.

Ebenso erstreckt sich die Vertretungsmacht nach § 124 [bisher: §§ 125, 126] HGB **nicht** auf die Tätigung von **Grundlagengeschäften**, z.B. die Einstellung des Geschäftsbetriebs oder die Veräußerung der Gesellschaft.

Für **Rechtsgeschäfte der Gesellschaft mit einem ihrer Gesellschafter** (auch Kommanditisten) gilt zwar § 124 IV 1 [bisher: 126 I] HGB, nicht aber § 124 IV 2, 3 [bisher: 126 II] HGB! Der Gesellschafter als Vertragspartner ist nämlich nicht schutzwürdig, da ihm der Inhalt des Gesellschaftsvertrags bekannt ist, er also auch die Beschränkung des Umfangs der Vertretungsmacht kennt. **Der Umfang der Vertretungsmacht richtet sich ggü. dem Mitgesellschafter also nach dem der Geschäftsführungsmacht** (vgl. bereits oben zur GbR).

III. Der Kommanditist bei der KG

Der **Kommanditist** ist von der organschaftlichen Vertretung ebenso ausgeschlossen, § 170 I HGB, wie von der Geschäftsführung, § 164 1. HS HGB. Jedoch kann ihm Prokura oder Handlungsvollmacht erteilt werden.

IV. GmbH & Co. KG

Komplementär der KG ist in diesem Fall die GmbH, diese vertritt die KG. Die GmbH wird gem. § 35 I 1 GmbHG wiederum vertreten durch ihren Geschäftsführer.

(In dieser „Vertretungsfolge“ ist das auch ins **Rubrum** bzw. eine Klageschrift aufzunehmen.)

C. Widerspruch gegen Vornahme eines Geschäfts

Ist Einzelgeschäftsführung vereinbart, kann jeder Gesellschafter der Vornahme des Geschäfts widersprechen (**§ 715 IV** [bisher: § 711] **BGB; bei OHG und KG gilt § 116 III 3** [bisher: 115 I] **HGB**). Der **Widerspruch** beschränkt zwar die Geschäftsführungsbefugnis hat aber **keine Auswirkung auf die Vertretungsmacht** (BGH, III ZR 46/06, Rn 47; **Grüneberg**/Retzlaff, § 715 Rn 12).

Merke: Wird das Geschäft trotz des Widerspruchs getätigt, liegt hierin eine zum Schadensersatz verpflichtende Pflichtverletzung i.S.v. § 280 I 1 BGB.

Der Eingriff in die Vertretungsmacht eines Gesellschafters bedarf eines Gesellschafterbeschlusses und nicht nur eines Widerspruchs durch einen einzelnen Gesellschafter (vgl. § 720 IV für die GbR und § 124 V HGB für OHG und KG).

Außenstehende Dritte müssen sich um Meinungsverschiedenheiten unter den Gesellschaftern nicht kümmern, so dass der Widerspruch auch dann keine Außenwirkung entfaltet, wenn der **Dritte von dem Widerspruch Kenntnis** hatte. Greifen allerdings die allgemeinen Grundsätze vom **Missbrauch der Vertretungsmacht** ein oder ist der Vertragspartner ein **Mitgesellschafter**, schlägt der Widerspruch auf das Außenverhältnis durch.

D. Notgeschäftsführung

Besonders sorgfältig muss im Bereich der **Notgeschäftsführung zwischen Geschäftsführung und Vertretung** unterschieden werden.

Notwendige (Erhaltungs-)Maßnahmen kann nach § 715 III 1 BGB bzw. § 116 IV 2. HS HGB und nach § 715a BGB [bisher: § 744 II BGB analog] auch ein (allein) nicht geschäftsführungsbefugter Gesellschafter vornehmen.

Über § 105 III HGB, § 161 II HGB und § 1 IV PartGG findet § 715a BGB auch auf die OHG, die KG und die PartG entsprechende Anwendung. Der Regelungsgehalt von § 715a BGB wird im Zusammenhang mit der besonderen Notgeschäftsführungsbefugnis nach § 715 III 1 BGB bzw. § 116 IV 2. HS HGB deutlich.

Auszug aus der MoPeG-Gesetzesbegründung (angepasst an eine nochmalige – der Verständlichkeit der Norm dienende – Änderung des Gesetzestextes): **§ 715 III 1 2. HS BGB** richtet sich an denjenigen Gesellschafter, dem die Geschäftsführungsbefugnis gemeinsam mit allen anderen oder mehreren Gesellschaftern zusteht. **Die Notgeschäftsführungsbefugnis ersetzt dort die Zustimmung derjenigen mitgeschäftsführungsbefugten Gesellschafter, die nicht mehr rechtzeitig erreicht werden können. Wird die Zustimmung auch nur von einem mitgeschäftsführungsbefugten Gesellschafter verweigert, ist trotz Gefahr im Verzug keine Einzelgeschäftsführungsbefugnis gegeben**.

Die erforderliche Einstimmigkeit scheitert in diesem Fall nämlich nicht an der Eilbedürftigkeit, sondern an einem ausdrücklichen **Dissens** (**Grüneberg**/Retzlaff, § 715 Rn 8). Die Norm dient nicht dazu, Meinungsverschiedenheiten in Geschäftsführungsfragen zugunsten des handlungswilligen Geschäftsführers zu entscheiden (MK/Schäfer, § 715 Rn 36).

Auszug aus der MoPeG-Gesetzesbegründung (Fortsetzung): **§ 715a Satz 1 BGB** richtet sich demgegenüber an **jeden**, das heißt **auch den von der Geschäftsführungsbefugnis ausgeschlossenen Gesellschafter**. Seiner Notgeschäftsführungsbefugnis stehen weder der Widerspruch eines anderen Gesellschafters (§ 715 IV BGB) noch die Verweigerung von dessen Zustimmung entgegen. Freilich darf für den Fall, dass die Befugnis zur Geschäftsführung mehreren Gesellschaftern gemeinsam zusteht, die allgemeine Notgeschäftsführungsbefugnis nicht diese gesellschaftsvertragliche Vereinbarung unterlaufen. § 715a Satz 1 BGB bringt dies dadurch zum Ausdruck, dass die geschäftsführungsbefugten Gesellschafter verhindert sein müssen, nach Maßgabe von § 715 III 1 2. HS BGB an dem Geschäft durch Zustimmung mitzuwirken. Damit wird klargestellt, dass **von mehreren Gesellschaftern zuvorderst die mitgeschäftsführungsbefugten Gesellschafter im Rahmen von § 715 III 1 2. HS BGB zur Notgeschäftsführung befugt** sind.

Diese Voraussetzung kann wiederum nicht losgelöst von der weiteren Voraussetzung beurteilt werden, dass mit dem Aufschub Gefahr für die Gesellschaft oder das Gesellschaftsvermögen verbunden sein muss. Das ist der Fall, wenn der Gesellschaft ohne sofortiges und alleiniges Handeln ein Schaden droht, wozu auch entgangener Gewinn zählt. Die Gefahrensituation ist dabei **objektiv ex post** zu beurteilen.

In der **Rechtsfolge** räumen § 715 III 1 2. HS BGB [Autor: ebenso § 116 IV 2. HG HGB] und § 715a Satz 1 BGB dem Gesellschafter **nur** eine **Geschäftsführungsbefugnis im Innenverhältnis, aber keine Vertretungsbefugnis im Außenverhältnis** ein. Das hat seinen Grund darin, dass es für einen Geschäftspartner wichtig ist, schnell Klarheit darüber zu erlangen, ob und mit wem er einen Vertrag schließt. Er selbst hat typischerweise keinen Einblick in die inneren Angelegenheiten der Gesellschaft und kann deswegen nicht beurteilen, ob eine die Geschäfts- und möglicherweise Vertretungsordnung modifizierende Gefahrenlage besteht. Der Geschäftspartner wäre darauf angewiesen, sich unter den Voraussetzungen des § 177 II BGB binnen zwei Wochen Klarheit zu verschaffen. Da sich § 715a BGB auf die Einräumung von Geschäftsführungsbefugnis beschränkt, **lässt** die Regelung **Unsicherheit des Geschäftspartners in Bezug auf das Bestehen oder Nichtbestehen von Vertretungsbefugnis gar nicht erst aufkommen**. Dadurch, dass der Gesellschafter im eigenen Namen handelt, wird er aber nicht schutzlos gestellt. Handelt er im Namen der **Gesellschaft**, ist sie **verpflichtet, das Geschäft zu genehmigen**, wenn sein Handeln im Innenverhältnis gerechtfertigt war, und **schuldet** ihm bei verweigerter oder nicht innerhalb der Frist des § 177 II BGB erteilter Genehmigung **Schadensersatz [Autor: § 280 I BGB].** Wichtiger noch werden dem Gesellschafter unter den Voraussetzungen des **§ 716 I BGB Aufwendungen ersetzt.**

Klausurhinweis:

Dieser Aspekt könnte für das Prüfungsamt interessant sein: Der Notgeschäftsführer vertritt die Gesellschaft und handelt dabei als Vertreter ohne Vertretungsmacht. War die Notgeschäftsführung berechtigt, muss „die Gesellschaft" (vertreten durch den oder die vertretungsbefugten Gesellschafter) das Rechtsgeschäft genehmigen. Erfolgt dies, kommt der Vertrag wirksam zustande. Wenn nicht, kann der Vertragspartner den Notgeschäftsführer gem. § 179 BGB heranziehen. Im **Innenverhältnis** stehen dann dem Notgeschäftsführer ein Aufwendungsersatzanspruch gem. § 716 BGB und ein Schadensersatzanspruch gem. **§ 280 I BGB** (Verletzung der sich aus dem Gesellschaftsvertrag – Treuepflicht – ergebenden Pflicht zur Genehmigung des Rechtsgeschäfts) zu.

Außerdem zu beachten: Bei **einseitigen Willenserklärungen** (z.B. Kündigung) hat die Gegenseite aber das Zurückweisungsrecht des **§ 174 BGB** (**Grüneberg**/Retzlaff, § 715a Rn 5)

Fehlen die Voraussetzungen der § 715 III 1 2. HS BGB und § 715a Satz 1 BGB, etwa weil der Gesellschafter die **Gefahrensituation subjektiv ex ante falsch eingeschätzt** hat, **kann gleichwohl** ein **Aufwendungsersatzanspruch nach den Regeln über die Geschäftsführung ohne Auftrag** in Betracht kommen. Das ist deswegen geboten, weil sich das Notgeschäftsführungsrecht unter Umständen zu einer Pflicht zum Tätigwerden verdichten kann. Grundlage hierfür ist die gesellschaftsrechtliche Treuepflicht, die aus der reinen Sonderrechtsbeziehung aus §§ 741 ff. BGB nicht hergeleitet werden kann. **Es wäre** daher **unbillig, dem handelnden Gesellschafter das Risiko jeder Fehleinschätzung aufzubürden.** Dabei ist im Einzelnen gemäß § 683 Satz 1 BGB zu prüfen, ob die Aufwendung dem Interesse und dem wirklichen oder mutmaßlichen Willen der Gesellschaft entsprochen hat und ob der handelnde Gesellschafter die Maßnahme den Umständen nach für erforderlich halten durfte.

BGB-GESELLSCHAFT	PERSONENHANDELSGESELLSCHAFTEN	
Vertretung	**Vertretung OHG**	**Vertretung KG**
Gesamtvertretung, Gesellschafter vertreten nach § 720 I BGB die GbR gemeinschaftlich; im Gesellschaftsvertrag kann aber z.B. auch Einzelvertretung vereinbart werden.	**Grundsatz: Einzelvertretung** durch Gesellschafter nach § 124 I HGB **Möglich (Gesellschaftsvertrag)**: § 124 II HGB (echte) Gesamtvertretung; § 124 III HGB unechte Gesamtvertretung mit Prokuristen zusammen (Beachte: Prinzip der Selbstorganschaft)	**gem. § 161 II HGB** gelten Regeln der OHG: **§ 124 HGB** **→ Einzelvertretung** • persönlich haftende Gesellschafter (**Komplementäre**) vertreten Gesellschaft • die **Kommanditisten** sind nach **§ 170 I HGB** ausgeschlossen, können aber Prokura erhalten

Wissenszurechnung

Gesellschaften können als solche keine Kenntnis besitzen. Kenntnisse der für die Gesellschaft handelnden Personen können aber zugerechnet werden (vgl. **Grüneberg**/Retzlaff, § 720 Rn 10).

- Bedeutung hat diese Frage vor allem bei **arglistigem Handeln**, § 123 BGB, und beim **gutgläubigen Erwerb**, §§ 932, 892 BGB, § 366 HGB.
- Ansonsten ist die Kenntnis bestimmter Umstände von Bedeutung bei §§ 122 II, 138, 142 II, 179, 199, 311a II, 407 I, 442, 444, 626 II, 640 II, 819 I, 990 BGB und § 15 HGB.

Wessen Kenntnisse zuzurechnen sind und was die genaue dogmatische Begründung ist, ist streitig. Hierbei sind **zwei Fälle** zu unterscheiden:

1. Zurechnung von Kenntnissen der Personen, die an dem **konkreten Rechtsgeschäft beteiligt** sind:

   - Bei der Kenntnis von von geschäftsführungs- oder (!) vertretungsbefugten Gesellschaftern ist die Zurechnung im Ergebnis unstreitig. Streitig ist nur, ob die Zurechnung **analog § 31 BGB** (vorzugswürdig!) oder gem. § 166 BGB erfolgt.

     Arg.: § 166 I BGB regelt die Zurechnung fremden Wissens. Bei Organwissen handelt es sich jedoch wertungsmäßig um **eigenes** Wissen der Gesellschaft. Dies spricht für § 31 BGB analog, wodurch sich parallel zur Verhaltens- und Verschuldenszurechnung ein kohärentes Gesamtsystem ergibt (Röß, NZG 2023, 401, 406).

     Beachte: Da bei der Verhaltens- und Verschuldenszurechnung für die Organstellung die bloße Geschäftsführungsbefugnis genügt, ist für eine konsistente Beurteilung zusammenhängender Rechtsfragen für die Wissenszurechnung ebenfalls die Geschäftsführungsbefugnis ausreichend (Röß, NZG 2023, 401, 406, str.).

   - Bei anderen Personen erfolgt eine Zurechnung gem. § 166 BGB, wenn diese Wissensvertreter (z.B. Vorbereitung eines Vertragsschlusses ohne Vertretungsmacht oder Geschäftsführungsbefugnis) sind.

2. Zurechnung von Kenntnissen der Personen, die am konkreten Rechtsgeschäft **nicht beteiligt** sind:

   Vor allem nach dem BGH erfolgt eine Zurechnung, wenn die unterlassene Weitergabe dieses Wissens an den handelnden Gesellschafter eine Verletzung der der Gesellschaft obliegenden Organisationspflicht darstellt BGH, NJW 1999, 284). Es kommt darauf an, dass innerhalb einer Organisation im Interesse des Verkehrsschutzes diejenigen Informationen verfügbar sind, die üblicherweise aktenmäßig festgehalten werden. Der maßgebende Grund für die Zurechnung von Wissen ist die Pflicht zur ordnungsgemäßen Organisation der Kommunikation. Die Verantwortung für das einmal erlangte Wissen schließt die Verpflichtung ein, seine Verfügbarkeit zu organisieren. Wird diese Pflicht verletzt, muss sich das Unternehmen grundsätzlich so behandeln lassen, als habe es von der Information Kenntnis.

   Merke: Als **vorhanden** anzusehen ist danach das **Wissen**, das bei sachgerechter Organisation dokumentiert und verfügbar ist und zu dessen Nutzung unter Berücksichtigung der geschäftlichen Bedeutung des Vorganges Anlass bestand (BGHZ 132, 30).

   - In der Klausur kann folglich mit den folgenden Argumentationsmustern operiert werden:
   - Organisation, in der Wissen typischerweise bei mehreren Personen aufgespalten ist;
   - Pflicht zur aktenmäßigen Informationsspeicherung;
   - Pflicht zur Informationsweitergabe;
   - tatsächliche Möglichkeit und ein besonderer Anlass, hinsichtlich des betreffenden Umstands nachzufragen.

Haftung in der Personengesellschaft

A. Haftung der rechtsfähigen Personengesellschaft

Die rechtsfähige Personengesellschaft haftet selbst für Verbindlichkeiten. Für die GbR folgt dies aus § 705 II 1. Var. BGB, für die OHG aus § 105 II HGB und für die KG aus §§ 161 II, 105 II HGB [bisher: § 124 I HGB (analog bei GbR)].

Die Gesellschaft ist selbst Schuldnerin eines gegen sie gerichteten Erfüllungsanspruchs.

Die Gesellschaft ist selbst **Besitzerin**. Sie übt die Sachherrschaft durch die geschäftsführungsbefugten Gesellschafter aus. Anderenfalls wäre z.B. ein Eigentumserwerb der Gesellschaft nicht möglich, weil sonst eine Übergabe an die Gesellschaft gem. § 929 S. 1 BGB nicht möglich wäre.

Anspruch gegen die rechtsfähige Personengesellschaft

I. **Voraussetzungen**

1. „Die Gesellschaft" (vgl. § 705 II 1. Var. BGB, § 105 II HGB [bisher: § 124 HGB])
   = Es muss eine nach außen **wirksame rechtsfähige Personengesellschaft** bestehen.

2. „kann (...) Verbindlichkeiten eingehen"
   = Es muss ein **wirksamer Vertrag** zwischen dem Geschäftspartner und der rechtsfähigen Personengesellschaft bestehen.

II. **Rechtsfolge:**
Haftung der rechtsfähigen Personengesellschaft mit dem Gesellschaftsvermögen.

I. Haftung für Vertragspflichtverletzungen:

Die Verletzung von vertraglichen Pflichten durch **geschäftsführungs-/vertretungsberechtigte Gesellschafter** kann der Gesellschaft nach h.M. **analog § 31 BGB** zugerechnet werden. Es geht nicht wie in § 278 BGB um die Zurechnung fremden Verschuldens, sondern um fehlerhaftes **Organverhalten**. Dieses wird der Vereinigung als eigene schuldhafte Handlung zugerechnet.

Vertragspflichtverletzungen durch andere Personen (der **übrigen Gesellschafter** sowie **sonstiger Mitarbeiter**) werden unter den Voraussetzungen des **§ 278 BGB** der Gesellschaft zugerechnet.

II. Haftung für unerlaubte Handlungen

1. Unerlaubte Handlungen von geschäftsführungs-/vertretungsberechtigten Gesellschaftern

Unerlaubte Handlungen von geschäftsführungs-/vertretungsberechtigten Gesellschaftern können der Gesellschaft nach h.M. **analog § 31 BGB** zugerechnet werden (**Grüneberg**/Retzlaff, § 713 Rn 7). Dabei müssen die verfassungsmäßig berufenen Vertreter „in Ausführung der ihnen zustehenden Verrichtung" einem Dritten einen Schaden zugefügt haben.
Das Gesetz will mit dieser sprachlich missglückten Formulierung ausdrücken, dass der Organwalter in amtlicher Eigenschaft (und nicht lediglich als Privatperson) tätig geworden sein muss. Amtstätigkeit und Schädigung müssen sachlich (nicht bloß zeitlich oder örtlich) miteinander zusammenhängen. Anderenfalls handelt der Organwalter nicht „in Ausführung", sondern – so heißt es üblicherweise – „bei Gelegenheit" der ihm zustehenden Verrichtung.

Die Organhaftung knüpft nicht an die Vertretungsmacht an, sondern allgemein an die Fähigkeit des Organs, für die Gesellschaft zu handeln.

2. **Unerlaubte Handlungen anderer Personen**
Unerlaubte Handlungen anderer Personen werden nicht zugerechnet. (§ 278 BGB scheidet als Zurechnungsnorm bei unerlaubten Handlungen aus).

Aufgrund **mangelnder originärer Deliktsfähigkeit der Personengesellschaft** ist zudem eigenes Auswahlverschulden, gem. § 831 BGB, nicht möglich.

Eine Haftung der Personengesellschaft als Geschäftsherrin kann allerdings aus **§ 831 BGB** folgen, wenn ihr ein entsprechendes **Auswahlverschulden** eines geschäftsführenden Gesellschafters **nach § 31 BGB analog zugerechnet** werden kann.
Weiterhin kommt ein **Organisationsverschulden** in Betracht. Eine Gesellschaft darf wichtige Aufgabengebiete nicht durch weisungsabhängige Verrichtungsgehilfen wahrnehmen lassen. Für diese könnte sich die Gesellschaft nämlich gem. § 831 I 2 BGB exkulpieren. Vielmehr muss die Gesellschaft dafür sorgen, dass alle wichtigen Aufgabenkreise von einem verfassungsmäßig berufenen Vertreter gem. § 31 BGB wahrgenommen werden. Anderenfalls (auch wenn wichtige Aufgabengebiete von niemandem wahrgenommen werden) haftet die Gesellschaft gem. § 31 BGB analog.

3. **Die zum Schadensersatz verpflichtende Handlung**
§ 31 BGB nimmt alle Rechtsgründe in Bezug, aus denen eine Schadensersatzpflicht erwachsen kann. In Betracht kommen deliktische Handlungen, §§ 823 ff. BGB, Handlungen im Sinne der Tatbestände der Gefährdungshaftung (beachte, dass bei **§ 7 StVG** der § 31 BGB **nicht** analog herangezogen werden muss, wenn und weil die Gesellschaft selbst Halterin ist [Koch, GesR, § 7 Rn 9]), rechtmäßige Handlungen, z.B. §§ 228, 904 BGB, Verletzung der Pflichten aus bestehenden Schuldverhältnissen des Vereins (Verträge u. a.), culpa in contrahendo, § 311 II BGB, aber auch Rechtsgeschäfte, z.B. Anfechtung einer Willenserklärung mit der Folge des § 122 BGB. Es gilt das allgemeine Verständnis der Rechtshandlung. Insbesondere ist das Unterlassen dem aktiven Tun gleichzustellen, wenn eine Rechtspflicht zum Handeln bestand.

4. **Der „verfassungsmäßig berufene Vertreter" in § 31 BGB**
§ 31 BGB ist eigentlich eine Norm aus dem **Vereinsrecht**. Dennoch ist die **analoge Anwendbarkeit auf die Personengesellschaften** anerkennt. Der historische Gesetzgeber hatte im – im Verhältnis zum BGB – älteren HGB eine entsprechende Norm vergessen (planwidrige Regelungslücke). Im Recht der GbR verbot sich eine entsprechende Norm schon deshalb, weil die GbR nach dem historischen Gesetzgeber nicht rechtsfähig war.

Auszug aus der MoPeG-Gesetzesbegründung: Eine zum Schadensersatz verpflichtende, unerlaubte Handlung, die ein geschäftsführungsbefugter Gesellschafter in Ausführung der ihm zustehenden Verrichtung, also nicht nur bei deren Gelegenheit, begeht, wird der Gesellschaft nach allgemeiner Auffassung **analog § 31 BGB** zugerechnet, *was keiner gesetzlichen Klarstellung bedarf.* Schulden, die hieraus entstehen, werden zu Schulden der Gesellschaft.

Klausurhinweis:

Dennoch sollte in der Klausur ganz kurz darauf hingewiesen werden, dass und warum § 31 BGB auch auf das Personengesellschaftsrecht Anwendung findet. Und – vor allem – darf dann nicht vergessen werden, auch die inhaltlichen Anforderungen von § 31 BGB zu prüfen!

Die Rspr. legt den **Begriff des verfassungsmäßig berufenen Vertreters** weit aus. Der nach § 31 BGB haftende besondere Vertreter (**Repräsentant**) muss weder Vertretungsmacht haben noch muss seine Bestellung eine satzungsmäßige bzw. gesellschaftsvertragliche Grundlage haben.

Dem Verein (und damit auch der Personengesellschaft) soll es nicht freistehen, darüber zu entscheiden, für wen nach § 31 BGB ohne Entlastungsmöglichkeit gehaftet wird (BGH, NJW 1982, 1144, 1145; BAG, NJW 1997, 3261, 3262).

Dadurch wird der Anwendungsbereich des § 831 BGB und des Entlastungsbeweises (§ 831 I 2 BGB) zurückgedrängt.

Verfassungsmäßig berufene Vertreter können auch Personen sein, deren Tätigkeit in der Vereinssatzung (und damit entsprechend im Gesellschaftsvertrag) nicht vorgesehen ist, die keine rechtsgeschäftliche Vertretungsmacht haben oder deren Aufgabengebiet nicht innerhalb der geschäftsführenden Verwaltungstätigkeit der juristischen Person (bzw. der Gesellschaft) liegt (BGHZ 49, 19, 21). Die Rspr. hat auch **Prokuristen** und sogar Personen ohne Vertretungsmacht – zum Teil als „Innenorgan" bezeichnet – als besondere Vertreter angesehen (BGH, VersR 1962, 664; BAG, NJW 1997, 3261). Sie lässt es ausreichen, wenn gewöhnlich den gesetzlichen Vertretern obliegende Aufgaben den Betreffenden durch „allgemeine Betriebsregelung und Handhabung zur selbstständigen und eigenverantwortlichen Erfüllung zugewiesen wurden" (BGH, NJW 1977, 2259; BAG, NJW 1997, 3261).
Es genügt, dass dem Vertreter durch die allgemeine Betriebsregelung und Handhabung bedeutsame, wesensmäßige Funktionen zur selbstständigen, eigenverantwortlichen Erfüllung zugewiesen sind, dass er also die juristische Person (bzw. die Gesellschaft) auf diese Weise repräsentiert (BGH, NJW 1998, 1854, 1856).

Eine Weisungsgebundenheit im Innenverhältnis schadet nicht, sofern der Vertreter nach außen selbstständig auftritt (BGH, NJW 1977, 2259, 2260).

Merke: **Die Begriffe besonderer Vertreter i.S.d. § 30 BGB und verfassungsmäßig berufener Vertreter i.S.d. § 31 BGB decken sich weitgehend. Sie entsprechen in etwa dem des leitenden Angestellten** (vgl. **§ 5 III BetrVG**) (**Grüneberg**/Ellenberger, § 31 Rn 6).

Speziell für eine Sozietät (GbR) hat der BGH, IX ZR 218/05, ausgeführt:
Sogar das unerlaubte Handeln eines bloßen Sachbearbeiters ist der Gesellschaft zuzurechnen, falls jenem eine wichtige Angelegenheit zur eigenverantwortlichen Erledigung übertragen worden ist. Es genügt für die Annahme eines „verfassungsmäßig berufenen Vertreters", dass einzelnen Sozien die selbstständige und eigenverantwortliche Bearbeitung von Mandaten überlassen worden ist. Die Sozien müssen nicht in Angelegenheiten des „Managements" tätig geworden sein, welche die Sozietät als solche betreffen.

Merke: Relevant wird die Zurechnung von Handeln/Verschulden z.B. bei §§ 280 ff., 823, 311 II, III, 122 BGB.

B. Nicht rechtfähige GbR (auch: „Innen-Gesellschaft“)

Ist die GbR eine bloße Innengesellschaft, ist mangels Zurechnung zur Innengesellschaft allein der nach außen auftretende Gesellschafter als Schuldner der Haftung unterworfen. Im Innenverhältnis erlangt er jedoch für erforderliche Aufwendungen einen Ersatzanspruch aus §§ 716 I i.V.m. § 740 II [bisher: 713, 670] BGB.

C. Haftung der persönlich haftenden Gesellschafter

Wenn in diesem Abschnitt von *„Gesellschafter“* gesprochen wird, so sind damit die persönlich haften Gesellschafter der rechtsfähigen GbR, der eGbR, der OHG und der KG gemeint.

I. Allgemeine Regeln

Für die Verbindlichkeit der Gesellschaft haften die Gesellschafter akzessorisch, persönlich, unmittelbar und primär.

Für die **GbR** ergibt sich dies aus: **§ 721 BGB** [bisher § 128 HGB analog],
für die **OHG** aus **§ 126** [bisher § 128] **HGB und**
für die **KG** aus **§§ 161 II, 126 HGB.**

Der Gesellschafter kann den Gläubiger also nicht zunächst auf die Gesellschaft verweisen (keine „Einrede der Vorausklage“). Vor allem kann diese Haftung gem. § 721 S. 2 BGB und § 126 S. 2 HGB nicht abbedungen werden.

Merke: Die Gesellschafter haften dem Gesellschaftsgläubiger als **Gesamt- und nicht etwa als Teilschuldner**. Der Gesellschaftsgläubiger kann daher nach § 421 BGB grundsätzlich jeden Gesellschafter nach seiner Wahl auf die Begleichung der Gesellschaftsverbindlichkeit in voller Höhe in Anspruch nehmen und braucht sich nicht um die interne Lastenverteilung zu kümmern.

Die Gesellschafterhaftung erfasst nach ihrem Sinn und Zweck sowohl rechtsgeschäftlich als auch gesetzlich begründete Gesellschaftsverbindlichkeiten, insbesondere auch **Ansprüche aus unerlaubter Handlung**.

Auszug aus der MoPeG-Gesetzesbegründung: Eine Haftung erscheint hier deswegen sachgerecht, weil anders als bei rechtsgeschäftlicher Haftungsbegründung sich die Gläubiger einer gesetzlich begründeten Verbindlichkeit ihren Schuldner nicht aussuchen können. Dann aber muss erst recht – wie bei rechtsgeschäftlich begründeten Verbindlichkeiten – das Privatvermögen der Gesellschafter als Haftungsmasse zur Verfügung stehen. Eine zum Schadensersatz verpflichtende, unerlaubte Handlung, die ein geschäftsführungsbefugter Gesellschafter in Ausführung der ihm zustehenden Verrichtung, also nicht nur bei deren Gelegenheit, begeht, wird der Gesellschaft nach allgemeiner Auffassung **analog § 31 BGB** zugerechnet, *was keiner gesetzlichen Klarstellung bedarf*. Schulden, die hieraus entstehen, werden zu Schulden der Gesellschaft. Die anderen Gesellschafter haften somit nicht unmittelbar für deliktisches Handeln anderer Gesellschafter, sondern vielmehr für Schulden der Gesellschaft. Diese Zurechnung analog § 31 BGB ist entscheidend für die Haftung, nicht die Art der Anspruchsgrundlage, zumal Gesellschaftsverbindlichkeiten häufig nicht allein dem Deliktsrecht zuzuordnen sind, sondern zu diesem Anspruch aus unerlaubter Handlung vielfach konkurrierende vertragliche oder quasivertragliche Schadensersatzansprüche bestehen.

Achtung: § 721 S. 2 BGB und § 126 S. 2 HGB gelten nur für Vereinbarungen im Innenverhältnis. Unzweifelhaft zulässig ist es jedoch, wenn mit dem Gläubiger selbst eine abweichende Vereinbarung getroffen wird. Diesem steht es frei, seine bestehende Sicherheit in Form der Haftung der Gesellschafter zu seinen Lasten zu modifizieren. So kann z.B. eine bloß „quotale Haftung“ vereinbart werden, kraft derer jeder Gesellschafter für Verbindlichkeiten der Gesellschaft nur in Höhe seines Anteils am Gesellschaftsvermögen haften soll (BGH, II ZR 243/09).

Voraussetzungen der Haftung gem. § 721 BGB bzw. § 126 HGB:

1. Haftung der Gesellschaft
   a) Bestehen der nach außen wirksamen Gesellschaft
   b) Bestehen einer vertraglichen oder gesetzlichen Verbindlichkeit der Gesellschaft

2. Gesellschafterstellung im Zeitpunkt der Entstehung der Verbindlichkeit.
   akzessorische Haftung des Gesellschafters folgt dann aus § 721 BGB bzw. § 126 HGB

3. Einwendungen/Einreden aus der Rechtsbeziehung zum Gläubiger oder aus § 721b BGB bzw. § 128 HGB

Für jede Gesellschaftsschuld haftet der Gesellschafter grundsätzlich in gleicher Weise wie die Gesellschaft (**akzessorisch**), d.h. bei Erfüllungsansprüchen schuldet auch der Gesellschafter **Erfüllung** (sog. Erfüllungstheorie; a.A. die Haftungstheorie, wonach bloß mit Geld gehaftet wird). Da es bei der Personengesellschaft kein in der Aufbringung und Erhaltung rechtlich gesichertes Haftungskapital gibt, ist Sinn und Zweck des § 721 BGB bzw. § 126 HGB die umfassende persönliche Haftung zum **Schutz der Gesellschaftsgläubiger**. Diesem Interesse entspricht eine Erfüllungshaftung der Gesellschafter eher als eine bloße Verweisung auf Geldersatz. Wenn die Gesellschafter nur auf das Geldinteresse haften würden, könnten die Gläubiger (wenn nicht ohnehin bloß Geld geschuldet ist) zunächst nur gegen die Personengesellschaft vorgehen, soweit sie nicht von vornherein auf Erfüllung verzichten (BGH, NJW 1987, 2367, 2369).

Klausurhinweis:

Sofern es ohnehin – wie zumeist – nur um eine Geldforderung geht, ist der Streit nur kurz anzudeuten. Z.B.: „Ob der Gesellschafter auf Erfüllung oder bloß auf Geldersatz haftet, kann dahinstehen, da es vorliegend ohnehin nur um eine Geldforderung geht."

Ausnahmen von der Erfüllungstheorie (in diesem Fall nur Haftung auf **Geldersatz**) bestehen,

- wenn dem Gesellschafter die Erfüllung unmöglich oder unzumutbar ist,
- wenn die Gesellschaftsschuld höchstpersönlichen Charakter hat,
- bei gem. § 888 ZPO unvertretbaren Handlungen (z.B. Abgabe einer Willenserklärung),
- wenn die Auslegung ergibt, dass Erfüllung des Primäranspruchs nur von der Gesellschaft selbst geschuldet wird.

Zusammenfassend haften die persönlich haftenden Gesellschafter also

1. **unmittelbar**, d.h. ohne die Gesellschaft vorher in Anspruch nehmen zu müssen;
2. **persönlich**, d.h. sie haften mit ihrem Privatvermögen;
3. **unbeschränkt**;
4. **unbeschränkbar**, d.h. Haftungsbeschränkungen sind Dritten gegenüber unwirksam (Ausn: Haftung ist mit dem Dritten einzelvertraglich beschränkt worden)
5. **gesamtschuldnerisch**, d.h. jeder Gesellschafter haftet dem Gläubiger für die volle Summe (auf das Ganze) und nicht lediglich in Höhe der Quote seiner Beteiligung;
6. **akzessorisch**, d.h. jeder Gesellschafter kann alle Einwendungen und Einreden geltend machen, die von der Gesellschaft gegen den Anspruch erhoben werden können;
7. auf **Erfüllung** (Ausnahmen oben).

Klausurhinweis:

Zum Antrag / Tenor / Ergebnissatz: Im Innenverhältnis haben die vom Gläubiger in Anspruch genommenen Gesellschafter einen Aufwendungsersatzanspruch gegen die Gesellschaft (§ 716 I BGB bzw. § 110 HGB). Damit ist die Haftung im Innenverhältnis nicht mehr gleichstufig. Das „merkt" zwar der Gläubiger nicht, dennoch liegt **keine echte Gesamtschuld** vor. Die Verurteilung von Gesellschaft und Gesellschaftern erfolgt deshalb nicht „als", sondern **„*wie* Gesamtschuldner"**. (**Grüneberg**/Retzlaff, § 721 Rn 15; näher unten unter „D.")

(P): Gesellschafterhaftung für die Drittgläubigerforderung eines Mitgesellschafters
Fraglich ist die Haftung der Gesellschafter für sog. Drittansprüche eines Mitgesellschafters. Drittansprüche werden negativ dadurch bestimmt, dass sie ihre Grundlage außerhalb der Mitgliedschaft haben. Der Gesellschafter tritt im letzteren Fall seiner Gesellschaft „wie ein Dritter" – also z.B. als Verkäufer – gegenüber.
Nach h.M. haften die Mitgesellschafter unmittelbar, jedoch muss der den Anspruch stellende Gesellschafter sich seinen Verlustanteil abziehen lassen.
Nach a.A. haften die Mitgesellschafter jeweils nur beschränkt auf ihren Verlustanteil (pro rata).
Schließlich wollen manche den Gesellschafter-Gläubiger zunächst auf die Haftung der Gesellschaft selbst verweisen (zum Streit Sanders/Berisha/Bühring/Reinhold, JURA 2024, 1267,1274).

II. Einwendungen und Einreden gemäß § 721b BGB bzw. § 128 [bisher: § 129] **HGB**
Gegenüber den Gesellschaftsgläubigern kann der Gesellschafter zunächst seine eigenen persönlichen Einreden und Einwendungen geltend machen. Aus der Akzessorietät der Gesellschafterhaftung folgt aber auch, dass er **alle Einwendungen und Einreden** erheben kann, die auch die Gesellschaft selbst erheben könnte (vgl. **Grüneberg**/Retzlaff, § 721b Rn 2).

Im Einzelnen sind die folgenden Fälle geregelt (nachlesen!):

- **§ 721b I BGB / § 128 I HGB: alle Einwendungen und Einreden der Gesellschaft**

  Auszug aus der MoPeG-Gesetzesbegründung: Die Gesellschafterhaftung ist akzessorisch. Folgerichtig stehen dem von einem Gesellschaftsgläubiger wegen einer Gesellschaftsverbindlichkeit in Anspruch genommenen unbeschränkt persönlich haftenden Gesellschafter **alle Einwendungen und Einreden** zu, die die Gesellschaft noch erheben kann. Damit wird sichergestellt, dass der Gesellschaftsgläubiger bei der Durchsetzung der Gesellschaftsverbindlichkeit gegenüber dem Gesellschafter nicht besser, aber auch nicht schlechter steht als bei Inanspruchnahme der Gesellschaft selbst.
  Einwendungen und Einreden, die in der Person des Gesellschafters begründet sind, kann dieser ohne Weiteres geltend machen, (...).

- **§ 721b II 1. HS BGB / § 128 II 1. HS HGB: Anfechtungs- und Aufrechnungsmöglichkeit der Gesellschaft**

  Beispiel: V hat eine Forderung gegen die K-OHG aus einem Kaufvertrag. Der K-OHG steht ihrerseits eine Forderung gegen V aus unerlaubter Handlung zu. V verlangt vom Gesellschafter K Zahlung.

  Lösung: Der Gläubiger V kann sich seinerseits wegen des Aufrechnungsverbots des § 393 BGB nicht durch Aufrechnung befriedigen.
  Der K-OHG als Gläubigerin des deliktischen Anspruchs gegen V steht das Recht zur Aufrechnung jedoch zu. Also steht K das Leistungsverweigerungsrecht gem. § 128 II 1. HS HGB zu.

- **§ 721b II 2. HS BGB / § 128 II 2. HS HGB: Gestaltungsrecht, welches die Gesellschaft zur Leistungsverweigerung berechtigen würde**

  Auszug aus der MoPeG-Gesetzesbegründung: Mit der Ausdehnung auf andere Gestaltungsrechte als Aufrechnung und Anfechtung räumt die Vorschrift den zu § 129 II und III HGB (alte Fassung) geführten Streitstand aus, ob sich der Gesellschafter insbesondere auch auf ein von der Gesellschaft nicht ausgeübtes Rücktritts- oder Kündigungsrecht berufen kann. Der Gesellschaftsgläubiger wird dadurch nicht schlechter gestellt als im Falle einer Berufung auf das Aufrechnungs- und Anfechtungsrecht, weil das Rücktritts- und Kündigungsrecht eben nicht unbefristet geltend gemacht werden kann.

§ 721b II BGB (ebenso § 128 II HGB) regelt eine **vorübergehende Einrede** und spielt vor allem eine Rolle, wenn der Gesellschafter das Gestaltungsrecht mangels Vertretungsbefugnis nicht selbst ausüben kann (**Grüneberg**/Retzlaff, § 721b Rn 4).

Im Fall des § 721b II BGB (bzw. § 128 II HGB) wird die Klage des Gläubigers als „**derzeit unbegründet**" abgewiesen (BGH, NJW 1963, 244; MK/Schäfer, § 721b Rn 6).

Leistet der Gesellschafter auf seine Haftung in Unkenntnis des Gestaltungsrechts der Gesellschaft, kann er die Leistung zwar nicht nach § 813 BGB zurückfordern; jedoch steht ihm die **Leistungskondiktion** zu, wenn die Gesellschaft das Gestaltungsrecht ausgeübt hat (MK/Schäfer, § 721b Rn 6).

Problem: Verjährung

Ein persönlich haftender Gesellschafter, der für eine Gesellschaftsschuld in Anspruch genommen wird, kann (entgegen § 721b BGB bzw. § 128!) gem. **§ 242 BGB** nicht einwenden, die Forderung gegen die Gesellschaft sei verjährt, wenn der Gläubiger die Verjährungsfrist gegenüber dem Gesellschafter rechtzeitig unterbrochen hat. Arg.: Es würde dem Zweck der persönlichen Haftung eines jeden Gesellschafters widersprechen, wenn gerade im Falle der persönlichen Inanspruchnahme des Gesellschafters das Prozessrisiko des Gläubigers dadurch erhöht würde, dass er die Gesellschaft im Klagewege mit in Anspruch nehmen müsste, um einer Verjährungseinrede vorzubeugen (BGH, NJW 1988, 1976). Umgekehrt gilt aber, dass eine (rechtzeitige) Klage gegen die Gesellschaft die Verjährung gegen die Gesellschafter hemmt (BGH, IX ZR 262/18, **RA 2020, 81**). Die für die Gesellschaftsschuld maßgebliche Verjährungsfrist gilt grundsätzlich auch für die akzessorische Haftung des Gesellschafters (BGH, XI ZR 37/09; **Grüneberg**/Retzlaff, § 721b Rn 2).

Problem: Verbraucherwiderruf

Sofern eine Personengesellschaft für eine Darlehensverbindlichkeit haftet, ist es aus Gründen des Verbraucherschutzes nicht gerechtfertigt, den akzessorisch haftenden Gesellschaftern ein Widerrufsrecht gem. § 495 I BGB einzuräumen oder sie von der Haftung für Gesellschaftsschulden auszunehmen.
Der gesetzliche Verbraucherschutz setzt nämlich voraus, dass ein Verbraucher ein Rechtsgeschäft abschließt. Die akzessorische Haftung der Gesellschafter ist indes keine Folge des von der Gesellschaft geschlossenen Darlehensvertrages, sondern gesetzliche Folge des Beitritts des Gesellschafters zur Gesellschaft (OLG Brandenburg, 4 U 26/17, **RA 2018, 256**).

III. Rechtskrafterstreckung, § 325 ZPO

Durch die materielle Rechtskraft wird verhindert, dass in einem neuen Prozess über eine bereits rechtskräftig festgestellte Rechtsfolge verhandelt und entschieden wird. Es erscheint selbstverständlich, dass dieses Verbot nur gegenüber den an dem Rechtsstreit beteiligten Parteien ausgesprochen werden kann, weil nur sie durch ihre Mitwirkung am Prozess die Möglichkeit erhalten haben, auf den Inhalt des Urteils Einfluss zu nehmen.

Der Grundsatz, dass die Rechtskraft auf die Parteien zu beschränken ist, muss in einer Reihe von Fällen aus zwingenden Gründen durchbrochen werden. Hier ist der Frage nachzugehen, wie sich Urteile gegen die Gesellschaft auf die Gesellschafter auswirken und umgekehrt.

Anerkannt ist eine Rechtskrafterstreckung im Verhältnis einer Personengesellschaft zu ihren Gesellschaftern in der Richtung, dass ein im Gesellschaftsprozess ergangenes Urteil auch für spätere Prozesse gegen die Einzelgesellschafter bindet. Das Bestehen oder Nichtbestehen der Forderung im Verhältnis zu der Gesellschaft steht dann mit Bindungswirkung für den Folgeprozess fest.

Fraglich ist, ob sich auch umgekehrt die Gesellschaft gem. § 325 ZPO auf ein im Verhältnis zu einem Gesellschafter ergangenes Urteil berufen kann bzw. sich dieses entgegenhalten lassen muss.

Dies ist nicht der Fall, wenn in dem Vorprozess nicht alle Gesellschafter beteiligt waren, da nicht die vollständige Gesamtheit der Gesellschafter Einfluss auf das Ergebnis des Vorprozesses nehmen konnte.
Aber auch wenn sämtliche Gesellschafter am Vorprozess beteiligt waren, gilt nichts anderes. Die Rechtskraft eines Urteils wirkt grundsätzlich nur für und gegen die Parteien des Rechtsstreits, in dem das Urteil ergangen ist. Einer erneuten Inanspruchnahme der einzelnen Gesellschafter aus ihrer Mithaftung für die Verbindlichkeiten der Gesellschaft steht die Rechtskraft des **klageabweisenden** Urteils in dem gegen sie geführten Vorprozess entgegen. Dass das Bestehen der Verbindlichkeit der Gesellschaft im Gesellschafts- und Gesellschafterprozess möglicherweise unterschiedlich beurteilt wird, ist hinzunehmen, wenn in getrennten Prozessen zuerst die Gesellschafter und dann die Gesellschaft verklagt werden.

Beispiel: K verklagt sämtliche Gesellschafter der ABC GbR (oder auch: OHG) persönlich auf Zahlung aus einem Kaufvertrag. Die Klage wird gegen sämtliche Gesellschafter rechtskräftig abgewiesen. K verklagt nunmehr die ABC GbR aus dem gleichen Rechtsgrund heraus. Ist die Klage zulässig? (Nach BGH, II ZR 249/09)

Lösung: Die Klage könnte wegen entgegenstehender Rechtskraft unzulässig sein, §§ 322, 325 ZPO. Die Klageabweisung gegen alle Gesellschafter muss nicht zwingend darauf beruhen, dass es keinen Anspruch gegen die Gesellschaft gibt. Es könnte auch sein, dass jedem Gesellschafter eine persönliche Einrede zustand. Da dieser Fall theoretisch möglich ist, hat der BGH im Beispiel eine Rechtskrafterstreckung abgelehnt und die Klage für zulässig erachtet.

Die Vollstreckung findet nur in das Vermögen desjenigen Rechtssubjekts statt, gegen das auch der Titel erstritten wurde, vgl. § 722 bzw. § 129 HGB. Folglich kann aus einem Titel gegen die Gesellschaft nicht in das Vermögen eines Gesellschafters vollstreckt werden und umgekehrt.

D. Verhältnis zwischen Gesellschafterhaftung und Gesellschaftsschuld

Primärer Schuldner der Gesellschaftsverbindlichkeiten ist im Innenverhältnis die Gesellschaft. Soweit ein Gesellschafter für die Gesellschaft erforderliche Aufwendungen getätigt hat (indem er z.B. einen Gesellschaftsgläubiger befriedigt hat), kann er gem. **§ 716 I BGB** [bisher §§ 713, 670 BGB bzw. § 110 HGB] **(Aufwendungs-)Ersatz** verlangen. Ob diese Vorschriften bei nicht geschäftsführenden Gesellschaftern bloß analog anzuwenden sind, kann i.E. dahinstehen.

Gegen die gesamtschuldnerisch haftenden Mitgesellschafter ergibt sich neben dem kraft Gesetzes übergegangenen Anspruch gem. § 426 II 1 BGB ein originärer Ausgleichsanspruch aus § 426 I 1 BGB.
Aus § 710 [bisher: § 707] BGB folgt, dass die Gesellschafter für Aufwendungen nur subsidiär eintreten müssen. Kommt aber eine Befriedigung aus dem Gesellschaftsvermögen nicht in Betracht, kann der Gesellschafter mangels entgegenstehender Bestimmungen im Gesellschaftsvertrag einen oder alle Mitgesellschafter in Anspruch nehmen. Soweit nicht ein anderes bestimmt ist, ist nach § 426 I 1 BGB der Ausgleichsanspruch gegenüber dem einzelnen Gesellschafter nicht in voller Höhe, sondern nur **pro rata** gegeben (vgl. **Grüneberg**/Retzlaff, § 721 Rn 11).

Folglich sind Personengesellschaft und Gesellschafter keine „echten“ Gesamtschuldner, sie haften also nur „**wie**“ aber nicht „als“ Gesamtschuldner.

Beispiel: A und B sind zu gleichen Teilen an der A und B GbR beteiligt. A begleicht gegenüber dem Gesellschaftsgläubiger G eine Gesellschaftsverbindlichkeit i.H.v. 1.000 €.
Hier steht A gem. §§ 716 I BGB ein Anspruch i.H.v. 1.000 € gegen die GbR selbst zu. Subsidiär hat A gegen B im Innenverhältnis einen Anspruch auf 500 €.

Haftung des Kommanditisten einer KG

A. Nach Eintragung der KG und der Kommanditistenstellung

Nach Eintragung der KG im Handelsregister haftet der Kommanditist nur beschränkt auf seine Haftsumme. Er haftet nicht auf Erfüllung wie ein Komplementär, schuldet also z.B. nicht das Streichen einer Wohnung.

I. Die Begriffe „Einlage" und „Haftsumme"

Es ist exakt zwischen den Begriffen „**Einlage**" und „**Haftsumme**" zu unterscheiden.

Definition: Die **Haftsumme** ist der Geldbetrag, in dessen Höhe der Kommanditist im **Außenverhältnis** haftet.

Die **Pflichteinlage** (oder Einlagepflicht) ist die vermögenswerte Leistung, zu der sich der Kommanditist gegenüber seinen Mitgesellschaftern – also im **Innenverhältnis** – verpflichtet hat.

Beide Summen können ohne weiteres auseinanderfallen.

Das Erfordernis der **Anmeldung der Haftsumme zur Eintragung ins Handelsregister** ergibt sich aus §§ 162 I, II, 175 HGB.
Zur **Bekanntmachung** regelte der alte § 162 II HGB: „Bei der Bekanntmachung der Eintragung der Gesellschaft sind keine Angaben zu den Kommanditisten zu machen; die Vorschriften des § 15 sind insoweit nicht anzuwenden." Durch die Streichung der früheren §§ 162 II, 175 S. 2 HGB werden die Angaben zu den Kommanditisten nunmehr nicht nur eingetragen, sondern **auch bekannt gemacht**.

Merke: Damit eröffnet sich der Anwendungsbereich von § 15 HGB! Die Norm stellt nämlich auf Eintragung **und** Bekanntmachung ab. Relevant wird insoweit z.B. der nicht eingetragene Beitritt oder Austritt als Kommanditist, was weiter unten jeweils erörtert wird.

Aus dem Handelsregister sind aber weder der Betrag der „vereinbarten Einlage" – oft auch als „Pflichteinlage" bezeichnet – noch der darauf jeweils noch ausstehende Betrag ersichtlich. Ebenso wenig ist die Beteiligung der Gesellschafter aus dem Handelsregister ersichtlich. Anzumelden und einzutragen ist hinsichtlich der Kommanditisten neben den Angaben zu ihrer Person ausschließlich die Haftsumme, § 162 I HGB.

II. Die Einlage mindert die Haftsumme

Ist die Einlage noch nicht erbracht, haftet der Kommanditist gem. § 171 I HGB bis zur Höhe seiner Haftsumme unmittelbar.

Die Haftung erlischt „schrittweise" mit der Erbringung der Einlage (§ 171 I 2. HS HGB).

Beispiel: Haftsumme 100.000 €, Einlage 60.000 €.

Gem. § 171 I 2. HS HGB führt die erbrachte Einlage zu einer Enthaftung. Folglich haftet der Kommanditist im Beispiel den Gläubigern der KG noch mit 40.000 €.

Examenstipp („Klassiker"):

Gesellschafterhaftung für die Drittgläubigerforderung eines Mitgesellschafters
Die Haftung des Kommanditisten gem. § 171 I HGB betrifft grds. nur **Gesellschafts**verbindlichkeiten, also Ansprüche externer Gläubiger. Nicht erfasst sind **Sozial**verbindlichkeiten, d.h. Forderungen auf Grund des Gesellschaftsverhältnisses. Ansonsten droht eine Umgehung von § 710 [bisher: 707] BGB, demzufolge Gesellschafter keiner Nachschussverpflichtung unterliegen. Forderungen von Gesellschaftern werden daher von der Haftung gem. § 171 I HGB nur erfasst, soweit es sich um sog. **Drittansprüche** handelt. Das ist der Fall, wenn der Abschluss des Geschäfts nicht auf dem Gesellschaftsverhältnis, sondern auf einem anderen Rechtsgrund beruht, so dass der Vertrag auch mit jedem Dritten zustande gekommen wäre (Müller/Großmann, JuS 2020, 535, 538).
Der Gesellschafter einer KG, der eine solche Drittgläubigerforderung gegen einen Mitgesellschafter geltend macht, ist grundsätzlich nicht verpflichtet, zunächst die Gesellschaft in Anspruch zu nehmen. Eine generell nur subsidiäre Haftung der Gesellschafter für Verbindlichkeiten der Gesellschaft aus Drittgeschäften mit anderen Gesellschaftern lässt sich aus der gesellschaftsrechtlichen Treuepflicht nicht ableiten (BGH, II ZR 310/12, JuS 2014, 270).

Die Einlage kann auch in Form einer **Sacheinlage** erbracht werden. Bei einer materiellen Sacheinlage handelt es sich um die **Einbringung von materiellen Gütern wie Gebäude, Wertpapiere, Werkzeuge, Maschinen oder Forderungen** in das Unternehmen. Immaterielle Sacheinlagen beschreiben alle nicht-gegenständlichen Güter wie **Patente oder Lizenzen**.

Die in das Gesellschaftsvermögen eingebrachte Sacheinlage ist **ihrem objektiven Wert entsprechend** auf die Haftsumme anzurechnen (BGHZ 95, 188, 196).

Insofern gilt der **Grundsatz der faktischen Wertzuführung**. Es kommt also nicht darauf an, welchen Wert die anderen Gesellschafter der eingebrachten Sache oder Dienstleistung beimessen, sondern darauf, welchen Wert die Sache oder Dienstleistung objektiv hat.

Sollte sich z.B. der Wert der eingebrachten Sache (oder z.B. des eingebrachten Grundstücks) im Laufe der Zeit verändern, gilt nur der **Wert im Zeitpunkt der Einräumung des Rechts**. Zeitwertverluste (z.B. durch Gebrauch eines Fahrzeugs) spielen keine Rolle und begründen keine Nachschusspflicht.

Examenstipp („Klassiker"):

Aufrechnung mit Gegenforderungen des Kommanditisten
Fraglich ist, wie der Fall zu lösen ist, dass der (neue) Kommanditist gegen die KG eine eigene Forderung hat und diese nun gegen seine eigene Einlageverpflichtung aufrechnet.
Ist die **KG wirtschaftlich gesund**, steht der Aufrechnung im Nennwert – wenn die sonstigen Voraussetzungen der Aufrechnung vorliegen – nichts entgegen.
Befindet sich die KG hingegen **wirtschaftlich in der Krise**, muss der Grundsatz der faktischen Wertzuführung beachtet werden. Folglich kann die Forderung des Kommanditisten, die dieser gegen die KG hat, nicht zum Nennwert zur Aufrechnung gestellt werden. Die Forderung gegen ein „Krisen-Unternehmen" ist nicht mehr vollwertig. Da der z.B. prozentuale Wert der Forderung i.d.R. nicht festgestellt werden kann, scheidet eine Aufrechnung in diesem Fall gänzlich aus. Die Aufrechnungserklärung des Kommanditisten geht ins Leere und er ist nicht gem. § 171 I 2. HS HGB enthaftet.

Die zur Aufrechnung gestellte Gegenforderung des Kommanditisten gegen die KG kann sich auch aus § 716 I BGB i.V.m. §§ 161 II, 105 III HGB [bisher: § 110 HGB] nach der Befriedigung eines Gläubigers ergeben (BGH, II ZR 122/16, JuS 2018, 294):

Vor Eröffnung des Insolvenzverfahrens über das Vermögen der Gesellschaft kann der Kommanditist grundsätzlich einen beliebigen Gesellschaftsgläubiger mit der Wirkung befriedigen, dass er in Höhe des Nennwerts der getilgten Forderung von seiner Außenhaftung nach § 171 I HGB im Verhältnis zu den anderen Gläubigern frei wird.

Mit einem Erstattungsanspruch gem. § 716 I BGB i.V.m. §§ 161 II, 105 III HGB aus der Befriedigung eines Gesellschaftsgläubigers vor Eröffnung des Insolvenzverfahrens über das Vermögen der Gesellschaft kann der Kommanditist auch nach Eröffnung des Insolvenzverfahrens gegen eine Einlageforderung in Höhe des Nennwerts der getilgten Forderung aufrechnen.

Bei **Rückzahlung der Einlage** lebt die Haftung wieder auf (**§ 172 IV HGB**). Rückzahlung ist jede Leistung aus dem Vermögen der KG, für die dem Gesellschaftsvermögen keine gleichwertige Gegenleistung zufließt. Dies ist. z.B. der Fall, wenn die KG rein private Verbindlichkeiten eines Kommanditisten begleicht oder wenn sie diesem auf Grundlage eines „Dienst- oder Arbeitsvertrags“ ein „Gehalt“ zahlt, ohne eine Dienstleistung zu erhalten (sog. verdeckte Vermögenszuwendung; vgl. als Klausur Saenger/Henke, JA 2022, 720, 724).

§ 128 [bisher: § 129] **HGB** gilt (vgl. § 161 II HGB) auch für den Kommanditisten (BGH, II ZR 272/16).

B. Vor Eintragung der KG bzw. der Kommanditistenstellung

Vor Eintragung im Handelsregister haftet der Kommanditist unter den Voraussetzungen des § 176 HGB wie ein persönlich haftender Gesellschafter nach § 126 S. 1 [bisher § 128] HGB.
Es handelt sich insoweit um eine gesetzliche **Vertrauensschutznorm**.

Bei **unerlaubten Handlungen** ist § 176 HGB nach h.M. deshalb **nicht** anwendbar, weil der Hauptzweck des § 176 HGB im Vertrauensschutz des Geschäftspartners besteht. Dieser spielt bei unerlaubten Handlungen regelmäßig keine Rolle (BGHZ 82, 209, 215). M.a.W.: Wer z.B. auf dem Zebrastreifen überfahren wird, konnte vorher kein Vertrauen in die Komplementär-Stellung desjenigen entwickeln, der tatsächlich nur Kommanditist ist.

I. Voraussetzungen des § 176 I HGB

1. Haftung der Gesellschaft
   a) Bestehen einer KG
   b) Bestehen einer vertraglichen oder gesetzlichen Verbindlichkeit der KG
2. Kommanditistenstellung im Zeitpunkt der Entstehung der Verbindlichkeit
3. Geschäftsbeginn vor Eintragung des Kommanditisten
4. Kommanditist muss dem Geschäftsbeginn zugestimmt haben
5. Verkehrsgeschäft
6. Beteiligung als Kommanditist dem Gläubiger nicht bekannt
7. Einwendungen / Einreden aus der Rechtsbeziehung zum Gläubiger oder aus § 128 HGB

Ein Kommanditist, der vor seiner Eintragung der Teilnahme der KG am Rechtsverkehr zugestimmt hat, kann sich von der unbeschränkten persönlichen Haftung befreien, indem er den **Gesellschaftsgläubiger** über seine Kommanditisteneigenschaft **schlicht in Kenntnis setzt**.

Dies führt zu einer gewissen „Merkwürdigkeit“: Für die GbR-Gesellschafter gilt seit der Anerkennung der Rechtsfähigkeit der GbR, dass deren persönliche Haftung nicht durch einen Namenszusatz oder einen anderen, den Willen, nur beschränkt für diese Verpflichtungen einzustehen, verdeutlichenden Hinweis beschränkt werden kann. Selbst positive Kenntnis des Gläubigers von der fehlenden Haftungsbereitschaft schließt diese Haftung, anders als im Fall des § 176 HGB, nicht aus. Das bedeutet: Die Haftung nicht eingetragener Personengesellschafter ist außerhalb des § 176 HGB strenger als nach dieser Vorschrift selbst! Ursprünglich sollte deshalb der letzte Halbsatz von § 176 I HGB gestrichen werden, was aber im späteren Gang des Gesetzgebungsverfahrens rückgängig gemacht wurde.

Ein Vertrauen des Gläubigers in die unbeschränkte Haftung des Gesellschafters ist bei § 176 HGB nicht nötig. **Der Gläubiger muss nicht** einmal **gewusst haben**, dass die ihm als Geschäftspartnerin gegenüberstehende Gesellschaft eine KG ist und **dass der** dann später von ihm **in Anspruch Genommene** daran als **Gesellschafter** beteiligt **ist** (EBJS/Strohn, § 176 Rn 11; MK/Schmidt/Grüneberg, § 176 Rn 15). § 176 HGB dient dem abstrakten Vertrauensschutz und soll „Eintragungsdruck“ erzeugen. Zudem hängen die beschränkte Haftung eines Kommanditisten und die Haftung eines Komplementärs auch nicht von der Kenntnis des Gläubigers von der Stellung als Gesellschafter ab.

II. Voraussetzungen des § 176 II HGB (Eintritt als Kommanditist in bestehende Gesellschaft)

1. Ursprünglich bestehende Handelsgesellschaft (OHG oder KG)
2. Eintritt als *weiterer* Kommanditist
3. KG-Verbindlichkeit aus einem Geschäft in der Zeit zwischen Eintritt und Eintragung (Zustimmung des Kommanditisten zum Geschäft nicht erforderlich!)
4. Beteiligung als bloßer Kommanditist dem Gläubiger nicht bekannt

Durch die Einfügung der Wörter „***tritt ein weiterer Gesellschafter*** als Kommanditist (...) ein“, hat der Gesetzgeber klargestellt, dass § 176 II HGB die Aufnahme eines bisher **nicht** an der Gesellschaft beteiligten Kommanditisten unter **Begründung eines neuen Gesellschaftsanteils** erfordert.

Der Verweis auf § 176 I HGB bedeutet **nicht**, dass der eintretende Kommanditist nur im Falle einer **Zustimmung zur Fortsetzung des Betriebes** vor Eintragung haftet (EBJS/Strohn, § 176 Rn 31). Es ist der KG nämlich nicht zuzumuten, ihre Geschäftstätigkeit bis zur Eintragung auszusetzen. Demgegenüber kann der Eintretende einfach dadurch geschützt werden, dass er unter der **aufschiebenden Bedingung** der Registereintragung beitritt.

III. Keine Anwendbarkeit von § 15 HGB

Wie bereits oben erwähnt, ist durch die Streichung der früheren §§ 162 II, 175 S. 2 HGB hinsichtlich der „Angaben zu den Kommanditisten“ nunmehr der Anwendungsbereich von § 15 HGB grundsätzlich eröffnet.

Der **noch nicht eingetragene Beitritt eines Kommanditisten** kommt jedoch als Anknüpfungspunkt einer Haftung aus **§ 15 HGB nicht** in Betracht (Stephan, NZG 2021, 1481, 1483; Grunewald, ZGR 2003, 541, 544; a.A: Staub/Thiessen, § 176 Rn 123). Die Erlangung der Kommanditistenstellung ist potenziell haftungsauslösend, ohne dass es dazu der Anwendung von § 15 I HGB bedürfte. Die Haftsumme wird überhaupt erst mit der Eintragung zur Haftsumme (§ 172 I HGB) und kann den Gläubigern vor Eintragung nicht entgegengehalten werden. Auch insoweit bedarf es der Anwendung von § 15 HGB nicht.

Es geht in den Beitrittsfällen nicht um eine „als ob“ Haftung nach § 15 HGB, sondern um „echte“ Haftung. Davon geht auch die Änderung von § 176 II HGB durch das MoPeG aus, durch die die Anwendung von § 176 II HGB auf die Fälle der bloßen Anteilsübertragung ausgeschlossen werden soll (dazu gleich unter C.). Das würde keinen Sinn ergeben, würde sich die unbegrenzte Haftung dann immer noch aus § 15 I HGB ergeben (Stephan, NZG 2021, 1481, 1483).

C. Haftung bei Kommanditistenwechsel

Die Übertragung eines (auch bloßen Teils eines) Kommanditanteils durch Vereinbarung zwischen Gesellschafter und Erwerber im Wege der formlosen Abtretung (§§ 413, 398 BGB) ist möglich, wenn der Gesellschaftsvertrag es vorsieht oder alle Gesellschafter zustimmen (§§ 161 II, 105 III HGB, 711 I 1 [bisher: 719 I] BGB).
Neben der – in der Praxis den Regelfall bildenden – Anteilsübertragung ist auch der Austritt eines Gesellschafters bei gleichzeitigem Eintritt eines neuen Gesellschafters möglich.

I. Haftung bei Eintritt / Austritt ohne Rechtsnachfolge in den Anteil

Es kann sein, dass es nicht zu einer „direkten“ Anteilsübertragung zwischen dem eintretenden und dem austretenden Kommanditisten kommt. Vielmehr kann der Fall so sein, dass die Mitgliedschaft des Ausscheidenden untergeht, und für den Eintretenden eine neue Mitgliedschaft begründet wird. Um einen Fall der Rechtsnachfolge handelt es sich dann nicht.

1. Haftung des ausscheidenden Kommanditisten

Der ausscheidende Gesellschafter haftet nach Maßgabe der §§ 171 I 1. HS, 161 II, 137 I [bisher: 160 I] HGB für die bei seinem Ausscheiden begründeten Verbindlichkeiten („Altverbindlichkeiten“), die innerhalb von 5 Jahren nach Ausscheiden fällig und in der vorgeschriebenen Weise festgestellt werden. Für die Abgrenzung der Altverbindlichkeiten kommt es auf das Wirksamwerden des Ausscheidens an.

Die **Fünfjahresfrist beginnt** mit Eintragung des Ausscheidens oder, wenn der Gläubiger Kenntnis vom Ausscheiden hatte, mit seiner Kenntnis (§ 137 I 3 HGB).

Das Ausscheiden ist eintragungs- und bekanntmachungspflichtig nach §§ 162 II, 10 HGB. Solange der Austritt des Kommanditisten nicht eingetragen und bekanntgemacht ist, haftet er nach Maßgabe von **§ 15 I HGB** auch für nach seinem Ausscheiden begründete Verbindlichkeiten (Stephan, NZG 2021, 1481, 1483). Nach der Eintragung und Bekanntmachung läuft dann noch die 15-Tages-Schonfrist, **§ 15 II 2**, sofern der Dritte beweist, dass er die Tatsache weder kannte noch kennen musste.

Betragsmäßig haftet der ausscheidende Kommanditist unverändert **bis zur Höhe der Haftsumme, reduziert um die** erbrachte (und nicht zurückbezahlte, § 172 IV 1 HGB) **Einlage** (EBJS/Strohn, § 172 Rn 38). Soweit die Einlage also eingezahlt und nicht an ihn zurückgewährt wurde, haftet er nicht persönlich. Das, was er bei seinem Ausscheiden von der Gesellschaft als Abfindung erhält, lässt die Außenhaftung wiederaufleben, soweit dadurch im Ergebnis die verbleibende Einlageleistung unter den Betrag der Haftsumme reduziert wird (Gehrlein, GmbHR 2021, 692, 694). Maßgeblich dafür ist grundsätzlich der Stand der Kapitalkonten.
Für die Haftung des ausscheidenden Kommanditisten ist es unerheblich, welche Pflichteinlage und welche Haftsumme der eintretende Kommanditist übernimmt und wie sich dessen Außenhaftung nach Maßgabe der §§ 171 I, 172 IV HGB weiter entwickelt.

2. Haftung des eintretenden Kommanditisten

Die Haftung des eintretenden Kommanditisten richtet sich nach den §§ 171 ff. HGB.

Für **Altverbindlichkeiten** wird deshalb nach §§ 173, 171 f. HGB auch vor der Eintragung nur begrenzt gehaftet.

Vor seiner Eintragung haftet der eintretende Kommanditist für die in der Zeit zwischen Eintritt und Eintragung begründeten **neuen Verbindlichkeiten** der Gesellschaft nach **§ 176 II HGB** gleich einem Komplementär, also gem. § 126 S. 1 [bisher: § 128 S. 1] HGB persönlich mit seinem gesamten Vermögen (BGH, NJW 1982, 883, 885). Die Haftung ist lediglich ausgeschlossen, wenn dem Gesellschaftsgläubiger die Kommanditistenstellung des Eintretenden bekannt ist.

Durch die persönliche Haftung soll der betroffene Gesellschafter zur zügigen Eintragung seiner Kommanditistenstellung und damit Haftungsbeschränkung angehalten und damit den Interessen des Rechtsverkehrs respektive der Gesellschaftsgläubiger Rechnung getragen werden.

Daran hat sich durch das MoPeG nichts geändert. Das MoPeG ersetzt in § 176 II HGB die Bezugnahme auf den Kommanditisten durch die Bezugnahme auf einen weiteren (also: zusätzlichen) Gesellschafter. Damit soll klargestellt werden, dass die Übertragung eines Kommanditanteils auf einen anderen – auch neuen – Gesellschafter bei gleichzeitigem Ausscheiden des bisherigen Anteilsinhabers nicht unter die Vorschrift fällt.

§ 176 II HGB erfasst den originären Beitritt eines Kommanditisten und gilt auch dann, wenn der Beitritt zeitgleich mit dem Austritt eines anderen Kommanditisten erfolgt (Stephan, NZG 2021, 1481, 1484).

Die Haftung nach § 176 II HGB kann dadurch vermieden werden, dass der **Beitritt aufschiebend bedingt** auf die Eintragung im Handelsregister erfolgt (BGH, NJW 1982, 883, 884). Die für den eintretenden Kommanditisten einzutragende Haftsumme richtet sich nach Vereinbarung mit den anderen Gesellschaftern. Mit der Haftsumme des ausscheidenden Gesellschafters besteht kein rechtlicher Zusammenhang. Die Haftsumme des neuen Kommanditisten kann jeden beliebigen Betrag haben und muss keinesfalls der Haftsumme des austretenden Kommanditisten entsprechen.

II. Haftung bei Übertragung des Anteils eines eingetragenen Kommanditisten

Die i.d.R. gewählte Form des gleichzeitigen und koordinierten Ausscheidens des einen und Eintritts (im weiteren Sinn) des anderen Kommanditisten ist die Anteilsübertragung im Wege der formlosen Abtretung (§§ 413, 398 BGB). Im Handelsregister wird dann das Ausscheiden des einen und der Eintritt des anderen Kommanditisten „im Wege der Sonderrechtsnachfolge" oder „Einzelrechtsnachfolge" eingetragen (sog. „**Sonderrechtsnachfolgevermerk**").

1. Haftung des ausscheidenden Kommanditisten

Der wegen Übertragung des Anteils ausscheidende Kommanditist haftet wie der wegen Austritts ausscheidende Kommanditist nach §§ 171 I 1. HS, 161 II, § 137 [bisher: § 160] HGB für die bei seinem Ausscheiden begründeten, innerhalb von 5 Jahren fällig werdenden und in der vorgeschriebenen Weise festgestellten Forderungen.

Problem: Wird im Fall einer vom Altkommanditisten durch Einlage vollständig abgedeckten Haftsumme der **Sonderrechtsnachfolgevermerk nicht eingetragen**, so gilt:
Der **neue Kommanditist** ist objektiv unter Belassung der Einlage im Vermögen der KG in den Kommanditanteil des alten Kommanditisten nachgefolgt. Daher wird die Einlage nunmehr dem Kommanditanteil des neuen Kommanditisten zugeordnet.
Hingegen **haftet der ausgeschiedene Kommanditist**. Der BGH hat dies bisher mit einer analogen Anwendung von § 172 IV HGB begründet. Wenn sich der Kommanditist seiner vermögenswerten Rechte in der Gesellschaft durch Abtretung begeben habe, komme das einer Zurückzahlung gleich (BGHZ, 81, 82, 89).
Durch die Streichung der früheren §§ 162 II, 175 S. 2 HGB dürfte die „Notwendigkeit" für den „argumentativen Umweg" über § 172 IV HGB entfallen sein. Der Anwendungsbereich von § 15 HGB ist nämlich nunmehr eröffnet:
Indem der Rechtsnachfolgevermerk nicht eingetragen und bekanntgemacht wurde, kann der alte Kommanditist dem Gläubiger nach § 15 I HGB nicht entgegenhalten, dass er durch die Übertragung seines Anteils auf den neuen Kommanditisten von seiner Haftung frei geworden ist (so schon zur alten Rechtslage EBJS-Strohn, § 173 Rn 18; Henssler/Strohn-Gummert, § 173 Rn 20).

Sonderfall: Bei der **Teilübertragung unter Reduzierung der Haftsumme** haftet der Übertragende nach §§ 171 f. HGB für die bis zur Eintragung der Reduzierung seiner Haftsumme begründeten Verbindlichkeiten nach Maßgabe der **alten Haftsumme, § 174 HGB**, und für die danach begründeten Verbindlichkeiten im Umfang seiner neuen (reduzierten) Haftsumme. Die Haftung für Altverbindlichkeiten nach Maßgabe der alten Haftsumme ist in analoger Anwendung von § 137 HGB zeitlich begrenzt (OLG Hamburg, NZG 2020, 664, 665).
Die Eintragung ist bekanntzumachen, mit den entsprechenden Folgen für die Anwendbarkeit von **§ 15 HGB**. Im Anwendungsbereich von § 174 HGB gilt auch die Schonfrist von **§ 15 II 2 HGB**.

Umstritten ist die Haftung für Altverbindlichkeiten nach § 172 IV HGB, wenn die Einlage nach dem Anteilserwerb haftungsbegründend an den Neukommanditisten zurückgezahlt wird.
Nach der wohl überwiegenden Auffassung lebt diesbezüglich im Fall einer haftungsschädlichen Ausschüttung nicht nur die Haftung des Neukommanditisten, sondern auch diejenige des Altkommanditisten nach § 172 IV HGB (als summenmäßig beschränkte Gesamtschuld) auf (BGH, NJW 1976, 751, 752; EBJS/Strohn, § 173 Rn 21).
Nach der Gegenansicht lebt nur die Haftung des die haftungsschädliche Leistung empfangenden Neukommanditisten auf (B/Hopt/Roth, § 173 Rn 12; KKRD/Kindler, §§ 171, 172 Rn 27). Nur ihn treffe die unmittelbare Verantwortung für den haftungsschädlichen Vorgang und nur er sei als Inhaber des Anteils für die Erhaltung des haftenden Kapitals in Höhe der Haftsumme verantwortlich.

Für die wohl h.M. spricht, dass der Grund der Kommanditistenhaftung gem. §§ 171 I, 172 IV HGB nicht ein Haftungs*ereignis,* sondern eine **Haftungs*lage*** ist: Der nach §§ 171 I, 172 IV HGB Haftende muss jederzeit dafür einstehen, dass die Haftsumme durch seine Einlage im Gesellschaftsvermögen gedeckt, also eingezahlt (§ 171 I HGB) und nicht zurückgezahlt ist (§ 172 IV HGB). Die Anteilsveräußerung führt zu einer **solidarischen Einstandspflicht** des Altkommanditisten und des Neukommanditisten **für die Deckung dieser Haftsumme**. Denn im Gegensatz zur Austritts-Eintritts-Konstellation kann sich keiner von beiden darauf berufen, die Kommanditeinlage des anderen gehe ihn nichts an. **Es handelt sich um ein und denselben Kommanditanteil, also auch um ein und dieselbe Haftsumme.** Die Deckung dieser Haftsumme kommt dem Altgesellschafter und dem Neugesellschafter zugute; die Nicht-Deckung ist beiden zuzurechnen.
Wer als Altkommanditist für die Dauer von fünf Jahren (§ 137 HGB) unter das Haftungsregime der §§ 171 I, 172 IV HGB gestellt bleibt, unterliegt der fortbestehenden Haftung aus dem Kommanditanteil, wenn entgegen den §§ 167, 169, 171 I, 172 IV HGB die Haftsumme nicht mehr im Gesellschaftsvermögen gedeckt ist. Die Einlagenrückgewähr an den Neukommanditisten lässt also die gesamtschuldnerische Haftung beider aufleben, weil beide nur unter den durch §§ 171 I, 172 IV HGB markierten Voraussetzungen haftungsfrei sind (MK/Schmidt/Grüneberg, § 173 Rn 33).

Aus dem Übertragungsvertrag ergibt sich die (Neben-)Pflicht des Erwerbers, den Veräußerer von der Haftung freizustellen (EBJS/Strohn, § 173 Rn 21; Paul/Richter, DB 2010, 2153, 2156). Hat der Veräußerer auf Grund der Haftung an den Gläubiger oder zur Abwendung der Haftung an die Gesellschaft geleistet, hat er aus § 812 BGB einen Erstattungsanspruch gegen den Erwerber. Der Erwerber ist zwar durch die Leistung des Veräußerers nicht von seiner Einlageschuld gegenüber der Gesellschaft freigeworden, wohl aber von seiner persönlichen Haftung gegenüber den Gesellschaftsgläubigern. Er kann die Ausgleichszahlung an den Veräußerer davon abhängig machen, dass dieser ihm seinen Erstattungs- bzw. Rückgewähranspruch gegen die Gesellschaft abtritt (EBJS/Strohn, § 173 Rn 21).

2. Haftung des eintretenden Kommanditisten nach Eintragung
Der im Kommanditanteil (ganz oder teilweise) Nachfolgende haftet nach Maßgabe der §§ 171 ff. HGB. Insbesondere findet **§ 173 HGB** Anwendung (OLG Hamm, NGZ 2018, 940). Der Rechtsnachfolger haftet damit nach § 173 I i.V.m. § 172 I HGB auch für Altverbindlichkeiten, aber nur bis zur Höhe der für ihn eingetragenen Haftsumme.

Hatte der **Altkommanditist** seine **Einlage voll erbracht** und damit jede weitere Haftung ausgeschlossen (§ 171 I 2. HS HGB), kommt auch eine unmittelbare persönliche Haftung des Neukommanditisten nicht mehr in Betracht. Vor allem stellt die Zahlung des Neu- an den Altkommanditisten keine Rückgewähr der Einlage gem. § 172 IV 1 HGB dar, welche die Haftung wieder aufleben lassen würde.
Dies ist auch den Gläubigern gegenüber nicht unbillig: Da das Gesellschaftsvermögen als Haftungsobjekt durch die Umbuchung nicht vermindert wird, sondern gleich groß bleibt, werden die Gläubiger durch den Gesellschafterwechsel nicht benachteiligt.

Hatte dagegen der **Altkommanditist** seine **Einlage ganz oder teilweise noch nicht erbracht** und haftete er den Gläubigern wegen des offen stehenden Betrags bis zur Höhe der eingetragenen Haftsumme, so haftet nun der neue Kommanditist den Gläubigern mit seinem Privatvermögen in gleicher Weise. Daneben bleibt für Altverbindlichkeiten weiterhin die unmittelbare Haftung des Altkommanditisten gemäß §§ 171 I 1. HS, 161 II, 137 HGB bestehen. Alt- und Neukommanditist haften in einem solchen Fall hinsichtlich der Altverbindlichkeiten als Gesamtschuldner in Höhe der *einen* Haftsumme.

Wenn sein Rechtsvorgänger zu einem früheren Zeitpunkt Komplementär war und kurz vor der Übertragung Kommanditist wurde, geht den Rechtsnachfolger die frühere unbeschränkte Haftung nichts an. Gleiches gilt für eine zum Zeitpunkt der Übertragung oder früher für den Rechtsvorgänger eingetragene höhere Haftsumme. § 174 HGB findet auf die Haftung des eintretenden Kommanditisten keine Anwendung, denn seine Haftsumme wird nicht herabgesetzt (Stephan, NZG 2021, 1481, 1486).

3. Haftung des eintretenden Kommanditisten vor Eintragung

Die neue Fassung des § 176 II HGB macht die Haftung davon abhängig, dass ein *„**weiterer** Gesellschafter als Kommanditist“* in eine bestehende Gesellschaft eintritt.

Für den Fall der **vollständigen Übertragung** eines Kommanditanteils auf einen Sonderrechtsnachfolger greift § 176 II HGB folglich **nicht**, da es in diesem Fall keinen „weiteren“ (i.S.v. „zusätzlichen“) Kommanditisten gibt.

Wird eine Kommanditbeteiligung **teilweise** an einen **Mit**kommanditisten übertragen, tritt ebenfalls kein weiterer Gesellschafter hinzu, so dass § 176 II HGB **nicht** einschlägig ist (Stephan NZG 2021, 1481, 1486; Bialluch-von Allwörden, NZG 2022, 791, 793).

Für den Fall der **Teilabtretung** an einen **neuen Gesellschafter** greift § 176 II HGB seinem Wortlaut nach hingegen weiterhin ein, da der Veräußerer Gesellschafter bleibt und ein zusätzlicher, weiterer Gesellschafter als Kommanditist hinzutritt (Bialluch-von Allwörden, NZG 2022, 791, 793; so auch Leo/John NZG 2021, 1195, 1197 sowie Lieder/Hilser NotBZ 2021, 401, 411, die jedoch aus der Gesetzesbegründung bzw. einer teleologischen Auslegung herleiten wollen, dass § 176 II HGB diesen Fall dennoch nicht erfasse).
Sollte es nicht noch eine Klarstellung des Gesetzgebers geben, wird die Rechtsprechung zu klären haben, ob der Fall der Teilabtretung an einen neuen Gesellschafter von § 176 II HGB erfasst sein soll, oder nicht.
Gerade im familiären Kontext wird die Teilabtretung von Kommanditbeteiligungen unter Verbleib des Veräußerers als Mitkommanditist in der Gesellschaft häufig relevant. Ist das beschenkte Kind noch minderjährig, stellt sich die Frage, ob der schenkweise abgetretene Kommanditanteil einen **lediglich rechtlichen Vorteil** darstellt, § 107 BGB. Das eventuelle Haftungsrisiko nach § 176 II HGB spricht in der Praxis dafür, sicherheitshalber die Konstruktion der aufschiebend bedingten Abtretung zu wählen (Bialluch-von Allwörden, NZG 2022, 791, 794).
Der derivative Erwerb einer Beteiligung an einer **nicht** rein vermögensverwaltenden KG bedarf jedoch gem. **§ 1852 I Nr. 1 a** i.V.m. § 1643 I BGB ohne Differenzierung nach der Entgeltlichkeit des Erwerbs einer familiengerichtlichen Genehmigung. Bei **rein vermögensverwaltenden** KG ist die Übertragung von Kommanditanteilen auf Minderjährige ohne familiengerichtliche Genehmigung möglich (Werner, ZEV 2021, 618, 619 f.; Bialluch-von Allwörden, NZG 2022, 791, 795).

III. Haftung bei Übertragung des Anteils eines nicht eingetragenen Kommanditisten

Hier bestand bisher weitgehend Einigkeit, dass der Erwerber bis zu seiner Eintragung im Handelsregister ebenfalls unbegrenzt haftet (EBJS/Strohn, § 176 Rn 29). Dafür wird die eingängige Begründung angeführt, der Nachfolger könne nicht weniger haften als der Vorgänger.

Jedoch wird bezweifelt, ob dies auch nach dem neuen Gesetzeswortlaut („Tritt ein weiterer Gesellschafter ... als Kommanditist ein") weiterhin gilt (Stephan, NZG 2021, 1481, 1486). Der neue Wortlaut lasse für eine Differenzierung nach Maßgabe der Eintragung des Übertragenden keinen Raum. Für die Haftung des im Wege der Anteilsübertragung beitretenden Kommanditisten spiele es deshalb keine Rolle, ob der Rechtsvorgänger im Register eingetragen war. Die Nachhaftung des Rechtsvorgängers nach §§ 161 II, 137 HGB bleibe davon unberührt und gewährleiste Gläubigerschutzaspekte im erforderlichen Umfang.

D. Haftung in der „Schein-KG"

Hier geht es um Fälle, in denen eine „KG" gegründet wird, die jedoch ein Kleingewerbe betreibt, deshalb also gar keine „KG" ist. Wenn diese Gesellschaft nun vor der Eintragung als „KG" ihre Geschäfte aufnimmt, stellt sich die Frage, wie der „Schein-Kommanditist" haftet.

Ist die Gesellschaft als KG aufgetreten, in Wahrheit aber eine GbR bzw. OHG, haftet der „Kommanditist" nach h.M. als Gesellschafter der GbR bzw. OHG **un**beschränkt (Clauss/Fleckner, WM 2003, 1790, 1794; Wagner, NJW 2001, 1110, 1111).

Eine Rechtsscheinhaftung kommt nicht in Betracht. Schließlich besteht mit der GbR bzw. OHG ja eine Gesellschaft mit einer weitergehenden (!) Haftung als dies bei der behaupteten KG der Fall wäre, wo ja zumindest einer der Gesellschafter – nämlich der Schein-Kommanditist – nicht unbeschränkt persönlich haften würde (Lange, JURA 2017, 751, 757).

Sollte das faktische Bestehen einer GbR bzw. OHG nicht festgestellt werden können, kommt eine Haftung des Schein-Kommanditisten nach § 176 HGB analog in Betracht.

E. Personenidentität von Komplementär und Kommanditist

Nach der Rechtsprechung und der ganz h.L. kann – im Grundsatz – der persönlich haftende Gesellschafter nicht gleichzeitig auch Kommanditist seiner Gesellschaft sein. Denn der Gesellschaftsanteil eines einzelnen Gesellschafters ist notwendig ein einheitlicher, der in der Hand eines Gesellschafters nicht einer Aufspaltung oder einer verschiedenen rechtlichen Gestaltung zugänglich ist (OLG, 6 W 188/11; BGH, BB 1963, 1076 f.; zu etwaigen Ausnahmen MK/HGB-K. Schmidt, § 105 Rn 77).

Der Grundsatz von der Einheitlichkeit des Geschäftsanteils hindert aber nicht, dass der persönlich haftende Gesellschafter mit Zustimmung der übrigen Gesellschafter den Gesellschaftsanteil eines Kommanditisten erwerben kann. In diesem Fall vereinigt sich mit dem Erwerb dieser Anteil mit seinem bisherigen Anteil zu einem einheitlichen Gesellschaftsanteil, da in einer Personalgesellschaft ein Gesellschafter immer nur mit einem Anteil – wenn auch verschiedener Größe – an der Gesellschaft beteiligt sein kann. Dadurch, dass sich der erworbene Kommanditanteil endgültig in einen Komplementäranteil umwandelt, geht er endgültig unter (OLG Jena, 6 W 188/11).

DIE STUFENWEISE ENTSTEHUNG EINER KG

1	2	3	4	5	6	7
Gesellschafts-vertrag	Geschäfts-beginn	**Eintragung der Kommanditisten-eigenschaft**	**Leistung der Einlage**	Rückgewährung der Einlage	Ausscheiden des Komman-ditisten	Eintritt eines neuen Kom-manditisten

DIE HAFTUNG DES KOMMANDITISTEN

1	2	3	4	5	6	7
Unbeschränkte persönliche Haftung?						
<u>Vor-KG</u> 1) Haftung als Schein-KG? 2) Sonst Haftung als BGB-Gesell-schafter	**§ 176 I, 1** **§§ 161 II, 128, 123 II HGB** Haftung wie ein Komple-mentär	–	–	–	–	**§ 176 II, § 171 I 1, (§ 161 II)** **§ 128 HGB** **→ Haftung f. Verbndlk. zw. Eintritt und Eintragung**
Auf die Einlage beschränkte Haftung?						
Problem: Wird die Absicht der KG-Gründung als Einschrän-kung der Ver-tretungsmacht ausgelegt?	–	**§ 171, 1. Alt. HGB** (beschränkt)	– wegen § 171, 2. Alt. HGB	**§ 171, 1. Alt., § 172 IV HGB** (beschränkt) i.V.m. § 160 HGB	160 HGB, wenn • 172 IV HGB oder • vor Aus-scheiden Einlage nicht erbracht	**§§ 173, 171, 172 HGB** **Haftg f. Alt-verbindlich-keiten**

SCHLUSSFOLGERUNGEN FÜR DEN KOMMANDITISTEN

1. Der Kommanditist muss möglichst schnell **seine Eintragung als Kommanditist** betreiben **oder** aber **keine Zustimmung** zum Geschäftsbeginn geben, um eine **beschränkte Haftung** zu erreichen.
2. Anschließend kann sich der Kommanditist **durch Leistung seiner Einlage** von der **persönlichen** Haftung befreien.
3. Der Kommanditist muss diese Reihenfolge einhalten! Leistet er zuerst die Einlage, ohne als Kommanditist eingetragen zu sein, so haftet er nach wie vor **persönlich** und **unbeschränkt** nach **§ 176 I HGB bzw. § 176 II HGB.**

BGB-GESELLSCHAFT	PERSONENHANDELSGESELLSCHAFTEN	
Haftung	**Haftung**	**Haftung**
• Die **Außen-GbR** ist rechtsfähig und haftet für die Verbindlichkeiten der GbR, § 705 II 1. Var. BGB. Damit besitzt die rechtsfähige GbR auch im Prozess Parteifähigkeit, sodass sie Klägerin oder Beklagte sein kann. Jedoch ist nur die eGbR z.B. grundbuchfähig, § 47 II GBO. • Die **Gesellschafter** haften zudem gem. §§ 705 II 1. Var., **721 S.1 BGB** akzessorisch für die Verbindlichkeiten der Gesellschaft mit ihrem **Privatvermögen** als **Gesamtschuldner** (§§ 421 ff. i.V.m. § 427 BGB). Werden Gesellschafter in Anspruch genommen, besteht ein Aufwendungsersatz-anspruch nach § 716 I BGB gegenüber der Gesellschaft und subsidiär gegenüber den Mitgesellschaftern nach §§ 426 I, 426 II BGB.	• **Die Gesellschaft haftet nach § 105 II HGB.** • **Die Gesellschafter** haften – ebenso wie bei der rechtsfähigen GbR – nach **§§** 105 II, **126 S. 1** HGB, **persönlich, unmittelbar, primär, unbeschränkt und auf das Ganze.** Werden Gesellschafter in Anspruch genommen, besteht ein Aufwendungsersatz-anspruch nach §§ 105 III HGB, 716 I BGB gegenüber der Gesellschaft und subsidiär gegenüber den Mitgesellschaftern nach §§ 426 I, 426 II BGB.	• **Die Gesellschaft** haftet nach §§ 161 II, 105 II HGB. • Die **Komplementäre** haften nach §§ 161 II 105 II, 126 S. 1 HGB (es gelten die Ausführungen zur OHG). • Die **Kommanditisten** haften nach **§ 171 HGB nur in Höhe ihrer Haftsumme**. Ausnahmen hierzu: Rechtsscheinhaftung gem. § 176 I HGB (Geschäftsaufnahme vor Eintragung) und gem. § 176 II HGB (Geschäftsfortführung vor Eintragung bei Eintritt).

Das Innenverhältnis in einer Personengesellschaft

A. Ansprüche im Innenverhältnis – Begriffsbildung

Im Innenverhältnis sind verschiedene Rechtsbeziehungen, Ansprüche und Verpflichtungen zu unterscheiden:

I. Sozialansprüche der Gesellschaft gegen die Gesellschafter

Z.B.: Anspruch auf Beitragsleistung (§ 709 BGB), Herausgabeanspruch (§ 716 III BGB), § 280 I BGB bei Pflichtverletzung, Erfüllung der Geschäftsführungspflicht (**Grüneberg**/Retzlaff, § 705 Rn 24). Die Sozialansprüche bilden, soweit sie auf vermögenswerte Leistungen gerichtet sind, einen Teil des Gesellschaftsvermögens.

Sozialansprüche können auch durch einen einzelnen nicht vertretungsbefugten Gesellschafter im eigenen Namen geltend gemacht werden. Dabei muss aber natürlich Leistung an die Gesellschaft verlangt werden, weil nur diese materiell berechtigt ist. Zu dieser Form der **Prozessstandschaft** (sog. **actio pro socio, vgl. § 715b BGB**) Näheres unten.

II. Sozialansprüche des Gesellschafters gegen die Gesellschaft

Z.B.: Anspruch auf Gewinnauszahlung (§ 718 BGB), Erstattung der Aufwendungen (§ 716 I BGB), Anspruch auf Abfindung nach dem Ausscheiden aus der Gesellschaft (§ 728 I 1 BGB). Solche Ansprüche können nur gegen die rechtsfähige Gesellschaft selbst geltend gemacht werden (**Grüneberg**/Retzlaff, § 705 Rn 23, 25a). Die Mitgesellschafter haften hierfür nicht, da dies das Nachschussverbot (§ 710 [bisher: 707] BGB) umgehen würde (OLG Brandenburg, 7 U 213/21, **RA 2023, 25**). Im Fall der bloßen nichtrechtsfähigen (Innen-) GbR haften hingegen die übrigen Gesellschafter als (i.d.R. anteilig haftende) Gesamtschuldner.

Vom Nachschussverbot nimmt **§ 710 S. 2 BGB** jedoch explizit die §§ 728a (Ausscheiden eines Gesellschafters), 737 (Liquidation) BGB aus.

Der Begriff „Sozial" wird hier in ungewöhnlicher Form verwendet. Er steht im vorliegenden Kontext gewissermaßen gleichbedeutend für die Gesellschaft. Insoweit ist ein „Sozial"anspruch also ein „Gesellschafts"anspruch und eine „Sozial"verpflichtung eine der Gesellschaft gegenüber (!) bestehende Verpflichtung.

III. Individualansprüche

Individualansprüche innerhalb der Gesellschaft sind Ansprüche der Gesellschafter untereinander (z.B. Ausgleichsansprüche gem. § 426 BGB).

IV. Drittbeziehungen

Schließlich kann es auch den Fall geben, dass Ansprüche zwischen der Gesellschaft und dem Gesellschafter als Drittem, d.h. nicht in seiner Eigenschaft als Gesellschafter, begründet werden.

Beispiel: Kauf- oder Mietvertrag des Gesellschafters „als Privatperson" mit der Gesellschaft

V. Durchsetzungssperre in der Liquidation

Ansprüche eines Gesellschafters gegen die Gesellschaft (Sozialverpflichtungen) oder andere Gesellschafter (Individualansprüche) sind in der Liquidationsphase (§§ 735 ff. [bisher: 723 ff.] BGB) gesperrt. Sie sind dann nur noch Rechnungsposten innerhalb der Auseinandersetzung (**Grüneberg**/Retzlaff, § 736d Rn 15)..

Der Grund für diesen Rechtssatz liegt darin, dass wechselseitige Zahlungen im Abwicklungsstadium vermieden und die Geltendmachung von Ansprüchen grundsätzlich der Schlussabrechnung vorbehalten werden soll. Vor endgültiger Auseinandersetzung sollen Mitglieder einer Abwicklungsgesellschaft Zahlung nur dann verlangen können, wenn und soweit feststeht, dass ihnen Ansprüche in diesem Umfang mindestens zustehen bzw. dass sie den auf diese Weise erlangten Betrag keinesfalls zurückzahlen müssen.

Zur Klarstellung kann ein Gesellschafter aber eine entsprechende **Feststellungsklage** erheben. Verkennt der Kläger die Durchsetzungssperre, kann eine Zahlungsklage in eine Feststellungsklage umgedeutet werden (BGH, II ZR 3/11; **Grüneberg**/Retzlaff, § 736d Rn 18), da es sich insoweit um ein „Weniger" handelt (vgl. § 308 I ZPO). Die Durchsetzungssperre greift aber **nicht** bei Ansprüchen, die nicht auf dem gesellschaftlichen Verhältnis beruhen, also bei Drittansprüchen (**Grüneberg**/Retzlaff, § 736d Rn 16)

B. Förderungs- und Treuepflicht

I. Förderungspflicht, insbes. Beitragsleistung

Die Förderungspflicht ist entsprechend dem Dauerschuldcharakter der GbR eine dauernde Verhaltenspflicht; eine bloß einmalige Beitragspflicht begründet im Unterschied hierzu grds. nur ein Austauschverhältnis. Die Förderungspflicht ist Hauptpflicht und muss sich unmittelbar aus dem Gesellschaftsvertrag, nicht erst aus anderen Rechtsverhältnissen, ergeben. Der Inhalt der Förderungspflicht wird durch den gemeinsamen Zweck bestimmt.

Die in **§ 709 I** [bisher § 706] **BGB** vorausgesetzte Pflicht zur Beitragsleistung ist die zentrale vertragliche Förderungspflicht im Rahmen der Gesellschaft. In § 709 I BGB wird zwischen „**Beitrag**" und „**Einlage**" nicht mehr unterschieden. Vielmehr wird der **„Beitrag" im Sinne von § 709 I BGB** dahingehend definiert, dass er **„in jeder Förderung des gemeinsamen Zwecks" bestehen kann**. Führt der Beitrag jedoch zu einer Erhöhung der Haftungsmasse der Gesellschaft, handelt es sich um eine Einlage (**Grüneberg**/Retzlaff, § 709 Rn 1).

Dieses weite Begriffsverständnis erfasst sowohl die noch geschuldeten als auch die bereits geleisteten Beiträge **unabhängig von ihrem Vermögenswert** und auch unabhängig davon, ob sie zu einer Vermehrung der Haftungsmasse beitragen. Die Beiträge können verschiedener Art sein. Neben Sachen und Rechten werden daher insbesondere auch **Dienstleistungen** erfasst.

Zur **Erhöhung seines Beitrags** kann ein Gesellschafter ohne seine Zustimmung **nicht verpflichtet** werden, **§ 710 S. 1** [bisher: § 707] **BGB**. Dadurch wird der Gesellschafter davor geschützt, eine unrentable Gesellschaft durch eine Beitragserhöhung (immer weiter) kapitalisieren zu müssen (**Grüneberg**/Retzlaff, § 710 Rn 1).

Eine pflichtenlose Gesellschaftsbeteiligung ist mit dem Schuldvertragscharakter der GbR unvereinbar. Schon deshalb bedarf der Beitritt eines **Minderjährigen** zu einer Gesellschaft stets der Einwilligung der gesetzlichen Vertreter, § 107 BGB, im Falle des Beitritts zu einer Erwerbsgesellschaft auch der Genehmigung des Familiengerichts, §§ 1852 Nr. 2, 1643 BGB, § 151 Nr. 1, 4 FamFG.

II. Treuepflicht (u.a. Wettbewerbsverbot)

Die gesellschaftsrechtliche Treupflicht ist ein zentraler Rechtssatz des Personengesellschaftsrechts. Die Treupflicht beschränkt sich in ihrem Anwendungsbereich nicht auf das Verhältnis des Gesellschafters zur Gesellschaft, sondern umfasst entsprechend ihrer Grundlage im Gesellschaftsvertrag auch dasjenige zu den Mitgesellschaftern als Vertragspartnern. Inhaltlich kann die Treupflicht je nach Lage des Falles zu Unterlassungs-, aber auch zu Handlungspflichten der Gesellschafter führen.

Zu denken ist etwa an die folgenden Punkte: **Wettbewerbsverbot**; Bindung bei der Geschäftsführung; gewisse Stimmrechtsbindung, bei dringend erforderlichen Änderungen des Gesellschaftsvertrages sogar Zustimmungspflicht im Rahmen des Zumutbaren; bei Ansprüchen aus Drittbeziehungen muss nach h.L. zunächst das Gesellschaftsvermögen in Anspruch genommen werden. Wird ein anderer Gesellschafter in Anspruch genommen, muss sich der Gesellschafter-Gläubiger seinen eigenen Verlustanteil abziehen lassen (BGH, NJW 1983, 749).

Zum Wettbewerbsverbot:
Der Gesetzgeber von einer Kodifizierung allgemeiner gesellschaftsrechtlicher Grundsätze wie der gesellschaftsrechtlichen Treuepflicht, des Gleichbehandlungsgrundsatzes und des Wettbewerbsverbots abgesehen.
Auszug aus der MoPeG-Gesetzesbegründung: Was das Wettbewerbsverbot im Besonderen anbelangt, schließt dies eine entsprechende Anwendung der (...) §§ 117, 118 HGB, insbesondere im Hinblick auf das Eintrittsrecht nach (Autor: § 118 I 2 HGB), auf die unternehmenstragende GbR freilich nicht aus, was zum Teil schon heute anerkannt ist.
Der Grund für eine parallele Behandlung liegt dabei in der engen Verwandtschaft zwischen der **unternehmenstragenden** GbR und der OHG.
Ob Rspr. und Lit. dem Gesetzgeber in dieser – bisher umstrittenen Frage – folgen, bleibt abzuwarten. Bis zu einer Klärung sollten die **§§ 117, 118 HGB** jedoch in der Klausur auf die **unternehmenstragende GbR analog** angewendet werden.

Voraussetzungen: Betroffener ist persönlich haftender Gesellschafter; Geschäftemachen in dem gleichen Handelszweig bzw. Beteiligung als persönlich haftender Gesellschafter an einer gleichartigen Handelsgesellschaft; keine Einwilligung der anderen Gesellschafter

- Das **Wettbewerbsverbot** ist unwirksam, soweit es gegen § 1 GWB verstößt. Die Anwendungsbereiche des § 117 HGB und des § 1 GWB kollidieren. Es ist eine Güter- und Interessenabwägung erforderlich. § 1 GWB ist unanwendbar, soweit die Interessen der Gesellschaft dies erfordern.
- **Konkurrenzverbot** kann nur bei kartellrechtsneutralen Gesellschaften wirksam sein.
- **Wettbewerbsverbot** wirksam bei Gesellschaftern, die in der Gesellschaft tätig sind und Geschäftsführungsaufgaben wahrnehmen.
- Rechtslage streitig bei Gesellschaftern, die von der Geschäftsführung ausgeschlossen sind, aber das Informationsrecht aus § 717 BGB i.V.m. § 105 III HGB [bisher: 118 HGB] haben. BGH: bei lediglich kapitalistischer Beteiligung ist das Wettbewerbsverbot unwirksam.

Rechtsfolgen: Unterlassungsanspruch; Schadensersatz; Eintrittsrecht (§ 118 [bisher: 113] HGB)

Zur Geschäftschancenlehre:
Der Geschäftsführer darf Geschäftschancen nicht für sich, sondern nur für die Gesellschaft ausnutzen und hat ihr, wenn er hiergegen verstößt, einen dadurch entstandenen Schaden zu ersetzen (BGH, II ZR 159/10 Rn 22; **Grüneberg**/Retzlaff, § 705 Rn 22).

Unterscheide zwei Fallgruppen (Fleischer, NZG 2013, 361, 364; Weber, JA 2013, 548, 550):
- Ein Geschäftsführer darf keine Geschäfte an sich ziehen, die in den Geschäftsbereich der Gesellschaft fallen **oder**
- dieser auf Grund bestimmter konkreter Umstände bereits zugeordnet sind.

Die Geschäftschancenlehre steht als **eigenständiges Rechtsinstitut**, entwickelt aus der **Treuepflicht**, neben einem Wettbewerbsverbot (BGH, II ZR 159/10 Rn 20).
Der BGH leitet deshalb die Rechtsfolgen nicht aus § 118 HGB ab. Vielmehr sieht der BGH die schuldhafte Selbstnutzung von Geschäftschancen als eine Verletzung des Gesellschaftsverhältnisses mit Schadensersatzfolgen nach **§§ 249 ff. BGB** an, was erhebliche Bedeutung für die **Verjährung** hat: **§ 193 BGB, nicht § 118 III HGB**.
Die **Anspruchsgrundlage** ist folglich **§ 280 I BGB** (**Grüneberg**/Retzlaff, § 705 Rn 22; Weber, JA 2013, 548, 550).

Die Geschäftschancenlehre ist auf den geschäftsführenden bzw. vertretungsbefugten Gesellschafter einer **GbR** jedenfalls dann **anwendbar**, wenn diese eine „Erwerbsgesellschaft" oder eine **„unternehmenstragende" Gesellschaft** darstellt oder gewerblich tätig ist. Die Situation ist dann derjenigen bei der OHG vergleichbar.

C. Geschäftsführung

I. Grundlagen

Als Geschäftsführung ist jede zur Förderung des Gesellschaftszwecks bestimmte, für die Gesellschaft wahrgenommene Tätigkeit zu verstehen, mit Ausnahme solcher Maßnahmen, welche die Grundlagen der Gesellschaft betreffen. Darauf, ob es um Handlungen **tatsächlicher oder rechtsgeschäftlicher Natur** geht, ob die Tätigkeit sich auf das **Innenverhältnis** beschränkt oder ob sie **Außenwirkungen** hat, namentlich in der Vertretung der Gesellschaft Dritten gegenüber besteht, kommt es für ihre Zugehörigkeit zur Geschäftsführung nicht an.
Die Geschäftsführung ist Recht und Verpflichtung zugleich.
Es handelt sich um eine Tätigkeitspflicht zur Förderung des gemeinsamen Zwecks und damit um eine **Beitragspflicht** i.S.v. § 709 I [bisher: §§ 705, 706] BGB.
Die Geschäftsführung ist **Ausfluss der Gesellschafterstellung** und beruht auch dann, wenn sie einem oder bestimmten Gesellschaftern übertragen ist, § 715 IV [bisher: § 710] BGB, grundsätzlich nicht auf einem Anstellungsverhältnis, sondern unmittelbar auf dem Gesellschaftsvertrag.

Merke: Der Beitrag eines Gesellschafters kann in der Leistung von Diensten bestehen, § 709 I BGB. Dies stellt klar, dass nicht schon die Vereinbarung von Dienstleistungen im Gesellschaftsvertrag dazu führen soll, dem mitarbeitenden Gesellschafter nach §§ 611 I, 612 BGB eine übliche Vergütung zuzusprechen; vielmehr hat er ja seinen Gewinnanspruch (**Grüneberg**/Retzlaff, § 709 Rn 3).
Jedoch bleibt es den Beteiligten unbenommen, mit dem geschäftsführungsbefugten Gesellschafter eine zusätzliche Vergütung im Rahmen eines **Dienstvertrags** zu vereinbaren. Geschieht dies, steht der Dienstverpflichtete der Gesellschaft insoweit wie ein Dritter gegenüber. Sein Vergütungsanspruch beruht dann ausnahmsweise nicht auf dem Gesellschaftsverhältnis (**Grüneberg**/Retzlaff, § 715 Rn 4).

II. Grundsatz der Selbstorganschaft

Als Ausfluss der Mitgliedschaft ist die Geschäftsführerstellung notwendig den Gesellschaftern vorbehalten. Im Unterschied zu den Kapitalgesellschaften gilt für die GbR ebenso wie für OHG und KG der **Grundsatz der Selbstorganschaft**. Er schließt es zwar nicht aus, dass Dritten im Rahmen eines Anstellungs- oder Auftragsverhältnisses Geschäftsführungsaufgaben übertragen werden. Das kann im Sinne einer „**Generalvollmacht**" auch in sehr weitgehendem Umfang mit der Folge geschehen, dass sämtliche in der Gesellschaft anfallenden Aufgaben erfasst werden. Immer bleibt die Befugnis des Dritten jedoch abgeleiteter Natur. Sie steht ihm anders als dem Gesellschafter nicht kraft eigenen Rechts zu und kann ihm daher auch ohne sein Zutun wieder entzogen werden

III. Verhältnis zur Vertretung

Die Vertretung der Gesellschaft gegenüber Dritten ist keine qualitativ von der Geschäftsführung zu unterscheidende Tätigkeit, sondern derjenige Teilbereich der Geschäftsführung, der das rechtsgeschäftliche Außenhandeln der Geschäftsführer umfasst.

Merke: **Ein Akt der Vertretung ist immer auch ein Akt der Geschäftsführung. Ein Akt der Geschäftsführung muss aber kein Akt der Vertretung sein.**

Die verbreitet anzutreffende Gegenüberstellung von Geschäftsführung als Handeln im Innenverhältnis und Vertretung als Außenhandeln ist daher unzutreffend (MK/Schäfer, § 709 Rn 9).

Dennoch ist zwischen Geschäftsführungsbefugnis und Vertretungsmacht zu unterscheiden:

Merke: **Die Geschäftsführungsbefugnis bestimmt das „rechtliche Dürfen" im Innenverhältnis, die Vertretungsmacht das „rechtliche Können" im Außenverhältnis.**

Klausurrelevant sind insoweit vor allem Fälle, in denen ein Gesellschafter nach außen eine unbeschränkte Vertretungsmacht hat (§§ 720 III BGB, 124 IV HGB; Stichwort: „rechtliches Können"), im Innenverhältnis aber Schranken unterworfen ist, die er verletzt (§§ 715 II BGB, 116 II 1 HGB [Beschränkung auf „**gewöhnliche**" Geschäfte]; Stichwort: „rechtliches Dürfen"). In diesem Fall muss erkannt werden, dass die Gesellschaft dennoch wirksam vertreten wurde, also vor allem kein Fall des § 179 BGB vorliegt. Häufig werden dann noch zusätzlich z.B. Schadensersatzansprüche im Innenverhältnis geprüft (z.B. aus § 280 I BGB).

IV. Umfang der Geschäftsführungsbefugnis

Die Geschäftsführungsbefugnis ist beschränkt auf alle Geschäfte, die die Teilnahme der Gesellschaft am Rechtsverkehr ***gewöhnlich*** mit sich bringt, § 715 II 1 BGB, § 116 II 1 HGB. Zur Vornahme von Geschäften, die darüber hinausgehen, ist ein Beschluss aller Gesellschafter erforderlich.

Im Einzelnen fallen unter die Geschäftsführungsbefugnis

- **tatsächliche Handlungen** für die Gesellschaft, seien sie organisatorischer, betriebsleitender oder ausführender Art (Buchführung und Rechnungslegung, Schriftwechsel, Planung und Gestaltung der Geschäftsabläufe und des Personaleinsatzes),
- **Rechtsgeschäfte** namens der Gesellschaft wie die Einstellung von Personal oder der Abschluss von Verträgen mit Dritten und
- die **Prozessführung** im Interesse der Gesellschaft (auch die Geltendmachung von Sozialansprüchen gegenüber Gesellschaftern).

Nicht zur Geschäftsführung gehören **Grundlagengeschäfte**, welche also die Grundlagen der Gesellschaft, insbesondere deren Struktur und Organisation, betreffen (z.B. Änderung des Gesellschaftszwecks, Wechsel im Gesellschafterbestand [vgl. § 711 I BGB], Art, Umfang und Aufteilung der Geschäftsführungsbefugnis). Diese sind der Gestaltung durch die Gesellschafter im Rahmen des Gesellschaftsvertrags vorbehalten (**Grüneberg**/Retzlaff, § 715 Rn 5).

Merke: Bei Überschreitung der Geschäftsführungsbefugnis haftet nach h.M. der Geschäftsführer aus **§ 280 I BGB** i.V.m. dem Gesellschaftsvertrag (Gegenansicht: §§ 677, 678 BGB). Das Merkmal „ohne Auftrag" setzt das Fehlen einer vertraglichen Beziehung zwischen Geschäftsführer und Geschäftsherrn voraus. Die Rechte und Pflichten des Geschäftsführers ergeben sich aber aus dem Gesellschaftsvertrag. Überschreitet ein geschäftsführender Gesellschafter seine Geschäftsführungsbefugnis, liegt eine Pflichtverletzung, aber keine GoA vor (BGH, WM 1988, 968, 970).

V. Geschäftsführungsbefugnis in der GbR

Im Unterschied zur OHG und KG (lies §§ 116 I, 124 I HGB) gilt im Recht der GbR gem. § 715 III 1 [bisher: § 709] BGB das Grundprinzip der **Gesamtgeschäftsführung** und gem. § 720 I [bisher hergeleitet aus § 714] BGB das Prinzip der **Gesamtvertretung**.
Sind mehrere – aber nicht alle – Gesellschafter zur Geschäftsführung berufen, besteht auch zwischen diesen im Zweifel eine Gesamtgeschäftsführung, § 715 III 2 BGB.

Für abweichende Vereinbarungen besteht weitgehende Gestaltungsfreiheit.

Haben mehrere Gesellschafter Einzelgeschäftsführungsbefugnis, hat jeder von ihnen das **Widerspruchsrecht** aus **§ 715 IV 1 BGB** [bisher: § 711 BGB und bei OHG und KG § 115 I HGB] **BGB**. Der Widerspruch hat keine Außenwirkung (näher oben bei der Vertretung).

Durch eine **trotz** wirksamen **Widerspruchs** vorgenommene Geschäftsführungshandlung verletzt der Geschäftsführer seine gesellschaftsvertraglichen Pflichten, vgl. § 715 IV 2 BGB und kann sich, bei Verschulden aus **§ 280 I BGB schadensersatzpflichtig** machen (BGH, NJW-RR 1988, 995, 996). An einem wirksamen und damit beachtlichen Widerspruch fehlt es, wenn eine Notgeschäftsführung (§ 715a [bisher: 744 II analog] BGB) vorliegt oder der Widerspruch pflichtwidrig war (z.B. wenn ein Gesellschafter fortwährend und ohne Angabe eines sachlichen Grundes den Maßnahmen anderer geschäftsführender Gesellschafter widerspricht und hierdurch die Geschäftstätigkeit der Gesellschaft blockiert).

VI. Geschäftsführungsbefugnis in der OHG und der KG

Geschäftsführung und Vertretung sind stets strikt zu unterscheiden (s.o.). Bei OHG und KG kommt hinzu, dass beide Bereiche hinsichtlich der Reichweite Unterschiede aufweisen.

Soweit im Gesellschaftsvertrag nichts anderes bestimmt ist, gilt **§ 116** [bisher: §§ 114-117] **HGB**:
Für **gewöhnliche** Geschäftsführungsaufgaben besteht **Alleingeschäftsführung** aller persönlich haftenden Gesellschafter, § 116 I HGB.
Die Vornahme außergewöhnlicher Geschäftsführungsmaßnahmen müssen alle Gesellschafter (auch die Kommanditisten!) beschließen, § 116 II 1 2. HS HGB. Ein **außergewöhnliches** Geschäft liegt vor, wenn es nach Inhalt und Zweck über den Rahmen des Unternehmens der Gesellschaft hinausgeht, d.h. dem Gesellschaftszweck fremd ist, oder wenn es wegen seiner Bedeutung und den mit ihm verbundenen Risiken Ausnahmecharakter hat.
Ein gesetzlich geregelter Fall des außergewöhnlichen Geschäfts ist die **Erteilung von Prokura**. Hierfür müssen gem. § 116 III 2 HGB alle *geschäftsführenden* Gesellschafter zustimmen, aber nicht die Kommanditisten.

Zwar sind die Kommanditisten im Grundsatz von der Geschäftsführung ausgeschlossen, § 164 HGB, auch dies ist jedoch gem. § 163 HGB dispositiv. Mithin kann einem Kommanditisten die (sogar Allein-)Geschäftsführungsbefugnis eingeräumt werden. Dies verletzt auch nicht den Grundsatz der Selbstorganschaft, da der Kommanditist ja kein Fremdorgan, sondern Gesellschafter ist.

Merke: Das gilt aber nicht für die Vertretungsmacht! Von der organschaftlichen Vertretung ist der Kommanditist gem. § 170 HGB zwingend (vgl. § 163 HGB!) ausgeschlossen. Hierdurch sollen die unbeschränkt persönlich haftenden Komplementäre vor Verpflichtungen geschützt werden, die ein nur beschränkt haftender Gesellschafter begründet (**Grundsatz der Selbstorganschaft**).

Auch hier wirkt sich also wieder aus, dass bei der OHG und der KG die Vertretung und die Geschäftsführung nicht parallel laufen.

Nur im Fall der **Liquidation** der Gesellschaft wird **Gesamtvertretung**, §§ 146 I, 144 I 1 [bisher: 150 I], 161 II HGB, durch alle Gesellschafter, § 144 I [bisher: 146 I] HGB, also auch die Kommanditisten, angeordnet. Man spricht insoweit von „geborenen" Liquidatoren.

VII. Weitere Mitverwaltungsrechte

Neben dem Geschäftsführungsrecht stellt das Stimmrecht (§§ 709 III, 714 BGB) wohl das wichtigste Mitverwaltungsrecht des GbR-Gesellschafters dar. Daneben gibt es noch das Informationsrecht, § 717 [bisher: §§ 713, 666] BGB, und das Recht zur Kontrolle des Geschäftsführers, § 717 [bisher § 716] BGB.

OHG/KG: § 105 III HGB verweist auf die o.g. Vorschriften. [bisher: § 118]

D. Gewinn- und Verlustverteilung, Aufwendungsersatzanspruch

I. Beteiligung an Gewinnen und Verlusten

Für die **Gewinn- und Verlustverteilung** gelten die §§ 709 III, 718 BGB i.V.m. § 105 III HGB [bisher: §§ 720, 721 BGB bzw. 120-122 HGB], soweit im Gesellschaftsvertrag nichts anderes bestimmt ist.
Die Stimmkraft und der Anteil an Gewinn und Verlust richten sich vorrangig nach den vereinbarten Beteiligungsverhältnissen. Sind keine Beteiligungsverhältnisse vereinbart worden, richten sie sich nach dem Verhältnis der vereinbarten Werte der Beiträge. Sind auch Werte der Beiträge nicht vereinbart worden, hat jeder Gesellschafter ohne Rücksicht auf den Wert seines Beitrags die gleiche Stimmkraft und einen gleichen Anteil am Gewinn und Verlust.

Die frühere Abgrenzung zwischen einmaliger und jährlicher Gewinnverteilung entsprach derjenigen zwischen Gelegenheits- und Dauergesellschaft.
Die neue Konzeption geht grundsätzlich von **Dauergesellschaften** aus, die Erwerbszwecken dienen, und sieht deshalb gem. § 718 BGB („im Zweifel") jährlichen Rechnungsabschluss vor.

Geht es dagegen um Durchführung sowie Abwicklung eines oder einer begrenzten Anzahl von Einzelgeschäften auf gemeinsame Rechnung (z.B. Spiel- oder Fahrgemeinschaft), so handelt es sich im Zweifel um eine **Gelegenheitsgesellschaft**. Bei dieser erfolgt die Rechnungslegung einmalig nach Auflösung der Gesellschaft.

II. Aufwendungsersatzanspruch

Der **Ausgleichsanspruch** aus **§ 716 I BGB** i.V.m. § 105 III HGB [bisher: §§ 713, 670 BGB bzw. 110 HGB] steht **jedem Gesellschafter** (nicht nur den zur Geschäftsführung befugten) zu. Er richtet sich gegen die Gesellschaft und setzt voraus, dass der Gesellschafter Aufwendungen gemacht oder Verluste erlitten hat.

Definition: **Aufwendungen** sind alle freiwilligen Vermögensopfer.

Verluste sind die unfreiwilligen Vermögensnachteile.

Verluste sind nach § 716 I BGB nur zu ersetzen, wenn der Gesellschafter sie „unmittelbar infolge der Geschäftsbesorgung" erleidet. Die Verluste müssen einen objektiv erkennbaren, engen Zusammenhang mit der Tätigkeit für die Gesellschaft aufweisen; es muss sich um einen tätigkeits- oder geschäftstypischen Schaden für den Gesellschafter handeln.

Ansprüche bei Tilgung einer Gesellschaftsschuld

Der in der Klausur wohl wichtigste Anwendungsfall ist die Tilgung einer Schuld der Gesellschaft durch einen Gesellschafter.

GbR: Anspruch gegen die **Gesellschaft** aus **§ 716 I** [bisher: §§ 713, 670] **BGB**.

OHG/KG: Anspruch gegen die **Gesellschaft** aus **§ 716 I BGB i.V.m. § 105 III HGB** [bisher: § 110 HGB] (bei KG i.V.m. § 161 II HGB)

Subsidiär: Anspruch aus **§ 426 BGB** gegen die **Mitgesellschafter**

Auszug aus der MoPeG-Gesetzesbegründung: § 110 I HGB (alte Fassung) räumt jedem Gesellschafter einer **OHG** (und über § 161 II HGB einer **KG**) einen Ersatzanspruch für freiwillig und unfreiwillig eingegangene Vermögensopfer ein, während das Recht der **GbR** nach § 713 BGB i.V.m. § 670 BGB einen Ersatzanspruch bisher ausdrücklich nur für den geschäftsführenden Gesellschafter und auch nur für freiwillig eingegangene Vermögensopfer vorsieht. Diese historisch bedingten Unterschiede haben sich im Laufe der Rechtsentwicklung überholt. Nachdem heute für das allgemeine Auftragsrecht weitgehende Einigkeit besteht, dass die **Freiwilligkeit des Vermögensopfers keine Voraussetzung für den Ersatzanspruch** ist, ist der Anlass zu der Sonderregelung in § 110 I HGB entfallen.

Nach § 716 I BGB setzt der Aufwendungsersatzanspruch gegenüber der Formulierung in § 110 I Variante 1 HGB („in den Gesellschaftsangelegenheiten") ein **Tätigwerden „zum Zwecke der Geschäftsbesorgung"** voraus. Dazu ist wie bisher erforderlich, dass der **Gesellschafter objektiv im Geschäftskreis der Gesellschaft tätig geworden ist und subjektiv für sie gehandelt hat**. Weitere Voraussetzung ist, dass der Gesellschafter die **Aufwendungen „den Umständen nach für erforderlich halten darf"**. Abzustellen ist nach einem subjektiv-objektiven Maßstab darauf, ob ein sorgfältig prüfender Gesellschafter der Überzeugung sein durfte, dass sie erforderlich seien. Für die Ersatzberechtigung **kommt** es **nicht darauf an, ob der Gesellschafter zur Geschäftsbesorgung befugt war**, sei es durch einen Gesellschafterbeschluss, die Übertragung des Geschäfts durch einen geschäftsführungsbefugten Gesellschafter oder kraft Notgeschäftsführungsbefugnis. Die Vorschrift stellt den Gesellschafter insoweit **günstiger, als er nach den Vorschriften über die Geschäftsführung ohne Auftrag stünde**. Es handelt sich bei § 716 BGB folglich um eine die Risikoverteilung umfassend regelnde Norm, die einen **Rückgriff auf die Vorschriften der Geschäftsführung ohne Auftrag entbehrlich** macht (vgl. Fleischer, BB 2020, 2114, 2116).

Der Anspruch auf Ersatz von Verlusten hat nach § 716 I BGB gegenüber der Formulierung in § 110 I Variante 2 HGB („unmittelbar durch seine Geschäftsführung oder aus Gefahren, die mit ihr untrennbar verbunden sind") zur Voraussetzung, dass der Gesellschafter sie „unmittelbar infolge der Geschäftsbesorgung" erleidet. Die **Verluste müssen einen objektiv erkennbaren, engen Zusammenhang mit der Tätigkeit für die Gesellschaft aufweisen**; es muss sich um einen **tätigkeits- oder geschäftstypischen Schaden für den Gesellschafter** handeln. Die bisherige Formulierung von § 110 I Variante 2 HGB als Alternativtatbestand ist insoweit ungenau.

Müller/Großmann, JuS 2020, 535, 540, prüfen – nach § 716 I BGB unter 1. – noch weitere Ansprüche. Nur die folgenden Ansätze sind nach der Reform noch sinnvoll:

2. § 426 I 1 BGB
   (-), denn zwischen Gesellschaft und Gesellschaftern besteht mangels Gleichstufigkeit keine Gesamtschuld iSd § 421 BGB
3. § 426 II i.V.m. §§ 346 I, 437 Nr. 2, 323 I BGB
   (-), da keine Gesamtschuld
4. §§ 677, 683 S. 1, 670 BGB
   (-), da Aufwendungsersatzanspruch des § 716 I BGB lex specialis
5. § 812 I 1 Var. 2 BGB (Rückgriffskondiktion)
   (-), wenn und weil der Rückgriff schon mit § 716 I BGB in anderer Weise geregelt ist.

Nach einer **M.M.** geht der gegen die Gesellschaft gerichtete Anspruch nach Erfüllung durch den Gesellschafter auf diesen über und soll für diesen eine weitere Anspruchsgrundlage darstellen (Grüneberg/Retzlaff, § 721 Rn 10). Bedeutung hätte dieser Übergang nach §§ 412, 401 BGB für etwaige akzessorische Sicherheiten und Vorzugsrechte, die sich mit der Hauptforderung verbinden. MK/Schäfer, § 721 Rn 31, will dies aus **§§ 774 I, 1143, 1225 BGB analog** abzuleitenden. **Die h.M. und der BGH lehnen dies ab**, da § 716 I BGB (früher § 110 HGB) den Fall abschließend regele und ein darüber hinausgehende Forderungsübergang nicht vorgesehen sei (BGH, II ZR 300/08 Rn 59 f.).

Ansprüche gegen **Mitgesellschafter** aus § 426 I 1 BGB (nicht § 721 BGB bzw. § 126 HGB, da diese nur im Verhältnis zu Dritten gelten!). Der Anspruch besteht nur in Höhe der jeweiligen Verlustbeteiligung (sog. *Minus-rata-Haftung*). Er ist **subsidiär**, d.h. nur durchsetzbar, wenn im Gesellschaftsvermögen frei verfügbare Mittel nicht vorhanden sind (streitig).

Hat einer von mehreren Gesellschaftern einer BGB-Gesellschaft **schuldhaft verursacht**, dass die Gesellschaft auf Schadensersatz in Anspruch genommen werden konnte, kann dies im Rahmen des Gesamtschuldner-Innenausgleichs unter Heranziehung des Gedankens des **§ 254 BGB** zu einer **Alleinhaftung** des schuldhaft handelnden Gesellschafters im Verhältnis zu seinen Mitgesellschaftern führen (BGH, II ZR 268/07). Der Regress ggü. der Gesellschaft scheitert am gem. §§ 280 I, 241 II BGB gegebenen Gegenanspruch, mit dem die Gesellschaft aufrechnen kann. [Dies dürfte parallel auch bei der OHG/KG gelten.]

E. Schadensersatzansprüche innerhalb der Gesellschaft

Die Gesellschaft kann Schadensersatzansprüche gegen die Gesellschafter geltend machen, wenn diese gegen ihre Pflichten verstoßen haben.

Beispiele: Ein Schadensersatzanspruch nach **§ 280 I BGB** steht der Gesellschaft gegen den geschäftsführenden Gesellschafter z.B. zu, wenn der Gesellschafter seine Geschäftsführungsbefugnisse im Innenverhältnis überschritten hat und der Gesellschaft dadurch ein Schaden entstanden ist.

Wenn z.B. ein Gesellschafter „in die Kasse greift“, kommen Ansprüche aus **§ 280 I BGB**, § 823 II i.V.m. § 266 I StGB bzw. § 246 I (oder gar II) StGB und gem. § 826 BGB in Betracht.

Die Gesellschafter sind nach der allgemeinen Regelung des **§ 276 I und II BGB** für die im Verkehr erforderliche Sorgfalt verantwortlich. Das bedeutet, dass die Gesellschafter nunmehr regelmäßig auch für einfache Fahrlässigkeit haften, wenn und weil eine strengere oder mildere Haftung weder bestimmt noch aus dem sonstigen Inhalt des Schuldverhältnisses zu entnehmen ist.

Bisher haftete der Gesellschafter der Gesellschaft (OHG, KG, GbR, PartG) und den übrigen Gesellschaftern aber nur für Vorsatz und grobe Fahrlässigkeit (§ 708 BGB alte Fassung). Diese Haftungsbeschränkung auf die Sorgfalt in eigenen Angelegenheiten galt jedoch nicht im Straßenverkehr und nicht für die Haftung gegenüber Dritten.

Jedoch geht der Gesetzgeber davon aus, dass sich interessengerechte Lösungen „ohne Weiteres mit der allgemeinen Rechtsgeschäfts- und Schuldrechtslehre besser erreichen (zum Beispiel stillschweigend vereinbarter Haftungsausschluss, verkehrskreisbezogene Bestimmung des allgemeinen Sorgfaltsmaßstabs nach § 276 1 1 BGB)“ lassen. Hierbei kann es nur um eine Haftungserleichterung in solchen Fällen gehen, in denen die Regelung des § 708 BGB bisher angemessen war: bei vielen GbR, insbesondere Gelegenheitsgesellschaften und solchen ohne vermögensrechtlichen Charakter.

Die Gesellschafter unternehmenstragender Gesellschaften haben sich hingegen künftig auf den Sorgfaltsmaßstab des § 276 I, II BGB einzustellen, soweit sie nicht klar erkennbar von den ihnen zur Verfügung stehenden Möglichkeiten der Enthaftung Gebrauch machen.

Vertiefung: Dem geschäftsführenden Gesellschafter kommt wohl die **Business Judgment Rule** des § 93 I 2 AktG analog zugute, wenn er sich innerhalb seiner Geschäftsführungsbefugnis bewegt (**Grüneberg**/Retzlaff, § 716 Rn 3). Dem Geschäftsleiter ist hiernach ein weiter Handlungsspielraum zuzubilligen, ohne den eine unternehmerische Tätigkeit schlechterdings nicht denkbar ist und der neben dem bewussten Eingehen geschäftlicher Risiken grundsätzlich auch die Gefahr von Fehlbeurteilungen und Fehleinschätzungen umfasst. Dabei kann auch für das Personengesellschaftsrecht hinsichtlich der Voraussetzungen im Einzelnen auf den auf eine hinreichende Informationsgrundlage und auf Konfliktfreiheit abstellenden § 93 I 2 AktG zurückgegriffen werden. Liegen die Voraussetzungen der Vorschrift vor, fehlt es schon an einer

Pflichtverletzung des geschäftsführenden Gesellschafters; diesem wird mit anderen Worten das mit der unternehmerischen Entscheidung verbundene Erfolgsrisiko abgenommen. Diese Haftungsbeschränkung gilt jedoch nicht im Straßenverkehr und nicht für die Haftung gegenüber Dritten.

Aber auch der Gesellschafter kann Schadensersatzansprüche gegen die Gesellschaft wegen Verletzung des Gesellschaftsvertrages geltend machen, wenn z. B. zur Nutzung überlassene Sachen des Gesellschafters beschädigt wurden.

F. Die actio pro socio

I. Problemeinführung: Zuständigkeitsordnung in der Gesellschaft versagt

Die Verfolgung von Ansprüchen aus dem Gesellschaftsvertrag gegen einen Gesellschafter ist grundsätzlich Aufgabe der geschäftsführenden Gesellschafter (vgl. § 715b I 1 BGB „der dazu berufene geschäftsführungsbefugte Gesellschafter"; **Grüneberg**/Retzlaff, § 715 Rn 5) Die actio pro socio bezweckt einen Schutz des von der Geschäftsführung ausgeschlossenen Gesellschafters bzw. des Minderheitsgesellschafters, der davor geschützt werden soll, dass die Gesellschaft ihr Vermögen dadurch schädigt, dass sie – etwa auf Druck des Mehrheitsgesellschafters – aus dem Gesellschaftsverhältnis resultierende Ansprüche („Sozialansprüche") gegen einen (Mehrheits-) Gesellschafter nicht geltend macht.

Bedeutung erlangt die actio pro socio im Regelfall nur bei solchen Gesellschaftern, die aufgrund Gesetzes oder aufgrund des Gesellschaftsvertrages nicht zur (alleinigen) Vertretung der Gesellschaft befugt sind. Denn bei einer bestehenden Vertretungsbefugnis könnte er das Recht der Gesellschaft in deren Namen geltend machen und bedürfte daher der actio pro socio nicht. Eine Geschäftsführungsbefugnis ist nicht erforderlich, weshalb auch der **Kommanditist** berechtigt ist (BGH, II ZR 255/16, **RA 2018, 137** = JuS 2018, 1105).

II. Problemlösung: Prozessstandschaft

Die actio pro socio gem. **§ 715b I 1 BGB** – die Klage als Gesellschafter – beschreibt die Fähigkeit eines Gesellschafters, für Sozialansprüche der Gesellschaft gegen andere Gesellschafter im Namen der Gesellschaft Prozesse zu führen. Sie ist damit eine Form der **gesetzlichen Prozessstandschaft**. Genau genommen handelt es sich damit nicht um eine actio pro socio sondern um eine „actio pro societate", denn der einzelne Gesellschafter macht ein Recht der Gesellschaft im eigenen Namen als Prozessstandschafter für die Gesellschaft geltend.
Deshalb greift die actio pro socio auch nicht ein, wenn ein GmbH-Gesellschafter Ansprüche der GmbH gegen den **Fremd**geschäftsführer geltend machen will, da dieser ja gerade kein Gesellschafter ist (BGH, II ZR 50/20, **RA 2022, 305**).

Das bedeutet, dass jeder zur Alleinvertretung nicht berechtigte Gesellschafter die der Gesellschaft zustehenden Rechte im eigenen Namen geltend machen und auch einklagen kann, wenn dies durch die vertretungsbefugten Gesellschafter **pflichtwidrig** unterbleibt. Denn es ist dem einzelnen Gesellschafter nicht zuzumuten, gegen die vertretungsbefugten Gesellschafter auf pflichtgemäße Geltendmachung der Forderung zu klagen. Pflichtwidrig ist die Untätigkeit i.d.R., wenn es für sie **keine wirtschaftlichen Gründe** gibt (**Grüneberg**/Retzlaff, § 715b Rn 4).
Ein **ausgeschiedener** Gesellschafter ist zur Gesellschafterklage **nicht** mehr berechtigt (**Grüneberg**/Retzlaff, § 715b Rn 3).

Auszug aus der MoPeG-Gesetzesbegründung: Vom Regelungsstandort her fügt sich die Gesellschafterklage (§ 715b BGB) an die Notgeschäftsführungsbefugnis (§ 715a BGB) an. **Beide Institute begründen zwar im Außenverhältnis keine Vertretungsbefugnis, wohl aber im Innenverhältnis die Befugnis, (außer-) gerichtlich gegen Mitgesellschafter oder Dritte vorzugehen und einen Anspruch der Gesellschaft im eigenen Namen geltend zu machen.** Dabei handelt es sich jeweils um ein **subsidiäres Institut**, insoweit es die Geschäftsführungs- und Vertretungsordnung durchbricht, wenngleich sich beide Institute in ihren konkreten Voraussetzungen unterscheiden. **Das Einzelklagerecht des Gesellschafters und das Recht zur Notgeschäftsführungsbefugnis schließen sich** daher **gegenseitig nicht aus.**

Die Gesellschafterklage steht jedem Gesellschafter offen, jedoch nur für die Dauer seiner Zugehörigkeit zur Gesellschaft. Denn nach Ausscheiden ist auf seiner Seite kein berechtigtes Interesse mehr daran ersichtlich, auf die Durchsetzung von Sozial- und Drittansprüchen hinzuwirken. Es reicht aus, wenn er seine Auffassung, der Gesellschaft stehe ein solcher Anspruch zu, gegenüber der Gesellschaft im Streit über die Höhe seines Abfindungsanspruchs geltend machen kann.

Überaus streitig ist die Frage der **Subsidiarität** der Gesellschafterklage.
Auszug aus der MoPeG-Gesetzesbegründung: Die Gesellschafterklage ist nur subsidiär zulässig, das heißt nur dann, wenn sie aus besonderen Gründen nicht mit der primären Geschäftsführungs- und Vertretungsordnung kollidiert. Die Formulierung ist bewusst offengehalten. So bleibt es der Rechtsprechung überlassen, im Einzelfall sachgerechte Kriterien zu bestimmen (zum Beispiel Aufforderung zur Gesellschaftsklage, Ablehnung der Gesellschaftsklage, Erfordernis eines Gesellschafterbeschlusses, Gesellschaftswidrigkeit der Ablehnung).

Einerseits wird vertreten, dass es für den klagenden Gesellschafter „keine andere Möglichkeit" geben dürfe, die zuständigen Gesellschafter zur Durchsetzung des Sozialanspruchs zu bewegen. Folglich müsse zuerst ein Gesellschafterbeschluss herbeigeführt werden (**Grüneberg**/ Retzlaff, § 715b Rn 5). Andere verlangen, dass der klagewillige Gesellschafter die zuständigen Geschäftsführer zunächst zur Klageerhebung auffordern müsse, was ebenfalls zu einer Abstimmung führe (MK/Schäfer, § 715b Rn 11). Dem wird entgegengehalten, dass solche Anforderungen letztlich darauf hinauslaufen würden, die Gesellschafterklage entbehrlich zu machen. Die Gesellschafterklage sei zwar subsidiär und setze eine Verletzung der internen Kompetenzordnung voraus, sie sei aber **nicht ultima ratio** und komme nicht erst in Betracht, wenn alle anderen Möglichkeiten zur Beseitigung der Störung der internen Kompetenzordnung erfolglos ergriffen worden seien (BeckOK/Schöne, § 715b Rn 21; Erman/Lieder, § 715b Rn 11).

Auszug aus der MoPeG-Gesetzesbegründung: Beruht das pflichtwidrige Unterlassen auf einem Gesellschafterbeschluss, und sei es auch nur, weil der Beschluss indirekt darauf gerichtet ist, einen Anspruch der Gesellschaft nicht geltend zu machen, **geht das Recht des Gesellschafters zur Geltendmachung eines Beschlussmangels grundsätzlich vor.** Dadurch wird gewährleistet, dass besondere Voraussetzungen einer Beschlussmängelklage, mögen sie sich aus dem Gesellschaftsvertrag oder – wie bei Personenhandelsgesellschaften – aus dem Gesetz, ergeben, nicht unterlaufen werden und dass das Gericht vor einer unter Umständen komplexen Inzidentprüfung eines Beschlussmangels bewahrt wird. **Das schließt allerdings aus Gründen der Prozessökonomie eine Verbindung von Beschlussmängel- und Gesellschafterklage nicht aus** (vgl. Lieder, ZGR Sonderheft 23 (2020), 169, 198).

Der Prozessstandschafter hat die **Prozessführungsbefugnis**. Die **Klage** ist also **zulässig**.

Eine Vereinbarung im Gesellschaftsvertrag, welche das Klagerecht ausschließt oder dem § 715b BGB zuwider beschränkt, ist unwirksam, § 715b II BGB.

Die gesellschaftsrechtliche Treuepflicht kann dazu führen, dass ein **Rechtsmissbrauch** vorliegt, z.B. wenn und weil die Klage durch einen weiteren Kläger (im Wege der actio pro socio) neben der Klage der Gesellschaft keinen prozessualen Sinn ergibt und bloß die Kosten treibt (BGH, II ZR 143/17, **RA 2019, 361** = JuS 2019, 817). In diesem Fall fehlt die Prozessführungsbefugnis.

In **materieller Hinsicht** bleibt die GbR in jedem Fall selbst Inhaberin des Sozialanspruchs und damit sachlegitimiert; auch die Gesellschafterklage muss deshalb auf Leistung an die Gesellschaft gerichtet sein. Zugleich folgt hieraus, dass die Gesellschaft befugt ist, durch Verzicht, Erlass oder Vergleich über die Forderung zu verfügen (und dadurch die Gesellschafterklage **unbegründet** zu machen). Ergeben sich die Sozialansprüche aber aus dem Gesellschaftsvertrag, ist für einen Verzicht die Änderung des Gesellschaftsvertrages durch entsprechenden Gesellschafterbeschluss erforderlich.

Vertiefung: Ein **Kommanditist einer GmbH & Co. KG** kann nicht Ansprüche der KG gegen den Fremdgeschäftsführer der Komplementär-GmbH geltend machen. Mit dem Schadensersatzanspruch der KG gegen den Geschäftsführer der Komplementär-GmbH wird kein Anspruch gegen einen Mitgesellschafter geltend gemacht, sondern gegen einen Nichtgesellschafter, weshalb eine Prozessführungsbefugnis auch nicht auf eine actio pro socio gestützt werden kann (BGH, II ZR 255/16, **RA 2018, 137** = JuS 2018, 1105).

III. Außenverhältnis und actio pro socio

Im Grundsatz kann die actio pro socio nicht herangezogen werden, um z.B. eine Prozessführungsbefugnis gegen einen Schuldner der Gesellschaft zu begründen. Anderenfalls würden die in der Gesellschaft bestehenden Vertretungsregeln konterkariert. Folglich können **Drittansprüche** grundsätzlich nicht über die actio pro socio geltend gemacht werden.

In Übereinstimmung mit der bisherigen Rechtsprechung genügt es gem. **§ 715b I 2 BGB** für die Geltendmachung von **Drittansprüchen** nicht, dass der geschäftsführungs- und vertretungsbefugte Gesellschafter pflichtwidrig untätig bleibt, sondern der Dritte muss an diesem pflichtwidrigen Unterlassen mitgewirkt oder es gekannt haben, wobei **fahrlässige Unkenntnis nicht genügt**.

Danach ist eine **Einzelklagebefugnis des Gesellschafters für die Geltendmachung von Drittansprüchen des Gesellschafters nur dann zulässig, wenn der klagende Gesellschafter hieran ein berechtigtes Interesse hat, die Klage im Namen der Gesellschaft aus gesellschaftswidrigen Gründen unterblieben ist und der Dritte an dem gesellschaftswidrigen Verhalten der die Gesellschafterklage ablehnenden Gesellschafter beteiligt ist** (vgl. BGH, III ZR 46/06), wobei die erste und zweite Voraussetzung der Sache nach bereits im allgemeinen Subsidiaritätserfordernis aufgehen, da die unberechtigte Nichtdurchsetzung eines Anspruchs der Gesellschaft stets gegen die Interessen eines Gesellschafters verstößt.

Zusätzlich kann sich eine gesetzliche Prozessführungsbefugnis eines Gesellschafters – ohne die einschränkenden Voraussetzungen des § 715b BGB – aus der **Notgeschäftsführungsbefugnis des § 715a BGB** ergeben bei dringendem Handlungsbedarf wegen einer Gefahr für die Gesellschaft oder ihr Vermögen (OLG Saarbrücken, 4 U 25/22, **RA 2023, 529**; vgl. BGH, VIII ZR 52/20, **RA 2021, 529**).

IV. Rechtsfolge

Als Rechtsfolge wird dem Gesellschafter die Befugnis eingeräumt, den Anspruch „im eigenen Namen gerichtlich geltend zu machen". Diese **Prozessführungs- und** zugleich **Einziehungsbefugnis** (§§ 185, 362 II BGB) begründet freilich **nicht** das materielle Recht, über den Anspruch der Gesellschaft zum Beispiel durch Abschluss eines **Prozessvergleichs** zu verfügen. Aus der Einordnung der Gesellschafterklage als gesetzliche **Prozessstandschaft** folgt, dass es sich bei den vorgenannten Voraussetzungen um **Sachurteilsvoraussetzungen** handelt, die das Gericht **von Amts wegen zu prüfen** hat.
Vertretungsmacht gewährt § 715b I BGB **nicht** (**Grüneberg**/Retzlaff, § 715b Rn 7).

Mängel des Gesellschaftsvertrages

Ein weiteres Problem ist die mangelhafte Gründung der Personengesellschaft. Hier geht es um Mängel des Gesellschaftsvertrags und die Frage, zu welchen Rechtsfolgen diese Mängel führen. (Hierzu **Grüneberg**/Retzlaff, § 705 Rn 12, 27 ff.)

Es sind zwei Fallgruppen zu unterscheiden:

- Der Gesellschaftsvertrag ist von Anfang an nichtig.
- Der Gesellschaftsvertrag ist bloß anfechtbar.

A. Der Gesellschaftsvertrag ist von Anfang an nichtig

Wenn ein Gesellschaftsvertrag anfänglich nichtig ist, sind wiederum zwei Unterfälle zu unterscheiden:

- Die Gesellschaft ist nicht in Vollzug gesetzt.
- Die Gesellschaft ist bereits in Vollzug gesetzt.

I. Gesellschaft ist nicht in Vollzug gesetzt

Wird die Nichtigkeit des Gesellschaftsvertrages bemerkt, bevor die Gesellschaft in Vollzug gesetzt wurde, also relevante Vermögensverschiebungen stattgefunden haben, greift das normale BGB. Der Gesellschaftsvertrag ist nichtig und u.U. schon erbrachte (kleinere) Leistungen sind gem. § 812 I 1 1. Var. BGB zurück zu gewähren.

II. Gesellschaft ist bereits in Vollzug gesetzt

Ist die Gesellschaft bereits in Vollzug gesetzt, scheidet eine Anwendung der allgemeinen BGB-Regeln (vor allem eine Anwendung des Bereicherungsrechts) aus. Die „normative Kraft des Faktischen" verbietet es, so zu tun, als habe es die (Außen-)Gesellschaft nie gegeben (Lange, JURA 2017, 751, 752).

Beispiel: A, B und C haben gemeinsam eine rechtsfähige Personengesellschaft aufgebaut und über Jahre hinweg betrieben. Nunmehr wird ärztlich festgestellt, dass B bereits seit vielen Jahren (vor der Gründung der Gesellschaft) unerkannt geisteskrank war und ist.

Eine Rückabwicklung der Gesellschaft (und u.U. gar aller von ihr getätigten Rechtsgeschäfte) nach Bereicherungsrecht verbietet sich (und dürfte auch schlicht unmöglich sein).

Merke: Wegen der normativen Kraft des Faktischen wird die Gesellschaft – unter bestimmten Voraussetzungen – für die Vergangenheit als voll wirksam behandelt. Man kann insoweit von einer „**fehlerhaften Gesellschaft**" sprechen.

Dass die Gesellschaft ein rein faktisches Vertragsverhältnis ohne jede Rücksicht auf Willenserklärungen der Beteiligten darstelle (Lehre von der faktischen Gesellschaft), ist mit der privatautonomen Orientierung des Zivilrechtssystems nicht vereinbar und vermag vorrangige gesetzliche Wertungen, wie etwa den Minderjährigenschutz im Rahmen des fehlerhaften Vertragsverhältnisses nicht konsequent zu begründen (Maultzsch, JuS 2003, 544, 545).

1. Voraussetzungen für eine fehlerhafte Gesellschaft

- **Unwirksamer Gesellschaftsvertrag**: Es müssen Willenserklärungen vorliegen, die auf den Abschluss eines Gesellschaftsvertrages gerichtet sind und vom tatsächlichen, wenn auch rechtlich fehlerhaften Willen der Vertragsschließenden getragen sind.
- **In Vollzug gesetzt:** Die Tätigkeit nach außen aufgenommen bzw. Gesellschaftsvermögen gebildet worden sein.
- **Kein Entgegenstehen überwiegender Interessen Einzelner** (Minderjähriger ohne die erforderliche Genehmigung) oder der Allgemeinheit (verbotener oder sittenwidriger Zweck)

2. Rechtsfolgen bei fehlerhafter Gesellschaft:

Die Gesellschaft wird für die Vergangenheit wie eine fehlerfreie Gesellschaft behandelt. Der Grund liegt im Bestandsschutz der Gesellschaft und im Verkehrsschutz. Die Rückabwicklung nach den §§ 812 ff. BGB ist in der Regel nicht möglich oder wäre zumindest nicht interessengerecht (BGHZ 55, 5, 8).

In der Phase der fehlerhaften Gesellschaft sind alle Paragrafen, die eine Gesellschaft voraussetzen, **analog** anzuwenden.

Im Verhältnis zu Dritten (z.B. Gläubigern) kommt es auf deren „Gutgläubigkeit" nicht an, weil es sich **nicht** um einen **Rechtsscheintatbestand** handelt (Lange, JURA 2017, 751, 753).

Fraglich ist, wie der Nichtigkeitsgrund geltend zu machen ist. Die neue Rechtslage unterscheidet bei der **GbR** zwischen der Kündigung der Mitgliedschaft durch einen Gesellschafter und der Kündigung der Gesellschaft selbst. Die nur auf die Mitgliedschaft bezogene Kündigung eines Gesellschafters gem. § 725 BGB führt zum **Ausscheiden des betroffenen Gesellschafters** während die **Kündigung der Gesellschaft selbst** gem. § 731 BGB **die Auflösung der Gesellschaft zur Folge** hat.
Bei **OHG und KG** kann ein Gesellschafter seine Mitgliedschaft nach § 132 HGB kündigen. Soll hingegen die Gesellschaft selbst aufgelöst werden, muss der Weg der Auflösungsklage entsprechend § 139 [bisher: § 133) HGB beschritten werden (Lange, JURA 2017, 751, 753).

Da es ja „eigentlich" keine Gesellschaft gibt, spricht weiterhin viel dafür, die Auflösung der fehlerhaften Gesellschaft selbst gem. § 731 BGB analog bzw. über die Auflösungsklage gem. § 139 [bisher: § 133) HGB analog geltend zu machen.

3. Rechtsstellung des nicht voll Geschäftsfähigen

Beteiligen sich Geschäftsunfähige ohne Mitwirkung ihres gesetzlichen Vertreters (Vormunds) an einer Gesellschaft, so ist die Beitrittserklärung bei Geschäftsunfähigkeit nichtig, § 105 I BGB, bei beschränkter Geschäftsfähigkeit schwebend unwirksam, § 108 I BGB.

Schwebende Unwirksamkeit tritt bei der Beteiligung an einer auf Erwerb gerichteten Gesellschaft auch dann ein, wenn die Beitrittserklärung zwar vom gesetzlichen Vertreter oder mit dessen Einwilligung abgegeben wird, es aber an der erforderlichen Genehmigung des Familiengerichts (§§ 1643 I, 1852 Nr. 1, 2 BGB, § 151 Nr. 1, 4 FamFG) fehlt.

Die Zustimmung des gesetzlichen Vertreters oder die Genehmigung des Familiengerichts können bei schwebend unwirksamer Beteiligung auch nachträglich erteilt werden; sie heilen den Beitrittsmangel und führen zur rückwirkenden Wirksamkeit des Gesellschaftsvertrags auch im Verhältnis zum fehlerhaft Beigetretenen, § 184 BGB.

Ist an der Gesellschaft ein **Minderjähriger** beteiligt, kann bereits die Vertragsauslegung ergeben, dass die Gesellschaft unter den anderen Gesellschaftern trotz des Mangels Bestand haben soll (sog. „**fehlerfreie Rumpfgesellschaft**"), ohne dass der Minderjährige Gesellschafter wird (BGHZ 17, 160, 168). Er haftet nicht für die Verbindlichkeiten, erhält aber nach h.M. auch keine Gewinnbeteiligung, da Sinn des Minderjährigenschutzes die Bewahrung des Vermögens des Minderjährigen, nicht aber dessen Mehrung ist (B/Hopt, § 105 Rn 84).

Ist die Beitrittserklärung des Geschäftsunfähigen gemäß § 105 BGB nichtig, kann er seine erbrachten Einlagen gemäß §§ 812 I 1 1. Var. BGB kondizieren bzw. nach § 985 BGB herausverlangen (Wünsche, JuS 2024, 8, 11; Lange, JURA 2017, 751, 755). Er nimmt dagegen nicht am Verlust teil; dies folgt aus der Schutzfunktion der Vorschriften über Geschäftsunfähige. Soweit durch die Nutzung der Einlage des Geschäftsunfähigen Gewinne entstanden sind, kann er diese nach §§ 818 I, 987 ff. BGB herausverlangen.

Geht es um die Beteiligung eines beschränkt Geschäftsfähigen, die zunächst schwebend unwirksam war, § 108 BGB, so kommen die eben dargestellten Grundsätzen erst dann an zur Anwendung, wenn die Genehmigung verweigert wird. Im Unterschied zum nichtigen Beitritt haben es der gesetzliche Vertreter und das Familiengericht hier also während des Schwebezustands in der Hand, die Interessen des Minderjährigen an einer ertragreichen Beteiligung durch rückwirkende Erteilung der Genehmigung zu wahren. Eine Außenhaftung des fehlerhaft beigetretenen Minderjährigen wird erst begründet, nachdem die erforderlichen Genehmigungen erteilt sind.

In der Phase der fehlerhaften Gesellschaft sind alle Paragrafen, die eine Gesellschaft voraussetzen, analog anzuwenden.

B. Der Gesellschaftsvertrag ist bloß anfechtbar

Wenn der Gesellschaftsvertrag anfechtbar ist ist, sind erneut zwei Unterfälle zu unterscheiden:

- Die Gesellschaft ist nicht in Vollzug gesetzt.
- Die Gesellschaft ist bereits in Vollzug gesetzt.

I. Gesellschaft ist nicht in Vollzug gesetzt

Wird die Anfechtbarkeit des Gesellschaftsvertrages bemerkt, bevor die Gesellschaft in Vollzug gesetzt wurde, also relevante Vermögensverschiebungen stattgefunden haben, greift das normale BGB. Die Anfechtung wirkt gem. § 142 I BGB zurück (ex tunc). Der Gesellschaftsvertrag ist als von Anfang an nichtig anzusehen und u.U. schon erbrachte (kleinere) Leistungen sind gem. § 812 I 1 1. Var. BGB zurück zu gewähren.

II. Gesellschaft ist bereits in Vollzug gesetzt

Das Gesellschaftsrecht stellt in den §§ 735 ff. [bisher: §§ 730 ff.] BGB eigene Regeln zur Auseinandersetzung auf. Diese dürfen durch das Bereicherungsrecht nicht umgangen werden. Deshalb wird das Anfechtungsrecht grds. als Kündigungsgrund (oder als Grund für eine Auflösungsklage gem. § 139 [bisher: § 133]) HGB herangezogen. Die „echte Anfechtung" ist damit aber in diesem Fall ausgeschlossen.

Klausurhinweis:

Sollte z.B. ein Rechtslaie aber dennoch die „Anfechtung" erklären, so ist dies als Kündigung auszulegen, oder in eine Kündigung gem. § 140 BGB umzudeuten. Jedoch verlangt die neue Rechtslage auch hier die genaue Differenzierung zwischen der Kündigung der Mitgliedschaft (§ 725 BGB bzw. 132 HGB) und der Kündigung der Gesellschaft selbst (§ 731 BGB).

Das bedeutet, dass der anfechtbare Vertrag nur für die Zukunft (also mit Wirkung ex nunc) aufgelöst werden kann. Für die Vergangenheit bleibt der Vertrag voll wirksam. Deshalb bestand die Gesellschaft in der Vergangenheit auch nicht bloß „faktisch", sondern tatsächlich. Schon deshalb muss auch in diesem Fall von einer **fehlerhaften Gesellschaft** und nicht von einer „faktischen" Gesellschaft gesprochen werden.

In der Phase der fehlerhaften Gesellschaft sind alle Paragrafen, die eine Gesellschaft voraussetzen, **direkt** anzuwenden.

Beispiel: A, B, C und D sind Gesellschafter der A & Co OHG. Die Gesellschafter vereinbaren im August 2021, dass D zum 31.12.2021 aus der Gesellschaft ausscheidet, und dass die Gesellschaft mit den verbleibenden Gesellschaftern fortgesetzt wird. Am 02.01.2023 ficht D seinen Austritt aus der OHG an. Wie D im Dezember 2022 erfahren hatte, war er durch arglistige Täuschung zum Austritt bewogen worden. D verlangt von der A & Co OHG ein Viertel des im Geschäfts- und Kalenderjahr 2022 erwirtschafteten Gesellschaftsgewinns. Zu Recht?

Lösung: Möglicher Anspruch.: § 709 BGB, § 105 III HGB [bisher: §§ 121 f. HGB) i.V.m. Gesellschaftsvertrag
Anfechtung des Austritts: Zwar liegen die Voraussetzungen des § 123 I 1. Var. BGB vor, aber die Anfechtung entfaltet keine Rückwirkung gem. § 142 I BGB wg. der Grundsätze der fehlerhaften Gesellschaft.
Folge: D war (und wird) 2022 kein Gesellschafter, weshalb ihm auch kein Gewinnanteil für 2022 zusteht.
In Betracht kommen aber Schadensersatzansprüche, z.B. gem. § 826 BGB.

Abwandlung: D ist der Gesellschaft zum 01.01.2022 beigetreten. Zum Beitritt war er durch arglistige Täuschung bewogen worden. Am 31.12.2022 ficht er seinen Beitritt an.
Kann D von der Gesellschaft Gewinnbeteiligung für das Jahr 2022 verlangen?

Lösung: Egal ob die „Anfechtung" als Kündigung zu verstehen ist, sie hat jedenfalls keine Rückwirkung wegen der Grundsätze zur fehlerhaften Gesellschaft.
Folge: D war (und bleibt) 2022 Gesellschafter, weshalb ihm ¼ Gewinnanteil für 2022 gem. § 709 BGB, § 105 III HGB i.V.m. Gesellschaftsvertrag zusteht.

Gesetzlichen Niederschlag hat die Lehre von der fehlerhaften Gesellschaft in §§ 75 ff. GmbHG und §§ 275 ff. AktG gefunden.

Merke: **Die Lehre von der fehlerhaften Gesellschaft ist kein Fall der Rechtsscheinhaftung.** Vielmehr ist die entsprechende Gesellschaft Träger von Rechten und Pflichten. Folglich kommt es auch nicht darauf an, ob die Gläubiger der Gesellschaft gut- oder bösgläubig sind.

Eintritt und Ausscheiden von Gesellschaftern

A. Eintritt in die Gesellschaft

Der Eintritt erfolgt i.d.R. durch Abschluss eines Aufnahmevertrages (Kauf oder Schenkung). Der Eintretende wird automatisch am Gesellschaftsvermögen beteiligt. Erfasst ist auch der Eintritt kraft Erbfolge, wobei dem Erbe der Weg des § 724 BGB bzw. des § 131 HGB verbleibt (**Grüneberg**/Retzlaff, § 721a Rn 2).

Bei der GbR haftet der Eintretende gemäß **§ 721a BGB**, bei OHG/KG gem **§ 127 HGB** [bisher 130 HGB [bei GbR analog]). Die gem. § 106 VI [bisher: 107] HGB verlangte **Eintragung** wirkt rein **deklaratorisch**. Dies ist ein zentraler Bestandteil der akzessorischen Haftungsstruktur. Für die Gläubiger, die nicht immer zwischen GbR und OHG unterscheiden können, werden verlässliche Haftungsstrukturen geschaffen.

Bei der KG haftet ein eintretender **Kommanditist** gem. **§ 173 HGB** nach Maßgabe der §§ 171, 172 HGB auch für alle Altverbindlichkeiten. (Der Sonderfall des § 176 II HGB ist oben bei der Kommanditistenhaftung dargestellt.)

B. Ausscheiden eines Gesellschafters

Voraussetzungen für das Ausscheiden eines Gesellschafters

- **OHG/KG:** § 130 I [bisher: 131 III] HGB oder Eintritt eines im Gesellschaftsvertrag benannten Ereignisses (§ 130 II HGB)
- **GbR:** § 723 I BGB oder Eintritt eines im Gesellschaftsvertrag benannten Ereignisses (§ 723 II BGB)

I. Anwachsung

Die **Anwachsung** gemäß § 712 I [bisher: 738 I 1] BGB führt dazu, dass der Gesellschaftsanteil des ausgeschiedenen Gesellschafters den verbleibenden Gesellschaftern entsprechend ihrer Anteile anwächst (oder „zuwächst").

Haben also zum **Beispiel** vier Gesellschafter je einen 25-%-Anteil und scheidet einer aus, haben die drei verbleibenden Gesellschafter schließlich einen Anteil von 33,33 %.

II. Abfindung

Der ausscheidende Gesellschafter hat Ansprüche aus **§ 728** [bisher: 738] **BGB**, insb. den **Abfindungsanspruch**.

§ 728 I BGB räumt dem ausgeschiedenen Gesellschafter **gegen die Gesellschaft** (BGH, II ZR 74/14) einen **Abfindungsanspruch** ein, für den gemäß **§ 721 BGB** auch die übrigen Gesellschafter unbeschränkt persönlich haften (MK/Schäfer, § 738 Rn 17).

Die **bisherige Regelung in § 738 I BGB** basierte auf dem bisherigen Grundsatz „Auflösung der GbR vor Ausscheiden des Gesellschafters". Deshalb wurde die Stellung des Ausgeschiedenen derjenigen bei Auflösung der Gesellschaft weitgehend angeglichen. Insbesondere sollte sich der Fortbestand der Gesellschaft nicht nachteilig auf die Vermögenslage des ausgeschiedenen Gesellschafters auswirken. Daher ist nach bisherigem Recht der Abfindungsanspruch wertmäßig in Übereinstimmung mit dem Auseinandersetzungsanspruch zu berechnen (§ 738 I 2 BGB alte Fassung) und der Ausgeschiedene verpflichtet, anteilig für Fehlbeträge aufzukommen (§ 739 BGB alte Fassung).

Abweichend hiervon entfällt in § 728 BGB die Verknüpfung zum fiktiven Auseinandersetzungsanspruch und ist anstelle dessen den Gesellschaftern bei der Ermittlung des Anspruchs auf angemessene Abfindung grundsätzlich mehr Freiraum belassen worden. Hintergrund ist der **neue Grundsatz „Ausscheiden des Gesellschafters vor Auflösung der GbR"**, der es gebietet, auch die finanziellen Belastungen, die der Abfluss von Gesellschaftskapital durch Abfindung zeitigt, in den Blick zu nehmen, weil sich dies nachteilig auf den Fortbestand der Gesellschaft auswirken kann.

Die Ansprüche entstehen im Zeitpunkt des Ausscheidens. Dies kommt durch den Wortlaut („den ausgeschiedenen Gesellschafter") zum Ausdruck.

III. Haftung für Neuverbindlichkeiten

Das Ausscheiden des OHG-Gesellschafters bzw. des KG-Komplementärs (§ 161 II HGB) ist gem. **§ 106 VI** [bisher: § 143 II] **HGB** eintragungspflichtig. Solange dies nicht passiert ist, greift **§ 15 I HGB**, danach kann **noch § 15 II HGB** eingreifen, was beides zu einer Haftung für **Neuverbindlichkeiten** führen kann.

Gleiches gilt für das Ausscheiden eines **eGbR**-Gesellschafters gem. §§ 707 III 2, 707a III 1 BGB. Dies wird flankiert von weiteren Anmeldepflichten, welche die Veränderung von bestimmten Tatsachen bzgl. der Gesellschafter bzw. Gesellschaft betreffen: § 733 BGB (Anmeldung der Auflösung), § 736c BGB (Anmeldung der Liquidatoren), § 738 BGB (Anmeldung des Erlöschens).

Solange das Ausscheiden eines **Kommanditisten** nicht eingetragen und bekanntgemacht ist, haftet der ausgeschiedene Kommanditist gem. §§ 171 I 1. HS, 161 II, 137 HGB i.V.m. §§ 15 I, II 2 HGB gegebenenfalls auch für nach seinem Ausscheiden bis zum Ablauf von 15 Tagen nach der Bekanntmachung des Ausscheidens begründete Verbindlichkeiten (Stephan, NZG 2021, 1481, 1483).

IV. Haftung für Altverbindlichkeiten

Für die **Altverbindlichkeiten** (und für die über § 15 I, II 2 HGB begründeten Verbindlichkeiten) ist eine Enthaftung nach fünf Jahren möglich.

Für die GbR ist dies in **§ 728b BGB** [bisher: § 736 BGB i.V.m. § 160 HGB] geregelt; für OHG und (über § 161 II HGB) KG in **§ 137** [bisher: § 160] **HGB**.

Absatz 1 legt jeweils die **Voraussetzungen für die Nachhaftungsbegrenzung** fest.

Satz 1 bewirkt jeweils eine **doppelte Nachhaftungsbegrenzung**. Der ausgeschiedene Gesellschafter haftet nur für die betreffenden Gesellschaftsverbindlichkeiten, wenn sie vor **Ablauf** von fünf Jahren fällig sind. Es handelt sich um eine **Ausschlussfrist (Einwendung!)**, nicht um eine Verjährungsfrist (Einrede). Zusätzlich muss der Anspruch gegen den ausgeschiedenen Gesellschafter in einer in § 197 I Nr. 3 bis 5 BGB bezeichneten Art festgestellt worden sein oder eine gerichtliche oder behördliche Vollstreckungshandlung vorgenommen oder beantragt worden sein.

Satz 2 regelt jeweils den **Fristbeginn**. Für die **nicht eingetragene GbR** ist stets auf den Zeitpunkt abzustellen, zu dem der **Gläubiger von dem Ausscheiden des Gesellschafters Kenntnis** erlangt hat. Um hier zu einem möglichst einheitlichen und überschaubaren Fristenlauf zu kommen und dem Interesse des Ausgeschiedenen an rechtzeitiger Ingangsetzung der Fünfjahresfrist angemessen Rechnung zu tragen, liegt es an der Gesellschaft, das Ausscheiden eines Gesellschafters den ihr bekannten Gläubigern zum Beispiel durch Rundschreiben mitzuteilen. Für die **eingetragene GbR und für OHG und KG** ist hingegen grundsätzlich auf den Tag abzustellen, an dem das Ausscheiden des Gesellschafters in das **Gesellschaftsregister bzw. das Handelsregister eingetragen** worden ist, es sei denn, der jeweilige Gläubiger hat schon davor Kenntnis vom Ausscheiden des Gesellschafters erlangt. **Die positive Kenntnis des Gläubigers ist mithin immer beachtlich.**

Eine Haftung besteht nur für Ansprüche, die vor dem Ausscheiden begründet worden sind, sog. **Altverbindlichkeiten**. Ob eine Forderung eine „bis dahin **begründete** Verbindlichkeit" darstellt, hängt weder von dem Zeitpunkt ihres Entstehens noch von dem Eintritt ihrer Fälligkeit ab. Altverbindlichkeiten in diesem Sinne sind vielmehr alle Schuldverpflichtungen, deren Rechtsgrundlage bis zum Ausscheiden des Gesellschafters gelegt worden ist, auch wenn die einzelnen Verpflichtungen erst später entstehen und fällig werden (BGH, V ZR 250/19,

RA 2021, 81). Für **Dauerschuldverhältnisse** (z.B. Mietverträge) bedeutet dies, dass der ausscheidende Gesellschafter noch 5 Jahre für die Mietforderungen aus einem Altmietvertrag haftet. Das gilt auch, wenn sich der Mietvertrag z.B. durch Verstreichenlassen einer Kündigungsfrist verlängert, da es sich dann um keinen neuen Vertrag handelt. **Bereicherungsansprüche** sind nur dann Altverbindlichkeiten, wenn sie sich als Auswirkung eines vor dem Ausscheiden geschlossenen Vertrags darstellen. (**Grüneberg**/Retzlaff, § 728b Rn 6) Bei „**Doppelzahlungen**" ist dies **nicht** der Fall. In einer vertraglich eingegangenen Zahlungsverpflichtung, ist nämlich nicht angelegt, dass die Leistung ein zweites Mal erbracht wird (BGH, II ZR 197/10).

Für Ansprüche, die erst nach Ablauf von fünf Jahren nach der (an sich nur deklaratorischen) **Eintragung des Ausscheidens** fällig werden, besteht keine Haftung. Ob der Gläubiger in diesem Fall **Kenntnis** vom Ausscheiden hatte, ist insoweit **egal**. Werden Ansprüche vor Ablauf der Frist fällig, tritt nach fünf Jahren Enthaftung ein, wenn z.B. keine gerichtliche Geltendmachung erfolgt ist.

Klausurhinweis (für das 2. Examen):

Als Anwalt des ausscheidenden Gesellschafters in einer **Anwaltsklausur** sollten Sie also „dafür sorgen", dass die Gesellschaft möglichst allen Gläubigern per Rundschreiben von seinem Ausscheiden Mitteilung macht; nicht nur um seine Haftung für Neuverbindlichkeiten als **Scheingesellschafter** auszuschließen, sondern auch um die Fünf-Jahres-Frist für die Nachhaftungsbegrenzung für Altverbindlichkeiten in Gang zu setzen.

Wird ein Gesellschafter Kommanditist, so ist für die Begrenzung seiner Haftung für die im Zeitpunkt der Eintragung der Änderung in das Handelsregister begründeten Verbindlichkeiten § 137 I, II HGB (GbR: § 728b BGB) **entsprechend** anzuwenden, § 137 III 1 HGB (GbR: § 707c V 1 BGB). Für die Umwandlung in eine KG ist die Eintragung im Handelsregister konstitutiv (§§ 161 II, 123 I 1 HGB). Das bedeutet, dass es bis zur Eintragung bei der vollen Haftung des Gesellschafters bleibt, der Kommanditist werden möchte (**Grüneberg**/Retzlaff, § 707c Rn 7).

Einem ausscheidenden Kommanditisten kommt die Haftungsbegrenzung des § 137 HGB über § 161 II HGB erst recht zugute (BGH, II ZR 108/19, **RA 2021, 137**).

Im Fall der **Herabsetzung der Haftsumme (§ 174 HGB)** des **Kommanditisten** gelten für Altverbindlichkeiten im Umfang des die neue Haftsumme übersteigenden Betrags § 137 I, II, § 161 II HGB analog (BGH, II ZR 38/20, **RA 2021, 417**).

Merke: Dem ausgeschiedenen Gesellschafter steht im **Innenverhältnis** gegen die Gesellschaft ein **Anspruch auf Befreiung von der persönlichen Haftung** für fällige Gesellschaftsverbindlichkeiten zu, § 728 I 1 [bisher: 738 I 2] BGB.

Beachte, dass dem ausgeschiedenen Gesellschafter im **Innenverhältnis** gegen die Gesellschaft ein **Anspruch auf Befreiung von der persönlichen Haftung** für fällige Gesellschaftsverbindlichkeiten zusteht, § 728 I 1 [bisher: 738 I 2] BGB

V. Sonderfall: Ausscheiden aus zweigliedriger Gesellschaft

Der durch das MoPeG neu eingeführte **§ 712a I BGB** regelt: „Verbleibt nur noch ein Gesellschafter, so erlischt die Gesellschaft ohne Liquidation. Das Gesellschaftsvermögen geht zum Zeitpunkt des Ausscheidens des vorletzten Gesellschafters im Wege der Gesamtrechtsnachfolge auf den verbleibenden Gesellschafter über."
Dies hat seinen Grund darin, dass eine GbR nur existieren kann, solange sie mindestens zwei Gesellschafter hat. Hieran zeigt sich auch, dass die **GbR keine juristische Person** ist (**Grüneberg**/Retzlaff, Einf v § 705, Rn 1).

§ 712a BGB findet über **§ 105 III HGB** und § 1 IV PartGG jedenfalls **auch auf die OHG** und die PartG entsprechende **Anwendung**. Bei der OHG wird der verbleibende Gesellschafter zum Einzelkaufmann.

Was das **Ausscheiden des einzigen Komplementärs einer KG** anbelangt, hat der Gesetzgeber angesichts der Vielgestaltigkeit an denkbaren Fallkonstellationen von einer eigenen gesetzlichen Regelung abgesehen. Es bleibt somit der Rechtsprechung überlassen, zu entscheiden, ob und inwieweit § 712a BGB hier fruchtbar gemacht werden kann.

§ 712a I BGB setzt zunächst das Ausscheiden des vorletzten Gesellschafters aus einer noch nicht vollbeendeten Gesellschaft voraus. Der Grund, weshalb der vorletzte Gesellschafter ausscheidet, ist unerheblich. Es genügt, dass bei einer Gesellschaft aus mindestens zwei Gesellschaftern alle bis auf einen Gesellschafter ausscheiden, mögen die Gründe hierfür auch verschieden sein.

Die **Rechtsfolge** ist erstens, dass die **Gesellschaft ohne Abwicklung erlischt**, und zweitens, dass das **Gesellschaftsvermögen** (sowohl das Aktiv- als auch Passivvermögen) im Wege der **Gesamtrechtsnachfolge** auf den verbleibenden Gesellschafter übergeht. Dass die Gesellschaft ohne Abwicklung, das heißt nach dem gesetzlichen Regelfall **ohne Liquidation**, erlischt (**Grüneberg**/Retzlaff, § 712a Rn 1, 6), erklärt sich daraus, dass hier Auflösung und Vollbeendigung der Gesellschaft zusammenfallen. Die Vorschrift ermöglicht so einen kontinuierlichen Übergang des in der Gesellschaft gebundenen Vermögens auf den verbleibenden Gesellschafter.
Dies erklärt auch, warum die Vereinigung der Gesellschaftsanteile in einer Hand **nicht** als **Auflösungsgrund** in §§ 729 I BGB, 138 I HGB aufgeführt ist. Umgekehrt handelt es sich aber auch **nicht** um einen Fall der **Anwachsung** im Sinne von § 712 I BGB, da die Gesellschaft als solche nicht mehr besteht und Träger des in ihr gebundenen Vermögens der verbleibende Gesellschafter wird.

Der verbleibende Gesellschafter kann die beschriebenen Rechtsfolgen nicht vermeiden; er hat kein Recht, die „Übernahme" zu verweigern.

In Bezug auf die **Rechte und Pflichten des ausgeschiedenen Gesellschafters** sind gem. § 712a II BGB die **§§ 728 bis 728b BGB entsprechend** anzuwenden. Das versteht sich nach der Systematik des Gesetzes nicht von selbst, da diese Vorschriften an sich für den Fall der Auflösung mit anschließender Liquidation der Gesellschaft konzipiert sind.
Entsprechende Anwendung bedeutet, dass der ausgeschiedene Gesellschafter nicht von der Gesellschaft, sondern von dem verbleibenden Gesellschafter eine angemessene Abfindung verlangen kann und dieser ihm für Fehlbeträge haftet.

Mit Blick auf die Vereinbarung von Abfindungsbeschränkungen steht es den Gesellschaftern frei, durch eine Auflösungsklausel im Gesellschaftsvertrag beschränkt auf die Situation, dass der vorletzte Gesellschafter ausscheidet, den Ausscheidensgrund in einen Auflösungsgrund umzuwandeln. Auf diese Weise tritt an die Stelle der Vollbeendigung der Gesellschaft die Auflösung mit nachfolgender Liquidation, so dass der ausscheidende Gesellschafter oder seine Erben an der Gesellschaft in Liquidation beteiligt bleibt und den vollen Anteil am Liquidationserlös erhält.

VI. Abspaltungsverbot bei Veräußerung von Gesellschaftsanteilen

Die Abspaltung einzelner Verwaltungsrechte von einem Gesellschafteranteil in der Weise, dass sie auf einen anderen übertragen werden, ist unwirksam (vgl. hierzu BGHZ 10, 354 ff.).

§ 711a S. 1 BGB schließt nicht eine Übertragung der Mitgliedschaft als solche aus, sondern lediglich die Übertragung der Mitverwaltungsrechte aus der Mitgliedschaft. Unzulässig ist deshalb z.B. eine Stimmrechtsabtretung. Zulässig ist hingegen eine bloße Stimmrechtsvollmacht; bei dieser erfolgt die Rechtsausübung nur im Namen des Vollmachtgebers.

§ 711 I BGB regelt die **Übertragung des Gesellschaftsanteils unter Lebenden**.
Voraussetzung hierfür ist die Zustimmung der übrigen Gesellschafter zum Verfügungsgeschäft zwischen Veräußerer und Erwerber. Die Zustimmung kann antizipiert im Gesellschaftsvertrag erteilt sein oder ad hoc als Einwilligung oder Genehmigung erklärt werden. Eine besondere **Form** für die Anteilsübertragung als Verfügungsgeschäft im Sinne von § 413 BGB oder für das Verpflichtungsgeschäft ist hierzu nicht erforderlich. Das gilt grundsätzlich auch dann, wenn zum Gesellschaftsvermögen Gegenstände gehören, bei denen die Übertragung oder die hierauf gerichtete Verpflichtung, wie bei **Grundstücken** (§ 311b I 1, § 925 BGB), für sich genommen formbedürftig ist. Denn Gegenstand der Übertragung ist nicht eine Beteiligung des veräußernden Gesellschafters an einzelnen Gegenständen des Gesellschaftsvermögens, sondern der Gesellschaftsanteil als solcher. Allenfalls bei einer zielgerichteten Umgehung der Formvorschriften ist eine Ausnahme von der Formfreiheit anzuerkennen (MK/Schäfer, § 719 Rn 37).

Nachfolge bei Tod eines Gesellschafters

A. Rechtslage ohne Nachfolgeregelungen

OHG/KG: Der tote Gesellschafter scheidet gem. § 130 I Nr. 1 [bisher: 131 III Nr. 1] HGB aus der Gesellschaft aus. Bei der Zwei-Personen-Gesellschaft wird der verbleibende zum Einzelkaufmann.
GbR: Der Todesfall ist nunmehr gem. § 723 I Nr. 1 BGB auch bei der GbR ein bloßer Grund für das Ausscheiden aus der Gesellschaft. Bei einer unternehmerischen Zwei-Personen-GbR wird der verbleibende z.B. zum Kleingewerbetreibenden oder zum Freiberufler.

Bisher war der Tod gem. § 727 I BGB ein Grund für die Auflösung der Gesellschaft. Nur bei der nicht rechtsfähigen GbR bleibt es gem. § 740a I Nr. 3 BGB bei der Auflösung als Folge des Todes eines Gesellschafters.

Fortsetzung ohne Nachfolge: Gibt es eine Fortsetzung der Gesellschaft ohne Nachfolge (z.B. eines Erben), so wächst den verbleibenden Gesellschaftern der Gesellschaftsanteil des verstorbenen Gesellschafters anteilig zu, § 712 I [bisher: 738 I 1] BGB. Die Erben erlangen einen schuldrechtlichen Abfindungsanspruch gem. § 728 I 1 2. Var. [bisher: 738 I 2] BGB bzw. § 135 I 1 2. Var. HGB.

B. Nachfolgeregelungen im Gesellschaftsvertrag

Bei der GbR hatte der Tod eines Gesellschafters bis zum MoPeG die Auflösung der Gesellschaft zur Folge [bisher: § 727 BGB]. Dem liegt die historisch überholte Annahme zugrunde, dass die Gesellschaft ein an die Person des Gesellschafters gebundenes Vertragsverhältnis darstellt.

Merke: **Durch das MoPeG** wird der bisher im Recht der GbR geltende Grundsatz „Auflösung der Gesellschaft vor Ausscheiden eines Gesellschafters“ in den **Grundsatz „Ausscheiden eines Gesellschafters vor Auflösung der Gesellschaft“** umgekehrt.

I. Fortsetzungsklausel

In der Praxis und in der Klausur wird damit die vertragliche Fortsetzungsklausel für den Fall des Todes eines Gesellschafters weitgehend an Bedeutung verlieren.

II. Nachfolgeklausel

Die **Nachfolgeklausel** beinhaltet, dass bei Tod eines Gesellschafters dessen Erbe oder eine andere Person automatisch Gesellschafter wird.

1. Erbrechtliche Nachfolgeklausel

Die Gesellschafter können nach **§ 711 II 1 BGB** durch eine **erbrechtliche Nachfolgeklausel** im Gesellschaftsvertrag bei Tod eines Gesellschafters dessen Anteil an der werbenden Gesellschaft für den oder die als Nachfolger in Betracht kommenden Personen vererblich stellen. Bei der **erbrechtlichen Nachfolgeklausel** treten anstelle des Verstorbenen dessen Erben.

Definition: Sind mehrere Erben vorhanden und sollen auch mehrere Erben Nachfolger werden, liegt eine **einfache erbrechtliche Nachfolgeklausel** vor.

Sind mehrere Erben vorhanden, fällt gem. § 711 II 2 BGB der Gesellschaftsanteil kraft Gesetzes jedem Erben entsprechend der Erbquote zu.

Es kommt damit zu einer **Kollision zwischen Erbrecht und Gesellschaftsrecht**, da eine Miterbengemeinschaft i.S.d. §§ 2032 ff. BGB nicht Mitglied einer Gesellschaft sein kann. Vor allem kollidieren die Regeln der sog. „ungeteilten Erbengemeinschaft“, die eine Gesamthandsgemeinschaft darstellt, und die beschränkte Erbenhaftung nach § 2059 BGB mit der unbeschränkten persönlichen Haftung der Gesellschafter nach § 721 S. 1 BGB, § 126 S. 1 [bisher: 128 (analog)] HGB. Bei der OHG tritt noch eine Kollision mit dem gesetzlichen Grundprinzip hinzu, dass jeder persönlich haftende Gesellschafter einer OHG gem. § 124 I [bisher: 125 I] HGB grundsätzlich alleine zur Vertretung der Gesellschaft berufen ist. In gleicher Weise kollidieren die Veräußerlichkeit der Anteile (§ 2033 BGB) und das Auseinandersetzungsrecht (§§ 2042 ff. BGB) mit dem Gesellschaftsrecht.

Nach **§ 711 II 3 BGB** ist zur Lösung dieses Konflikts das Gesellschaftsrecht vorrangig: Der Gesellschaftsanteil geht im Wege der ***Sondernachfolge (Sondererbfolge / Singularsukzession)*** unmittelbar auf die Erben über. Die Rechtslage ist so anzusehen, als hätten sich die Erben über den Gesellschaftsanteil ihres gemeinsamen Erblassers bereits auseinandergesetzt (BGHZ 22, 186, 192; MK/Schäfer, § 727 Rn 34).

Definition: Bei einer **qualifizierten erbrechtlichen Nachfolgeklausel** soll von mehreren Erben nur ein als Nachfolger vorgesehener Erbe Gesellschafter werden.

Nach h.M. geht dann der Gesellschaftsanteil unmittelbar in vollem Umfang auf den Nachfolger über.

2. Rechtsgeschäftliche Nachfolgeklausel

Definition: Bei einer **rechtsgeschäftlichen Nachfolgeklausel** soll bei Tod eines Gesellschafters dessen Mitgliedschaft kraft der Vereinbarung im Gesellschaftsvertrag auf die benannte Person übergehen, ohne dass diese Erbe zu sein braucht.

Eine rechtsgeschäftliche Nachfolgeklausel ist nur zugunsten eines Gesellschafters wirksam. Ansonsten handelt es sich um einen unzulässigen **Vertrag zulasten Dritter**. Eine Einordnung als Verfügung zugunsten eines Dritten ist nicht mit dem Wortlaut des § 328 BGB zu vereinbaren (BGHZ 68, 225, 231 ff.).

III. Eintrittsklausel

Definition: Mit einer **Eintrittsklausel** wird die Nachfolge in der Gesellschaft unmittelbar durch den Gesellschaftsvertrag geregelt, und zwar, indem dem Begünstigten – der nicht Erbe sein muss – ein Recht auf Beitritt zur Gesellschaft eingeräumt wird.

Ist eine **Eintrittsklausel** vereinbart, so tritt der Nachfolger nicht automatisch an die Stelle des verstorbenen Gesellschafters. Er hat vielmehr lediglich das Recht, in die Gesellschaft einzutreten; der Eintritt hängt vom Willen des Begünstigten ab. Jedoch kann das Eintrittsrecht vom Vorliegen bestimmter Qualifikationen des Nachfolgers abhängig gemacht werden.

In rechtlicher Hinsicht ist diese gesellschaftsvertragliche Regelung als **Vertrag zu Gunsten Dritter** gem. §§ 328 I, 331 BGB zu qualifizieren (MK/Schäfer, § 727 Rn 57) mit dem Inhalt, dass die überlebenden Gesellschafter verpflichtet sind, mit dem S einen **Aufnahmevertrag** zu schließen. Die Gesellschafter haben insofern einen Kontrahierungszwang vereinbart. Es kann aber auch ausdrücklich bestimmt sein bzw. sich aus den Umständen ergeben, dass zum Eintritt in die Gesellschaft allein eine **einseitige Eintrittserklärung** des Berechtigten ausreichend ist, z.B. wenn der Gesellschaftsvertrag bereits ein bindendes Angebot der übrigen Gesellschafter enthält.

Ein **Minderjähriger** bedarf zum Eintritt in die Gesellschaft, wenn sie ein Erwerbsgeschäft betreibt, der familiengerichtlichen Genehmigung gem. § 1643 I i.V.m. § 1852 Nr. 2 BGB.

C. Rechte des Erben eines Komplementärs aus § 131 HGB

Nach § 131 I [bisher: 139 I] HGB kann der Erbe eines persönlich haftenden Gesellschafters einer Personenhandelsgesellschaft sein Verbleiben in der Gesellschaft davon abhängig machen, dass ihm die Stellung eines Kommanditisten eingeräumt wird. Die Annahme dieses Antrags führt zur **Änderung des Gesellschaftsvertrages**, weil er zur Umwandlung der OHG in eine KG führt.
Nehmen die anderen Gesellschafter diesen Antrag nicht an, ist der Erbe befugt, seine Mitgliedschaft in der Gesellschaft ohne Einhaltung einer Kündigungsfrist zu kündigen.
Der Kommanditist bedarf dieses Schutzes nicht, da er sowieso nur beschränkt haftet.

Gleiches gilt gem. **§ 724 BGB** für einen speziellen Fall bei der GbR: Geht der Anteil eines verstorbenen Gesellschafters auf seine Erben über und erfüllt die GbR die Voraussetzungen nach § 107 I HGB, um in das Handelsregister eingetragen zu werden, so kann jeder Erbe gegenüber den anderen Gesellschaftern antragen, dass ihm die Stellung eines Kommanditisten eingeräumt und der auf ihn entfallende Anteil des Erblassers als seine Kommanditeinlage anerkannt wird. Die übrigen Gesellschafter können dieses Ansinnen ablehnen. Hierauf kann der Erbe seine Mitgliedschaft in der Gesellschaft ohne Einhaltung einer Kündigungsfrist kündigen (vgl. § 724 II BGB).
Gerade § 724 BGB ist für die anderen Gesellschafter belastend, da die Gesellschaft kaufmännisch wird, folglich also der kaufmännischen Buchführung und Bilanzierung unterliegt und z.B. § 377 HGB und andere Regeln des Kaufmannsrechts beachten muss (**Grüneberg**/Retzlaff, § 724 Rn 1).

§ 724 BGB und § 131 HGB gewähren **keinen Anspruch** auf Umwandlung in eine Kommanditbeteiligung. Vielmehr gewähren sie ein **bedingtes Kündigungsrecht** verbunden mit der Möglichkeit der Haftungsbeschränkung auf den Nachlass (**Grüneberg**/Retzlaff, § 724 Rn 1).

Ist der **Erbe minderjährig**, bedarf der Antrag nach h.M. **keiner gerichtlichen Genehmigung nach § 1852 Nr. 1b BGB**, weil es sich nicht um den Neu-Abschluss eines Gesellschaftsvertrages, sondern um die Änderung eines bestehenden Gesellschaftsvertrags handelt. Zudem würde es dem Sinn des § 1852 Nr. 1b BGB widersprechen, eine Genehmigung dafür zu fordern, dass dem minderjährigen Miterben/Gesellschafter eine haftungsrechtlich günstigere Position eingeräumt wird – und nur wegen dieser Haftung besteht das Genehmigungserfordernis des § 1852 Nr. 1b BGB.

I. Erbrechtliche Haftung

Die Erben (egal ob nachfolgeberechtigt oder nicht nachfolgeberechtigt) haften erbrechtlich für alle die im Zeitpunkt des Erbfalls begründeten Verbindlichkeiten des Erblassers einschließlich der (Haftungs-)Verbindlichkeiten des Erblassers aus § 126 S. 1 [bisher: 128 S. 1] HGB unbeschränkt, aber mit der Möglichkeit der erbrechtlichen Haftungsbeschränkung nach §§ 1975 ff. HGB (Stephan, NZG 2021, 1481, 1488).
Die Beendigung der Komplementärstellung ist nach § 10 HGB bekanntmachungspflichtig und damit geeigneter Anknüpfungspunkt für **§ 15 HGB**. Das Ausscheiden des Komplementärs durch Versterben ist iSv § 15 I HGB in Angelegenheiten der Erben (nicht: in Angelegenheiten des Rechtsnachfolgers als Gesellschafter) einzutragen. Solange das Ausscheiden des Erblassers nicht eingetragen ist, haften die Erben mit den erbrechtlichen Beschränkungsmöglichkeiten auch für nach dem Erbfall begründete Verbindlichkeiten nach **§ 15 I, II 2 HGB** (BGH, NJW 1976, 848, 849).

II. Gesellschaftsrechtliche Haftung als Kommanditist

Der in die Kommanditistenstellung wechselnde Rechtsnachfolger haftet für Altverbindlichkeiten und Neuverbindlichkeiten aufgrund seiner Gesellschafterstellung als Kommanditist nach §§ 171 ff. HGB. Eine unbeschränkte Haftung gem. § 15 I HGB scheidet aus, da hierdurch das Wechselrecht in die Kommanditistenstellung teilweise untergraben werden würde.

Ob sich bei Verzögerung der Eintragung für Neuverbindlichkeiten etwas anderes ergibt, ist streitig (vgl. EBJS/Lorz, § 139 Rn 126; MK/Schmidt/Fleischer, § 139 Rn 128 ff.).

Wenn der Erbe bereits Kommanditist war, beschränkt sich der Höchstbetrag seiner gesellschaftsrechtlichen Außenhaftung auf die für ihn bereits eingetragene Haftsumme.

Für Altverbindlichkeiten, die bis zum Erbfall entstanden sind, und für Zwischenneuschulden haftet der im zeitlichen Rahmen von § 131 IV [bisher: 139 IV] HGB Kommanditist gewordene Erbe nur begrenzt nach §§ 173, 171 f. HGB. Den Gläubigern geschieht dadurch kein Unrecht. Sie können beim Versterben eines Gesellschafters nicht auf mehr vertrauen als die erbrechtliche Haftung der Erben, denn der Erblasser könnte im Erbfall auch ohne Nachfolger aus der Gesellschaft ausscheiden (Stephan, NZG 2021, 1481, 1489).

D. Haftung bei Vererbung eines Kommanditanteils

Mangels anderweitiger gesellschaftsvertraglicher Abrede ist der Kommanditanteil vererblich, § 177 HGB. Nachfolgeberechtigte Erben werden im Wege der so genannten Sondererbfolge direkt mit dem Todesfall im Verhältnis ihrer Erbquoten zueinander Inhaber des Kommanditanteils. Es ist zwischen der erbrechtlichen Haftung für Nachlassverbindlichkeiten und der Haftung der erbrechtlichen Nachfolger in den Anteil als Gesellschafter zu unterscheiden.

I. Gesellschaftsrechtliche Haftung

Der nachfolgeberechtigte und die Nachfolge antretende Erbe eines Kommanditisten haftet gesellschaftsrechtlich nach §§ 171 ff. HGB, und zwar nach § 173 HGB auch für die vor dem Beitritt begründeten Verbindlichkeiten. Die gesellschaftsrechtliche Haftung des Erben als Sondernachfolger in den Kommanditanteil ist nicht nach erbrechtlichen Grundsätzen begrenzbar (Stephan, NZG 2021, 1481, 1487).

Bei der Vererbung an Nicht-Kommanditisten tritt eine Zeitverzögerung zwischen dem Erbfall und der Registereintragung der Rechtsnachfolger in den Kommanditanteil ein. **§ 176 II HGB** ist auf die Erlangung der Gesellschafterstellung im Wege der Rechtsnachfolge nicht anwendbar. Die Erlangung der Gesellschafterstellung durch Rechtsnachfolge ist kein Beitritt i.S.v. § 176 II HGB. Im Fall von § 177 HGB spricht dafür zusätzlich, dass der Erbe sonst zur Vermeidung der unbegrenzten gesellschaftsrechtlichen Haftung für Neuverbindlichkeiten nur die Möglichkeit hätte, das Erbe auszuschlagen (Stephan, NZG 2021, 1481, 1487).

Überaus streitig ist, ob dies auch gilt, wenn der Erblasser nicht als Kommanditist eingetragen war. Eine (analoge) Anwendung von § 176 II HGB dürfte schon deshalb abzulehnen sein, weil der eintretende Erbe keine Möglichkeit der Haftungsvermeidung durch Koppelung von Eintritt und Registereintragung hat und es damit an der Vergleichbarkeit der Sachverhalte fehlt, zumal der nachfolgende Erbe für etwas pönalisiert werden würde, das er nicht kontrollieren kann (Stephan, NZG 2021, 1481, 1487 f. m.w.N.).

II. Erbrechtliche Haftung

Daneben haften die Erben erbrechtlich für die Nachlassverbindlichkeiten (§§ 1967, 1975 ff. BGB), d.h. im Umfang der Kommanditistenhaftung des Verstorbenen für die im Zeitpunkt des Erbfalls bestehenden Verbindlichkeiten mit den Begrenzungen von § 137 [bisher: 160] HGB.

Wenn der verstorbene Kommanditist nicht im Register eingetragen war und wenn daraus (was nicht zwingend ist) seine unbeschränkte Haftung folgte, gilt das auch im Rahmen der erbrechtlichen Haftung der Erben; dies aber nicht, weil die Erbfolge ein „Eintritt" i.S.d. § 176 II HGB ist, sondern weil er den Anteil gem. §§ 1922, 1967 BGB erbt, wie er ist, also belastet mit der unbeschränkten Kommanditistenhaftung nach § 176 I oder II HGB (MK/Schmidt/Grüneberg, § 176 Rn 25). Die vom Erblasser erbrachte (und nicht zurückgewährte) Einlage wird dem Rechtsnachfolger in den Kommanditanteil zugerechnet, bleibt aber auf den Kommanditanteil bezogen und verhindert deshalb auch die erbrechtliche Außenhaftung der anderen Erben (EBJS/Weipert, § 162 Rn 33). Einlagen des neu beitretenden Kommanditisten oder Rückzahlungen an ihn schlagen auf die Haftung der Erben durch (Stephan, NZG 2021, 1481, 1488).

Erforderlich ist die Eintragung eines Rechtsnachfolgevermerks (EBJS/Weipert, § 162 Rn 32). Bei dessen Fehlen gilt **§ 15 HGB**.

Schließlich stellt sich die Frage der erbrechtlichen Haftung für die **nach Erbfall bis zur Eintragung** des Ausscheidens des Erblassers entstandenen Zwischen**neu**schulden. Die Erben haften nach Maßgabe von **§ 15 I, II 2 HGB** auch für nach dem Erbfall begründete Verbindlichkeiten (Stephan, NZG 2021, 1481, 1488).

Auflösung, Auseinandersetzung (= Liquidation) und Beendigung (= Erlöschen) einer Personengesellschaft

A. Grundlagen

Der rechtliche Bestand einer Personengesellschaft endet regelmäßig nicht mit ihrer Auflösung, sondern mit dem Abschluss der Auseinandersetzung des Gesellschaftsvermögens, der sog. Liquidation. Die Beendigung einer Personengesellschaft lässt sich in drei Phasen unterteilen:

1. Auflösung
2. Auseinandersetzung = Liquidation
3. Vollbeendigung = Erlöschen

Die Auflösung der Gesellschaft tritt ein, wenn ein gesetzlicher oder vertraglicher Auflösungsgrund vorliegt (§§ 729, 730 BGB bzw. §§ 138 ff. HGB), beispielsweise der Ablauf der Zeit für welche die Gesellschaft eingegangen wurde. Der Auflösung folgt die Auseinandersetzung des Gesellschaftsvermögens, also die Liquidation (= Abwicklung) der Gesellschaft, § 735 I 1 [bisher: § 730 I] BGB, § 143 I 1 [bisher: § 145 I] HGB. Erst wenn das Auseinandersetzungsverfahren abgeschlossen ist, tritt die Vollbeendigung der Gesellschaft ein; erst dann ist die Gesellschaft erloschen (§ 150 [bisher: § 157 I] HGB).
Wann ein Auflösungsgrund vorliegt, können die Gesellschafter im Gesellschaftsvertrag weitgehend selbst bestimmen. Die gesetzlichen Auflösungsgründe greifen nur, soweit der Gesellschaftsvertrag nichts anderes bestimmt.
Auch für das Abwicklungsverfahren ist zunächst der Wille der Gesellschafter maßgeblich. Die Gesellschafter können die Auseinandersetzung im Gesellschaftsvertrag oder durch Gesellschafterbeschluss nach Auflösung der Gesellschaft bestimmen, § 735 III BGB bzw. § 143 II 1 [bisher: § 145 I] HGB. Fehlen Vereinbarungen, richtet sich das Auseinandersetzungsverfahren nach den §§ 735 ff. [bisher: 723 ff.] BGB bzw. §§ 143 ff. [bisher: §§ 145 ff.] HGB.

B. Auflösungsgründe

Die Gesellschaft wird u.a. gem. **§§ 729 I BGB, 138 I HGB** aufgelöst durch:
1. Ablauf der Zeit, für welche sie eingegangen wurde;
2. Eröffnung des Insolvenzverfahrens über das Vermögen der Gesellschaft;
3. bei **GbR**: Kündigung der Gesellschaft; bei **OHG/KG**: gerichtliche Entscheidung über den Antrag auf Auflösung gem. § 138 I Nr. 3 HGB;
4. Auflösungsbeschluss.

Die neue Rechtslage unterscheidet bei der **GbR** zwischen der **Kündigung der Mitgliedschaft** durch einen Gesellschafter und der **Kündigung der Gesellschaft** selbst. Die nur auf die Mitgliedschaft bezogene Kündigung eines Gesellschafters gem. § 725 BGB führt zum Ausscheiden des betroffenen Gesellschafters während die Kündigung der Gesellschaft selbst gem. § 731 BGB die Auflösung der Gesellschaft zur Folge hat.
Bei OHG und KG kann ein Gesellschafter seine Mitgliedschaft nach § 132 HGB kündigen. Soll hingegen die Gesellschaft selbst aufgelöst werden, muss der Weg der Auflösungsklage gem. § 139 [bisher: § 133) HGB beschritten werden.

Eine **GbR** wird gem. § 729 II BGB ferner kraft Gesetzes aufgelöst, wenn der **Zweck**, zu dem sie errichtet wurde, **erreicht** oder seine Erreichung **unmöglich** geworden ist.
Dies gilt wegen des im Handelsverkehr stärker ausgeprägten Interesses an Rechtssicherheit **nicht bei OKG/KG**, weil es sich nicht um fest umrissene, ohne Weiteres in Erscheinung tretende Tatbestände handelt, deren Verwirklichung klar und einfach festgestellt werden kann. Vielmehr können Zweckerreichung und -unmöglichkeit wichtige Gründe für eine Auflösung darstellen, die gemäß § 139 HGB im Klagewege geltend gemacht werden können.

Merke: Bei der **GbR** ist zu **unterscheiden** zwischen **drei Gestaltungserklärungen**, die sich in ihren Voraussetzungen teilweise überschneiden und deshalb alternativ zur Verfügung stehen können:

- **Kündigung der (eigenen) Mitgliedschaft** durch einen Gesellschafter (§ 723 I Nr. 2 BGB i.V.m. § 725 BGB, **Austrittskündigung**), die mit Ablauf der Kündigungsfrist das Ausscheiden des betreffenden Gesellschafters unter Fortbestand der GbR als werbender GbR zur Folge hat.

- **Kündigung der Gesellschaft** aus wichtigem Grunde mit der Folge ihrer Auflösung (§ 729 I Nr. 3 BGB i.V.m. § 731 BGB, **Auflösungskündigung**).

- **Ausschließung eines Gesellschafters** aus wichtigem Grund durch Beschluss der übrigen Gesellschafter (§ 723 I Nr. 5 BGB i.V.m. § 727 BGB), die mit Wirksamwerden des Beschlusses das Ausscheiden des betreffenden Gesellschafters unter Fortbestand der GbR als werbender GbR zur Folge hat.

Die Voraussetzungen der **Auflösungskündigung** sind insoweit durchaus dieselben wie bei einer außerordentlichen Kündigung der Mitgliedschaft aus wichtigem Grund, nur verlangt hier die Interessenabwägung eine besonders sorgfältige Prüfung, ob der Grund derart gewichtig ist, dass er als letztes Mittel gerade eine Auflösung der Gesellschaft rechtfertigt. Bei der **Zumutbarkeitsklausel des § 731 I 1 BGB** handelt es sich nicht um eine eigene Tatbestandsvoraussetzung gegenüber dem Vorliegen eines wichtigen Grundes, sondern um einen **Ausfluss des Verhältnismäßigkeitsprinzips**. Als vorrangige Maßnahmen kommen je nach Konstellation insbesondere in Betracht: Die Kündigung der Mitgliedschaft, die Ausschließung des störenden Gesellschafters durch Beschluss der übrigen Gesellschafter, die Entziehung der Geschäftsführungs- und Vertretungsbefugnis oder eine Anpassung des Gesellschaftsvertrags.
Die **Kündigungserklärung** richtet sich wie auch bei Kündigung der Mitgliedschaft nicht gegen die anderen Gesellschafter, sondern **gegen die Gesellschaft** selbst. Im **Prozess** ist davon auszugehen, dass die **Beweislast** für die die Auflösung rechtfertigenden Umstände der Kläger trägt, allerdings bei sekundärer Darlegungslast der Beklagten hinsichtlich eines zur Verfügung stehenden milderen Mittels.

Merke: Bei **OHG und KG** ist parallel wie folgt zu unterscheiden:

- **Kündigung der (eigenen) Mitgliedschaft** durch einen Gesellschafter (§ 132 HGB, **Austrittskündigung**), die mit Ablauf der Kündigungsfrist das Ausscheiden des betreffenden Gesellschafters unter Fortbestand der Gesellschaft.

- **Auflösungsklage** aus wichtigem Grunde mit der Folge der Auflösung (§ 139 HGB).

- **Ausschließungsklage bzgl. eines Gesellschafters** aus wichtigem Grund (§ 134 HGB), die im Erfolgsfall das Ausscheiden des betreffenden Gesellschafters unter Fortbestand der GbR als werbender GbR zur Folge hat.

C. Liquidation / Auseinandersetzung

Mit der Auflösung **ändert sich der Gesellschaftszweck** dahin, dass nun die Abwicklung der Gesellschaft verfolgt wird. Die Gesellschafter sind gegenseitig verpflichtet, an der Abwicklung mitzuwirken. Man spricht insoweit von einer **Liquidationsgesellschaft**.
Liquidieren bedeutet „verflüssigen“, also „zu Geld machen“ bzw. „versilbern“ (**Grüneberg**/Retzlaff, § 735 Rn 1). § 736d II, IV-VI BGB beschreibt diese Struktur der Liquidation: Das Vermögen der Gesellschaft wird veräußert, mit den so erzielten Geldern werden die Verbindlichkeiten beglichen und ein eventueller Überschuss wird verteilt (**Grüneberg**/Retzlaff, § 735 Rn 1).

Merke: Die Änderung des von der Gesellschaft verfolgten Zwecks ändert nichts ihrer Identität in personen- und vermögensrechtlicher Hinsicht. **Keinesfalls** liegt arbeitsrechtlich ein Betriebsübergang gem. **§ 613a BGB** oder handelsrechtlich ein Fall des **§ 25 HGB** vor.
Auch ihre Rechtsfähigkeit als Außengesellschaft besteht unverändert fort (BGH, V ZB 201/14, JuS 2016, 274).

I. Durchführung der Liquidation / Auseinandersetzung

Das Gesetz sieht eine bestimmte Reihenfolge der Auseinandersetzungsmaßnahmen vor:
Zunächst sind die schwebenden Geschäfte zu beenden, die Forderungen der Gesellschaft einzuziehen und das übrige Vermögen in Geld umzusetzen, § 736d II 1 1. HS BGB. Dabei können auch neue Geschäfte eingegangen werden, wenn dies zur Beendigung der Geschäftstätigkeit erforderlich ist, § 736d II 1 BGB.
Aus dem Vermögen der Gesellschaft sind zuerst die Gläubiger der Gesellschaft zu befriedigen, § 736d IV 1 BGB. Aus dem nach der Berichtigung der Verbindlichkeiten verbleibenden Gesellschaftsvermögen sind dann gem. § 736d V BGB die geleisteten Beiträge zurückzuerstatten.

Für Beiträge, die nicht in Geld bestanden haben, ist der Wert zu ersetzen, den sie zur Zeit der Einbringung gehabt haben. Für Beiträge, die in der Leistung von Diensten oder in der Überlassung der Benutzung eines Gegenstands bestanden haben, kann im Zweifel kein Ersatz verlangt werden.

Das nach Berichtigung der Verbindlichkeiten und Rückerstattung der Beiträge verbleibende Vermögen der Gesellschaft ist schließlich unter den Gesellschaftern nach dem Verhältnis ihrer Anteile am Gewinn und Verlust zu verteilen, § 736d VI BGB.

Reicht das Gesellschaftsvermögen zur Berichtigung der Verbindlichkeiten und zur Rückerstattung der Beiträge nicht aus, haben die Gesellschafter der Gesellschaft für den Fehlbetrag nach dem Verhältnis ihrer Anteile am Gewinn und Verlust aufzukommen. Gem. § 710 S. 2 i.V.m. § 737 S. 1 BGB besteht **in der Liquidation** also (abweichend vom Grundsatz des § 710 S. 1 BGB) eine **Nachschusspflicht**. Kann von einem Gesellschafter der auf ihn entfallende Betrag nicht erlangt werden, haben die anderen Gesellschafter den Ausfall nach dem gleichen Verhältnis zu tragen, § 737 S. 2 BGB.

Während der Abwicklung ist die Durchsetzung einzelner Ansprüche der Gesellschafter gegen die Gesellschaft gesperrt, um die Abwicklung nicht zu verkomplizieren (sog. **Durchsetzungssperre**).

Durch die Abwicklung und die anschließende Vollbeendigung verlieren sie zwar die Gesellschaft als Schuldnerin, da diese mit ihrer Vollbeendigung ihre rechtliche Existenz verliert. Die Gläubiger sind aber ausreichend geschützt, da ihnen jeder Gesellschafter (anders der Kommanditist der KG) für die Schulden der Gesellschaft ohnehin persönlich haftet. Somit wird ihr Interesse an der Befriedigung ihrer Forderungen gegen die Gesellschaft durch deren Abwicklung nicht beeinträchtigt.

II. Geschäftsführung und Vertretung während der Liquidation / Auseinandersetzung

Die Geschäftsführung steht nach der gesetzlichen Regelung im Stadium der Abwicklung allen Gesellschaftern zu und zwar auch dann, wenn die Geschäftsführung vor der Auflösung nur einzelnen Gesellschaftern übertragen war, §§ 736b I 2 BGB, 146 I 2 HGB; man nennt die Gesellschafter dann Liquidatoren, §§ 736 I BGB, 144 I HGB. Abweichendes kann aber im Gesellschaftsvertrag oder durch einstimmigen Gesellschafterbeschluss nach Auflösung bestimmt werden.

Merke: Die **bisherige** Befugnis eines Gesellschafters zur **Geschäftsführung** gilt gleichwohl zu seinen Gunsten als fortbestehend, bis er von der Auflösung der Gesellschaft Kenntnis erlangt hat oder die Auflösung kennen muss, §§ 736b II, 146 II HGB. Aus dem Wortlaut folgt die Vermutung der Gutgläubigkeit (**Grüneberg**/Retzlaff, § 736b Rn 4).

Für die **Vertretungsbefugnis bei der GbR** gilt dies gem. § 736b II BGB unter den Voraussetzungen des **§ 169 BGB** aber nur, wenn die Gesellschaft **nicht** im Gesellschaftsregister eingetragen ist.
Ist die Gesellschaft im Gesellschaftsregister eingetragen (**eGbR**), geht nach § 707a III 1 BGB i.V.m. **§ 15 II HGB** der Registereintrag vor. Ein sehr anschauliches Beispiel findet sich bei **Grüneberg**/Retzlaff, § 736b Rn 4.

OHG/KG: § 146 II HGB trifft keine explizite Regelung für die Vertretung. Im Fall der **Vertretung** nach außen kann sich der handelnde Gesellschafter jedoch im **Innenverhältnis** auf den fiktiven Fortbestand der Geschäftsführungsbefugnis berufen, da die Ausübung der Vertretungsmacht insoweit Teil der Geschäftsführung ist. **Gegenüber gutgläubigen Dritten** greift **§ 141 I** [bisher: § 143 I] **HGB i.V.m. § 15 I HGB** ein, mit der Folge, dass die Auflösung der Gesellschaft den Dritten nicht entgegengesetzt werden kann. Folglich gilt ihnen gegenüber auch die Vertretungsmacht solange als fortbestehend, bis ihr Wegfall im Handelsregister eingetragen und bekanntgemacht ist (MK/Schäfer, § 729 Rn 11).

Merke: §§ 736b II BGB, 146 II HGB gewährleisten also, dass die betroffenen Gesellschafter **weder** im Innenverhältnis als **Geschäftsführer ohne Auftrag noch** im Außenverhältnis als **Vertreter ohne Vertretungsmacht** haftbar gemacht werden können.

Haftung bei Beendigung / Erlöschen einer Personengesellschaft

A. Grundlagen

Wie lange haften die Gesellschafter bei **Erlöschen** einer Personengesellschaft den Gläubigern noch für die Verbindlichkeiten?

Merke: Die **Auflösung** der Gesellschaft **führt zu ihrer Liquidation**, § 735 I 1 [bisher: § 730 I] BGB, § 143 I 1 [bisher: § 145 I] HGB.
Mit dem **Abschluss** der Auseinandersetzung / **Liquidation** tritt die sog. Vollbeendigung ein; die **Gesellschaft erlischt** (§ 150 [bisher: § 157 I] HGB).

OHG/KG: In diesem Fall gilt die **Sonderverjährung des § 151** [bisher: 159] **HGB**, die gemäß § 161 II HGB auch für das Erlöschen einer **KG** gilt. Im Fall der KG gilt § 151 HGB nicht nur für die Haftung des Komplementärs, sondern auch für die Haftung der Kommanditisten.

GbR: § 739 BGB entspricht bzgl. der **Sonderverjährung** von fünf Jahren dem § 151 HGB.

Die **Fünfjahresfrist** soll es den Gesellschaftsgläubigern ermöglichen, ihre im Zuge der Liquidation nicht befriedigten Forderungen durchzusetzen; sie trägt andererseits den berechtigten Interessen der Gesellschafter Rechnung, ihre fortdauernde persönliche Haftung zeitlich zu begrenzen. Anders als bei den §§ 137 [bisher: 160], 26 und 28 III HGB, die nach Ablauf von fünf Jahren einen Haftungsausschluss zugunsten der Gesellschafter vorsehen, begründet § 151 HGB (und ebenso § 739 BGB) eine **Einrede** der Gesellschafter und stellt somit eine echte **Verjährungsvorschrift** dar (EBJS-Hillmann, § 159 HGB Rn 1).

Auszug aus der MoPeG-Gesetzesbegründung: Tatsächlich dürfte es sich dabei um einen Ausnahmefall handeln, weil eine Liquidation nach Maßgabe der §§ 735, 736, 736a, 736b, 736c, 736d und 737 BGB in der Regel zur vollständigen Begleichung sämtlicher Verbindlichkeiten und damit auch zur Befriedigung der Gläubiger führt. Wird die Gesellschaft dagegen im Rahmen eines Insolvenzplanverfahrens restrukturiert, hat dies gemäß § 227 II InsO regelmäßig das Erlöschen der Gesellschafterhaftung zur Folge, die im Fall der Masselosigkeit zwar besteht, aber sehr häufig wertlos ist. Ferner ist zu berücksichtigen, dass sich der Gesellschafter dem Gläubiger gegenüber stets insoweit auf die Verjährung berufen kann, als der Gesellschaft selbst die Einrede der Verjährung zusteht. Seit der Verkürzung der regelmäßigen Verjährungsfrist auf drei Jahre kommt es auf § 739 I BGB daher vorbehaltlich des § 739 III BGB nur an, wenn der Anspruch gegen die Gesellschaft ausnahmsweise erst später verjährt, insbesondere infolge Titulierung gemäß § 197 I Nr. 3 bis 5 BGB, bei grundstücksbezogenen Ansprüchen gemäß § 196 BGB oder wegen Vorliegens einer Verjährungsabrede gemäß § 202 II BGB. Liegt im Zeitpunkt des Beginns der Sonderverjährung nach § 739 II BGB dagegen bereits ein Titel gegen den Gesellschafter vor, gilt nicht § 739 BGB, sondern § 197 I Nr. 3 BGB.

B. Voraussetzung des Erlöschens der Gesellschaft und der Fristbeginn

Unter § 151 [bisher: 159] HGB fallen die Auflösungstatbestände des § 138 I [bisher: 131 I] HGB sowie des § 138 [bisher: 131] II Nr. 1 HGB. Unter § 739 BGB fallen die Auflösungstatbestände der §§ 729-732 BGB.

Hinsichtlich der Fälle, in denen die **Gesellschaft ohne Liquidation erlischt**, ist zu unterscheiden: §§ 739 BGB, 151 HGB sind **nicht** anwendbar, wenn eine Gesellschaft durch **Zusammenfallen der Anteile in einer Hand** erlischt. Dieses Erlöschen kann vor allem auf dem Ausscheiden von Gesellschaftern beruhen mit der Folge, dass nur ein Gesellschafter „übrig bleibt". Dies ist ein Anwendungsfall des **§ 137** [bisher: 160] **HGB, nicht** des **§ 151 HGB**, bzw. bei der GbR ein Fall des **§ 728b BGB** und **nicht** des **§ 739 BGB**. § 137 HGB (bzw. § 728b BGB) kommt aber nur dem ausgeschiedenen Gesellschafter zugute, während dem Letztverbleibenden weder § 151 HGB (bzw. § 739 BGB) noch § 137 HGB (bzw. § 728b BGB) hilft, da er ja das Unternehmen (in den Fällen vormaliger OHG oder KG als Einzelkaufmann) fortführt (MK/Schmidt/Drescher, § 159 HGB Rn 19).

Wird eine **Handelsgesellschaft** hingegen nach §§ 394 FamFG, 138 [bisher: 131] II Nr. 2 HGB wegen **Vermögenslosigkeit** gelöscht, so greift zugunsten der Gesellschafter die Sonderverjährung nach § 151 HGB ein.

In den §§ 739 BGB, 151 HGB, wird auf das **Erlöschen** der Gesellschaft abgestellt und nicht mehr – wie im alten § 159 HGB – auf deren Auflösung. Dies erklärt sich wie folgt:

Auszug aus der MoPeG-Gesetzesbegründung: Grund hierfür ist, dass die Auflösung allein noch keine Auswirkungen auf die rechtliche Existenz der Gesellschaft hat. Deswegen können die Liquidatoren im Rahmen des Liquidationszwecks auch noch nach der Auflösung Verbindlichkeiten namens der Gesellschaft eingehen, für die die Gesellschafter unbeschränkt persönlich haften. Demgegenüber bewirkt § 159 HGB, dass bereits während der Liquidation eine nachhaftungsbegrenzende Sonderverjährung läuft, obwohl immer noch neue Verbindlichkeiten entstehen. Auf diese Weise kann Enthaftung eintreten, während eine sich über mehr als fünf Jahre hinziehende Liquidation noch läuft (vgl. MK/K. Schmidt, 4. A., § 159 Rn 7). (...) daher [ist] für den **Beginn der Verjährung** auf das **Erlöschen der Gesellschaft beziehungsweise deren Eintragung im Gesellschaftsregister** abzustellen. Dass es mit dem Erlöschen der Gesellschaft auf einen im Vergleich zur Auflösung der Gesellschaft typischerweise weniger greifbaren Zeitpunkt ankommt, ist beabsichtigte Nebenfolge. Auf diese Weise werden die für den Lauf der Verjährung darlegungs- und beweisbelasteten Gesellschafter angehalten, das Erlöschen der Gesellschaft, im Regelfall also den Abschluss der Liquidation, nachvollziehbar zu dokumentieren, um mit einer Einrede der Verjährung im Prozess Gehör zu finden. § 739 I BGB setzt damit einen weiteren positiven Anreiz, die Gesellschaft zur Eintragung in das Gesellschaftsregister anzumelden, um einen für den Lauf der Verjährung greifbareren Zeitpunkt bewirken zu können.

Für die **nicht eingetragene GbR** ist stets auf den **Zeitpunkt** abzustellen, zu dem der **Gläubiger von dem Erlöschen der Gesellschaft Kenntnis** erlangt hat.
Für die **eingetragene GbR** ist grundsätzlich auf den Tag abzustellen, an dem das Erlöschen der Gesellschaft in das **Gesellschaftsregister eingetragen** worden ist, **es sei denn**, der jeweilige **Gläubiger** hat schon **davor Kenntnis** vom Erlöschen der Gesellschaft erlangt. Die positive Kenntnis des Gläubigers ist mithin immer beachtlich. Im Ergebnis gilt damit hinsichtlich der Eintragung des Erlöschens nichts anderes, als sich aus der Anwendung von § 707a III 1 BGB in Verbindung mit § 15 I HGB ohnehin ergäbe. (Ergänzung Autor: Für OHG/KG gilt dies entsprechend.)

C. Von §§ 739 BGB, 151 HGB erfasste Haftungstatbestände

Die Sonderverjährung der §§ 739 BGB, 151 HGB gilt nur für die persönliche Gesellschafterhaftung nach **§§ 721 S. 1 BGB / 126 S. 1 HGB** [bisher 128 HGB (analog)] und **721a BGB / 127 HGB** [bisher 130 HGB (analog)] sowie **171 f., 173, 176 HGB**.

Die Sonderverjährung kommt **nicht** zum Zuge, wenn die Forderung **gegenüber dem Gesellschafter** im Zeitpunkt ihres Erlöschens bereits i.S.v. §§ 201, **197 I Nr. 3–5 BGB** festgestellt war (z.B. ein Titel vorliegt). (Die bloße Feststellung gegenüber der Gesellschaft schließt die Sonderverjährung hingegen nicht aus.)

Die Sonderverjährung gilt **nicht** für eine aus sonstigem Haftungsgrund bestehende Haftung des Gesellschafters für Gesellschaftsschulden, z.B. aus **Bürgschaft, Garantie oder Schuldmitübernahme.**

§§ 739 BGB, 151 HGB gelten schließlich **nicht** für die **Sozialverbindlichkeiten** des Gesellschafters im Innenverhältnis, z.B. auf Leistung von Einlagen und sonstigen Beiträgen auf Rückgewähr von Einlagen, auf Schadensersatz wegen Schädigungen der Gesellschaft oder auf Abführung von Gewinn bei Verletzung des Wettbewerbsverbots.

D. Unverjährte Gesellschaftsverbindlichkeit

Die Sonderverjährung ist nur dann von praktischem Interesse, wenn die **Gesellschafts**verbindlichkeit ihrerseits unverjährt ist. Für die Vermeidung dieser Verjährung kann es genügen, dass der Anspruch vor dem Erlöschen der Gesellschaft im Verhältnis zu ihr rechtskräftig durch Urteil, durch vollstreckbaren Vergleich oder durch Insolvenzverfahren festgestellt war. Da ein in dieser Weise festgestellter Anspruch erst in 30 Jahren verjährt (§ 197 I BGB) kommt im Fall eines nachfolgenden Erlöschens die Sonderverjährung nach §§ 739 BGB, 151 HGB zum Zuge, auch wenn die Gesellschaftsverbindlichkeit vor ihrer Feststellung einer kürzeren Verjährungsfrist unterlag. §§ 739 III

BGB, 151 III HGB stehen, wenn die Feststellung dem Erlöschen vorausging, der Sonderverjährung nicht entgegen (MK/Schmidt/Drescher, § 159 HGB Rn 25).
Ist der Anspruch gegen die Gesellschaft also z.B. rechtskräftig festgestellt, gilt für diesen Anspruch gem. § 197 I Nr. 3 BGB eine dreißigjährige Verjährung.
Erlischt jedoch die Gesellschaft, greifen – insoweit zu Gunsten der Gesellschafter – §§ 739 BGB, 151 HGB.

E. Verjährte Gesellschaftsverbindlichkeit

Soweit der Gesellschaftsverbindlichkeit ihrerseits die Einrede der Verjährung entgegensteht, kann dies auch vom Gesellschafter geltend gemacht werden.
Die §§ 739 I 2. HS BGB, 151 I 2. HS HGB [bisher: § 159 I 2. HS HGB] bringen dies in der **missverständlichen Formel** zum Ausdruck, dass die Fünfjahresfrist nicht gilt, sofern der Anspruch gegen die Gesellschaft einer kürzeren Verjährungsfrist unterliegt.
Das ist der Sache nach eine bloße Wiederholung der §§ 721b I BGB, 128 I [bisher: § 129] **HGB.** Dies ist klarstellend gemeint, aber ungenau gefasst. **Die ungenau formulierten Bestimmungen befassen sich nämlich überhaupt nicht mit der Sonderverjährung der Haftungsschuld des Gesellschafters, sondern mit dem Einfluss einer Verjährung der Gesellschaftsschuld auf die Gesellschafterhaftung.** Der Hinweis des Gesetzes auf eine kürzere Verjährungsfrist bezieht sich nur auf die **Gesellschafts**schuld und müsste richtig lauten:
„Die Berufung auf eine vor dem Ablauf dieser Verjährungsfrist eingetretenen Verjährung der Gesellschaftsverbindlichkeit bleibt unberührt." (MK/Schmidt/Drescher, § 159 HGB Rn 25, 28).
Anders formuliert: **Die §§ 739 I 2. HS BGB, 151 I 2. HS HGB** bedeuten **nicht**, dass eine für die Gesellschaftsverbindlichkeit geltende kürzere Verjährungsfrist eine Verkürzung der Fünfjahresfrist der Sonderverjährung nach Erlöschen der Gesellschaft zur Folge hätte (EBJS-Hillmann, § 159 HGB Rn 11; hierzu auch BGH, IX ZR 81/21, **RA 2022, 361**).

Auseinandersetzung bei Auflösung einer Personengesellschaft

A. Grundlagen

Wird eine Personengesellschaft aufgelöst, richtet sich die Auseinandersetzung nach den §§ 735 ff. [bisher: 730 ff.] BGB. Hier geht es in der Klausur nur darum, die zum Begehren passenden Normen zu finden, also z.B. den § 736d V 1 BGB wenn es um die Erstattung der geleisteten Beiträge geht.

B. Die Ehegatteninnengesellschaft: Ausgleichsansprüche bei Trennung und Scheidung

Komplizierter liegt der Fall, wenn ein Betrieb allein auf den Namen eines Ehegatten eingetragen ist und der andere Ehegatte im Betrieb mitarbeitet, hierfür aber – wenn überhaupt – nur unverhältnismäßig gering bezahlt wird.

Beispiel nach BGH, XII ZR 29/13: Die Eheleute hatten während ihrer Ehe zusammen mehrere landwirtschaftliche Betriebe geführt und hierfür auch mehrere Darlehen zur Finanzierung aufgenommen. Nachdem die Ehe gescheitert war, wurden die Betriebe auf einen Ehegatten überschrieben und von diesem weitergeführt. Der ausgeschiedene Ehegatte verlangte nun Ersatz für seine in der Ehe erbrachten Leistungen mit der Begründung, dass er in Zukunft nicht mehr an den gemeinsam aufgebauten Betrieben teilhaben werde.

Lösung:

Haben die Ehegatten ausdrücklich einen Arbeits-, Dienst-, Werk- oder Gesellschaftsvertrag geschlossen, so erfolgt die Abwicklung nach den allgemeinen Regelungen.

Anzeichen, die für das Vorliegen eines **Arbeitsverhältnisses** sprechen, sind unter anderem die Eingliederung in den Betrieb, das Vorliegen eines Über-/Unterordnungsverhältnisses, das Abführung von Sozialversicherungsbeiträgen und die Vergleichbarkeit mit fremden Arbeitskräften (LAG Schleswig-Holstein, NZA-RR 2007, 9). Besteht ein solches **Ehegattenarbeitsverhältnis**, steht dies der Annahme eines stillschweigend zustande gekommenen familienrechtlichen Vertrags sui generis ebenso entgegen wie der Annahme eines stillschweigend eingegangenen Gesellschaftsverhältnisses (BGH, NJW 1995, 3383).

Führt die Gesamtschau hingegen zu der Einschätzung, es handele sich lediglich um eine **Mitarbeit auf familienrechtlicher** Grundlage (Unterhaltspflicht gem. § 1360 S. 1 BGB und Beistandspflicht, § 1353 I 2 BGB), scheiden arbeitsrechtliche Ansprüche aus. In diesem Fall stellt sich die Frage, ob und wie diese Mitarbeit zu vergüten ist. Nach einer Trennung oder Scheidung kann sich ein **Ausgleichsanspruch** für die eheliche Mitarbeit aus einem ausdrücklich oder stillschweigend geschlossenen **Gesellschaftsvertrag** ergeben. In Betracht kommt eine **Ehegatteninnengesellschaft**.

[Anm.: An dieser Stelle können massive Abgrenzungsprobleme liegen. Für das Prüfungsamt ist wohl insbesondere die Abgrenzung von Arbeitsvertrag und Ehegatteninnengesellschaft von besonderem Interesse.]

Die Ehegatten**innen**gesellschaft ist eine **nicht rechtsfähige BGB-Gesellschaft** ohne eigenes Vermögen und ohne Außenwirkung gem. § 705 I 2. Var. BGB (vgl. §§ 740 ff. BGB). An der Außenwirkung (also einer rechtsfähigen Außengesellschaft) fehlt es, da die Ehegatten nicht gemeinsam nach außen im Geschäftsverkehr auftreten, sondern nur einer von ihnen.

Eine **Ehegatteninnengesellschaft** liegt vor, wenn die Ehegatten

- mit ihrer Tätigkeit einen über den typischen Rahmen einer Ehe hinausgehenden Zweck verfolgen und
- von der übereinstimmenden Vorstellung ausgehen, dass das so geschaffene Vermögen beiden Eheleuten gemeinsam zustehen soll.

Ein förmlicher Gesellschaftsvertrag ist nicht erforderlich. Dieser kommt stillschweigend schon dann zustande, wenn man in einem Betrieb gemeinsam arbeitet, und zwar entsprechend einer gemeinsamen Planung. Wenn betriebliche Entscheidungen gemeinsam getroffen werden, ist dies ein kaum zu widerlegendes Indiz dafür, dass eine Ehegatteninnengesellschaft vorliegt.

Der verfolgte Zweck muss über das hinausgehen, was für eine Ehe typisch ist. Ein Ehegatte erbringt also Leistungen, die über die Unterhaltspflichten gemäß § 1360 S. 1 BGB und das im Rahmen der Beistandspflicht des § 1353 I 2 BGB geschuldete Maß hinaus gehen. Die Ehegatten müssen, vereinfacht gesagt, über die Ehe hinaus an einem Strang ziehen. Dabei stellt z.B. der Bau eines gemeinsamen Familienheims keinen über die Ehe hinausgehenden Zweck dar, da der Hausbau eine typische Begleiterscheinung einer Ehe ist. Der Zweck kann aber z.B. im Aufbau oder der Erhaltung eines Betriebs liegen. In der Abgrenzung zwischen ehetypischen und darüber hinausgehenden Zwecken liegen oft die juristischen Probleme.

Schließlich müssen die Ehegatten gemeinsam ihr Ziel fördern, sei es durch Arbeitsleistung, das Überlassen einer Immobilie oder auch nur des eigenen Namens. Entscheidend ist, dass man gemeinsam, also in Absprache, arbeitet und die Ehegatten nicht einfach nur unabhängig voneinander arbeiten.

Mit der Trennung bzw. mit der Scheidung wird die Gesellschaft aufgelöst. Hierin könnte man im Rahmen des neuen § 740a BGB entweder einen – konkludenten – Auflösungsbeschluss gem. § 740a I Nr. 2 BGB oder eine Unmöglichkeit der Zweckerreichung gem. § 740a II 2. Var. BGB erblicken.

Für die von dem mitarbeitenden Ehegatten erbrachten Leistungen (Beiträge i.S.v. § 709 I BGB [bisher: § 706 II BGB]) ist nach **§ 740b II i.V.m. § 736d IV BGB** [bisher: § 733 II BGB] **Wertersatz** zu leisten, wobei sich die Dienste als bleibender Wert im Gesellschaftsvermögen niedergeschlagen haben müssen.
Die Höhe des Ausgleichs beträgt nach § 709 III BGB [bisher: 722 I BGB] die Hälfte des Wertes, sofern (sei es auch konkludent) keine abweichende Vereinbarung getroffen wurde. Ein Indiz dafür sind unterschiedlich hohe Beiträge. Dabei sind nicht nur Arbeitsleistungen, sondern auch Geld- und Sachleistungen einzubeziehen. Haben die Ehegatten etwa Arbeitsleistungen in deutlich unterschiedlichem Umfang erbracht, spricht dies gegen eine hälftige Beteiligung. Das Gleiche gilt, wenn beide Ehegatten in gleichem Umfang mitgearbeitet haben, ein Ehegatte aber zusätzlich nennenswerte finanzielle Investitionen erbracht hat.

Dies kann also bedeuten, dass sogar ein Ausgleich bis zur halben Höhe des Betriebswertes erfolgt, nämlich wenn der Betrieb von Anfang an gemeinsam aufgebaut und geführt worden ist.

Ein gesellschaftsrechtlicher Ausgleichsanspruch kann neben einem Anspruch auf Zugewinnausgleich bestehen, da keine Subsidiarität gegeben ist (BGH, NJW 2006, 1268).

Scheingesellschaft / Scheingesellschafter (v.a. Sozietäten)

A. Grundlagen

Mit Anerkennung der Rechtsfähigkeit der GbR (§ 705 II 1. Var. BGB) kommt der Anwaltsvertrag regelmäßig mit der Sozietät als solcher zu Stande (Karsten Schmidt, NJW 2005, 2801, 2805; Lux, NJW 2008, 2309, 2311). Die Rechtslage gleicht damit derjenigen bei der Partnerschaftsgesellschaft oder der GmbH (Für die Freiberufler-GmbH: BGHZ 124, 224, 226; BayObLG, NJW 1995, 199; für die Partnerschaftsgesellschaft: BeckOK/Schöne, § 7 PartGG Rn 7).

Als Vertragspartnerin haftet danach zunächst die Sozietät; sei es für die Erfüllung des Anwaltsvertrags, sei es für Schadensersatzansprüche im Falle einer Pflichtverletzung. Gem. § 721 S. 1 BGB können die Gesellschafter akzessorisch in Anspruch genommen werden.

Jedoch kann der **Anwaltsvertrag ausnahmsweise** auch mit nur einem **einzelnen Sozietätsanwalt** zu Stande kommen. Maßgeblich ist insoweit die Auslegung der beiderseitigen Willenserklärungen: (Gesamt-) Mandat der Sozietät oder lediglich Einzelmandat? Der Mandant will sich regelmäßig gerade die Vorteile zu Nutze machen, die ihm eine Sozietät bietet (BGHZ 124, 47, 48 ff.; 56, 355, 359 f.).

Nach den (besonderen) Umständen des Einzelfalls kann freilich auch anzunehmen sein, dass gerade kein Gesamtmandat, sondern lediglich ein Einzelmandat an ein bestimmtes Mitglied der Sozietät erteilt werden sollte (BGH, NJW 2000, 1560, 1561 (Steuerberater); NJW 2000, 1333, 1334). Dies ist indes nicht bereits dann anzunehmen, wenn der Mandant wusste oder sogar Wert darauf legte, dass nur ein bestimmtes Mitglied der Sozietät seine Sache bearbeitete. Denn auch in diesem Fall wollte der Mandant in der Regel die Vorteile eines Vertrags mit allen Sozietätsanwälten nutzen (BGH, NJW 1999, 3040, 3041; BGHZ 124, 47, 50). Nach der Rechtsprechung des BGH liegt die Annahme eines Einzelmandats an einen Sozietätsanwalt jedoch dann nahe, wenn dieser mit einer Tätigkeit betraut wurde, die an sich außerhalb der eigentlichen Aufgaben eines Rechtsanwalts lag, sich also gerade nicht als anwaltstypische Tätigkeit darstellte (BGH, NJW 2000, 1333, 1334; 1999, 3040, 3041).

B. Scheinsozietät und Scheinsozius: Haftungsfragen

Die vorstehenden Grundsätze für die Haftung eines einer Anwaltssozietät angehörenden Rechtsanwalts sind nach der Rechtsprechung seit jeher auch dann anzuwenden, wenn die Anwälte nur nach außen hin den Anschein erweckt haben, zwischen ihnen bestehe eine Sozietät (grdl. BGHZ 70, 247, 249). Eine **Anscheinssozietät** liegt dabei vor, wenn angestellte Rechtsanwälte oder freie Mitarbeiter auf dem **Briefkopf**, dem Praxisschild oder Bürostempel wie Sozietätsmitglieder aufgeführt werden (BGH, NJW 1999, 3040, 3041). Das Gleiche gilt, wenn ein früheres Mitglied aus der **Sozietät ausgeschieden** ist, den ehemaligen Sozien aber gestattet hat, seinen Namen weiterhin im Briefkopf zu führen, oder es jedenfalls versäumt hat, sein Ausscheiden nach außen deutlich zu machen (BGH, NJW 1991, 1225, 1225). Auch der **Gesellschafter,** der aus einer bestehenden Gesellschaft **ausgeschieden** ist, aber **weiterhin als Gesellschafter nach außen auftritt**, kann als Scheingesellschafter für Verbindlichkeiten der Gesellschaft haften (BGH, II ZR 197/10). Auch Rechtsanwälte, die in bloßer Bürogemeinschaft arbeiten, können einer Rechtsscheinhaftung unterliegen (BGH, NJW 1991, 1225, 1225).

Voraussetzung der Rechtsscheinhaftung ist stets, dass der Scheingesellschafter gegen den gesetzten Rechtsschein nicht pflichtgemäß vorgegangen ist und sich ein Dritter bei seinem geschäftlichen Verhalten **auf den Rechtsschein verlassen** hat. Jegliche Rechtsscheinhaftung ist folglich ausgeschlossen, wenn der Mandant weiß, dass der in Anspruch genommene Rechtsanwalt nicht (mehr) Mitglied der Sozietät ist (BGH, NJW 1991, 1225, 1226).

Der **Scheinsozius** erweckt insoweit schlicht den Eindruck, Gesellschafter zu sein und muss sich an diesem von ihm gesetzten Rechtsschein festhalten lassen. Der Haftung **analog § 721 S. 1 BGB i.V.m. § 242 BGB** unterliegen folglich nach Rechtsscheingrundsätzen auch Scheingesellschafter oder Mitarbeiter einer Scheinsozietät (**Grünewald**/Retzlaff, § 721 Rn 3).

Stets ist das Folgende zu beachten:

Merke: **Die „Scheingesellschaft" existiert nicht.** Folglich kommt sie auch nicht als Anspruchsgegner in Betracht. Die „Scheingesellschaft" ist also nur eine Zurechnungsfigur, um die Haftung der Scheingesellschafter zu begründen (Lange, JURA 2017, 751, 757).

I. Streitig: Beschränkung der Rechtsscheinhaftung auf anwaltstypische Tätigkeiten

Der BGH beschränkt jedoch die Haftung eines Mitglieds einer Scheinsozietät. Diese setze ein Mandatsverhältnis und damit eine **anwaltstypische Tätigkeit** voraus. Eine anwaltstypische Tätigkeit liege jedoch dann nicht vor, wenn keine rechtsberatende oder rechtsvertretende Tätigkeit damit verbunden sei (BGH, NJW 2008, 2330).

Anders ein Teil der Lehre (z.B. Lux, NJW 2008, 2309, 2312; **Grünewald**/Retzlaff, § 721 Rn 3): Eine Beschränkung der Rechtsscheinhaftung auf anwaltstypische Tätigkeiten entbehre einer tragfähigen Grundlage. Die Frage, ob sich die jeweilige Tätigkeit als anwaltstypisch oder als anwaltsfremd darstellt, sei allein für die Frage entscheidend, ob ein Anwaltsvertrag mit der Sozietät als solcher zu Stande kommt oder lediglich mit einem der Sozietätsanwälte allein. Stehe fest, dass der streitgegenständliche Vertrag – sei es ein Anwalts- oder ein sonstiger Vertrag – mit der Anwaltssozietät zu Stande gekommen ist, sei für die Haftung des Scheinsozius allein entscheidend, ob dieser den Eindruck erweckt habe, er sei Gesellschafter der Anwaltssozietät. In diesem Fall müsse er sich schlicht an dem von ihm gesetzten Rechtsschein festhalten lassen – und sich als Gesellschafter der Anwaltssozietät behandeln lassen – mit der Folge einer Haftung analog **analog § 721 S. 1 BGB i.V.m. § 242 BGB**.

II. Streitig: Haftung des Scheingesellschafters für Altverbindlichkeiten

Das OLG Saarbrücken beschränkt die Haftung eines Scheinsozius und lehnt eine **Haftung für Altverbindlichkeiten** gem. **§ 721a BGB analog (parallele Rechtsfrage bei § 127 HGB analog) i.V.m. § 242 BGB** ab, weil der Scheinsozius im Unterschied zum tatsächlichen Gesellschafter keine Zugriffsmöglichkeiten auf das Gesellschaftsvermögen habe.

A.A. ein Teil der Lehre (z.B. Lepczyk, NJW 2006, 3391, 3392): Rechtsinstitute wie die Scheingesellschaft oder der Scheingesellschafter dienten dem Vertrauensschutz im Rechtsverkehr. Voraussetzung hierfür sei, dass gegenüber gutgläubigen Dritten der äußere Anschein einer real existierenden GbR bzw. einer tatsächlich bestehenden Gesellschafterstellung erweckt werde. Der Gedanke des Vertrauensschutzes müsse bei der Haftung des Scheingesellschafters in den Vordergrund gerückt werden. Daher sei kein Platz für eine Abwägung von Chancen und Risiken des Scheingesellschafters.

Die **wohl h.L. differenziert** wie folgt: Eine Haftung des Scheingesellschafters scheidet aus, wenn zum relevanten Zeitpunkt noch kein Rechtsschein gesetzt wurde. Wenn also der Vertrauenstatbestand erst nach den schadensersatzrechtlichen Anknüpfungstatsachen entsteht, kann eine Haftung nicht begründet werden (Markworth, JuS 2016, 587, 590; Roth, DB 2007, 616, 617; Henssler/Deckenbrock, EwiR 2012, 659, 660). Hatte der Anspruchsteller zum maßgeblichen Zeitpunkt seiner Vertrauensinvestition also noch gar nicht die Möglichkeit, an eine Gesellschafterstellung zu glauben, kann § 721a S. 1 BGB analog i.V.m. § 242 BGB keine Anwendung finden. Streng genommen handele es sich schon gar nicht um die Frage der analogen Anwendung von § 721a S. 1 BGB, sondern um ein **Kausalitätsproblem**.

Unternehmensbezogenes Geschäft

Wer nach außen im Namen einer Gesellschaft als deren Vertreter auftritt, vertritt diejenige Gesellschaftsform, die „tatsächlich" besteht.

Beispiel 1: V tritt nach außen für die X-GmbH auf, wobei es sich tatsächlich um die X-AG handelt.

In diesem Fall kommt der Vertrag mit der X-AG zustande.

Beispiel 2: V tritt nach außen für die AB-KG auf, wobei es sich tatsächlich um die AB-OHG handelt.

In Beispiel 2 kommt der Vertrag mit der AB-OHG zustande.

Sofern die genannte Gesellschaft dem Vertragspartner eine „stärkere Haftung" bietet als die tatsächlich existierende Gesellschaft, kommt insoweit eine **Rechtsscheinhaftung** gem. § 179 BGB analog i.V.m. § 242 BGB in Betracht. Wird sogar der unzutreffende Anschein unbeschränkter persönlicher Gesellschafterhaftung erweckt, kommt zudem eine Haftung als **Schein-Gesellschafter** bzw. als Schein-Komplementär in Betracht. Bei angeblicher GbR gem. **gem. §§ 705 I 1. Var. BGB analog i.V.m. § 242 BGB**, bei angeblicher OHG oder KG gem. **(161 II,) 105 II** [bisher: § 124 I]**, 126** [bisher: § 128] **HGB analog i.V.m. § 242 BGB**.

Beispiel 3: Geschäftsführer V tritt nach außen für die „AB-KG" auf, wobei es sich tatsächlich um die AB-GmbH handelt. Hier setzt V den Rechtsschein existierender persönlicher Haftung. Durch sein Auftreten nach außen erweckt V den Anschein, der Komplementär der KG zu sein, da der Kommanditist als solcher nicht befugt ist, die Gesellschaft zu vertreten, § 170 I HGB. An diesem Rechtsschein kann er festgehalten werden.

Beispiel 4: V tritt nach außen für die „V-GmbH" auf, wobei es sich tatsächlich um eine UG (haftungsbeschränkt) handelt. V setzt dadurch den Rechtsschein, es werde mit einer Gesellschaft mit einem Mindeststammkapital von 25.000 € (§ 5 I GmbHG) kontrahiert. In diesem Fall haftet der V nicht nach den Regeln der Unterbilanzhaftung (was bedeuten würde, dass er die UG im Innenverhältnis mit 25.000 € kapitalisiert), sondern dem auf den Rechtsschein vertrauenden Vertragspartner persönlich. (BGH, II ZR 256/11; vgl. auch BGH, III ZR 210/20, **RA 2022, 249**, für den Fall, dass bei einer „UG" der Zusatz „(haftungsbeschränkt)" weggelassen wird.) In diesem Fall dürfte jedoch die Haftung auf das Stammkapital begrenzt sein.

Die GmbH & Co. KG

A. Grundlagen

Die GmbH & Co. KG ist eine besondere Erscheinungsform der KG, deren persönlich haftende Gesellschafterin (Komplementär) keine natürliche Person, sondern eine GmbH (juristische Person) ist. Demnach ist die GmbH & Co. KG eine **Personengesellschaft**, dessen persönlich haftender Gesellschafter eine Kapitalgesellschaft ist. Die GmbH & Co. KG wird häufig dann verwendet, wenn eine Vielzahl von Kommanditisten Geldbeträge einbringen und aufgrund hoher Finanzvolumen niemand die Position des persönlich haftenden Gesellschafters übernehmen will.

B. Gründung

Die Gründung der GmbH & Co. KG erfolgt wie die der KG, nämlich durch den Abschluss eines Gesellschaftsvertrages zwischen einer bereits bestehenden oder zu diesem Zweck gegründeten GmbH (Komplementär) und mindestens einem Kommanditisten.
Sollte die GmbH noch nicht bestehen und zu diesem Zweck eingerichtet werden, erfordert die Gründung einer GmbH & Co. KG den Abschluss von zwei Gesellschaftsverträgen: den der GmbH und den der KG. Die Firmierung muss gem. **§ 19 II HGB** auf den Umstand hinweisen, dass keine natürliche Person unbeschränkt haftet. Tritt eine GmbH & Co. KG nur als „KG" auf, trifft den Geschäftsführer der Komplementär-GmbH eine unbeschränkte persönliche **Rechtsscheinhaftung** gem. **§ 126 S. 1 HGB analog i.V.m. § 242 BGB**.

Wenn das anwendbare Berufsrecht dies ausdrücklich erlaubt (z.B. **§ 59b II Nr. 1 BRAO**), können auch **freie Berufe** (Legaldefinition in § 1 II PartGG) eine **OHG/KG gründen**. Das ist eine der zentralen – sehr praxisrelevanten – Neuerungen durch das MoPeG.
Gem. **§ 107 I 2 HGB** entsteht die OHG in diesem Fall als Rechtssubjekt erst durch Eintragung im Handelsregister. Wegen § 161 II HGB gilt dies auch für eine KG.
Damit besteht nunmehr auch z.B. für **Rechtsanwälte** die Möglichkeit, eine **GmbH & Co. KG** zu gründen (selbst mit einem einzigen Gesellschafter, **§ 59b I 2 BRAO**). Dadurch kann die Haftung der Gesellschafter für Verbindlichkeiten der Gesellschaft weiter beschränkt werden, als dies bislang in der Rechtsform der Partnerschaftsgesellschaft mit beschränkter Berufshaftung der Fall ist. Denn zum einen lässt sich die Haftung dort nur bezogen auf Verbindlichkeiten der Partnerschaftsgesellschaft aus Schäden wegen fehlerhafter Berufsausübung beschränken, zum Weiteren steht die Haftungsbeschränkung unter dem Vorbehalt, dass die Partnerschaftsgesellschaft eine zu diesem Zweck gesetzlich vorgegebene Berufshaftpflichtversicherung unterhält (§ 8 IV PartGG). Diese dient dem Schutz der Patienten, Mandanten, Kunden und sonstigen Auftraggeber der Partnerschaftsgesellschaft und ist regelmäßig in den berufsrechtlichen Bestimmungen enthalten.

C. Geschäftsführung

Die Geschäftsführung und die Vertretung der GmbH & Co. KG erfolgt nach den gleichen Grundsätzen wie bei der KG. Somit besitzt die GmbH als Komplementär die Befugnis zur Führung der Geschäfte der Kommanditgesellschaft und deren Vertretung nach außen, §§ 161 II, 124 I HGB. Aus dieser Konstellation ergibt sich eine **Besonderheit**: Die GmbH benötigt einen Geschäftsführer, da sie als juristische Person selbst nicht handlungsfähig ist, § 6 I GmbHG. Die GmbH wird durch die Geschäftsführer gerichtlich und außergerichtlich vertreten, § 35 I 1 GmbHG. Dadurch wird der bei den Personengesellschaften geltende **Grundsatz der Selbstorganschaft durchbrochen**. Das heißt, dass auch eine „gesellschaftsfremde" Person die Geschäfte führen beziehungsweise die Gesellschaft vertreten kann, die nicht das Risiko der persönlichen Haftung trägt (sog. Fremdorganschaft). Sind die Kommanditisten, wie häufig, Gesellschafter der Komplementär-GmbH, und üben sie zugleich noch deren Geschäftsführungsfunktion aus, ergibt sich daraus eine umfassende Leitungsbefugnis der Kommanditisten, vgl. § 170 II HGB.

D. Haftung

Die Haftung der Gesellschaft und der Gesellschafter ist wie bei der KG geregelt. Der unbeschränkten Haftung der Komplementär-GmbH steht die beschränkte Haftung der Kommanditisten gegenüber. Die unternehmerischen Haftungsrisiken des Komplementärs werden der GmbH zugewiesen, deren Gesellschafter grundsätzlich nicht für die Gesellschaftsverbindlichkeiten einstehen. Da eine GmbH persönlich haftender Gesellschafter (Komplementär) ist, besteht zusätzlich zur beschränkten Haftung der Kommanditisten eine faktische Haftungsbeschränkung des Komplementärs. Nochmals: Deswegen muss die Firmierung die Haftungsbeschränkung des Komplementärs gem. § 19 II HGB kenntlich machen („GmbH & Co. KG").

E. Vor- und Nachteile

Vorteile

- Komplementärin ist die GmbH, also die unbeschränkt haftende Vollhafterin, die ihrerseits von ihrer Rechtsnatur her in der Haftung beschränkt ist.
- Geschäftsführung und Vertretung der Gesellschaft durch Kommanditisten oder durch eine fremde Person möglich.
- Flexible Eigenfinanzierung möglich

Nachteile

- Für die GmbH ist ein Mindestkapital von 25.000 Euro vorgeschrieben.
- rechtlich komplizierte Konstruktion
- Kosten und Formalitäten für die Errichtung der Komplementärs-GmbH
- negatives Image durch große Insolvenzanfälligkeit
- Aufnahme von Fremdkapital schwieriger aufgrund der Haftungsbeschränkung des Vollhafters

Steuerliche Aspekte werden hier ausgeblendet.

Die Haftung der Vor-GmbH (= GmbH i.G.)

Die Haftung der Vor-GmbH ist ein „ewig drohendes" Thema, welches aber nur extrem selten geprüft wird. In den letzten Jahren haben hier Prüfungsämter vermehrt die Prüfung dieses Themas „angetäuscht", ohne es aber zu prüfen. Hierzu unten mehr.

(P): Aufbau des Gutachtens bei Vor-GmbH:

A. Anspr. gg. GmbH selbst
(-), GmbH mangels Eintragung ins Handelsregister „als solche" nicht existent (§ 11 I GmbHG)

B. Anspr. gg. Vor-GmbH

I. Rechtsfähigkeit der Vor-GmbH
Entstehung mit Abschluss des notariellen GesV (§ 2 GmbHG)
„GmbH, der im Entstehungstatbestand nur noch die Eintragung ins Handelsregister fehlt" (vgl. BGHZ 117, 323).

Keine GbR (**Grüneberg**/Retzlaff, Einf v § 705, Rn 11).
Keine „Juristische Person", aber Anwendung von GmbH-Recht, soweit keine Eintragung ins HR vorausgesetzt wird.
Kein Formkaufmann, sondern Erwerb der Kaufmannsstellung gem. §§ 1 - 5 HGB.

„Vor-GmbH lebt nach GmbH-Recht" ⇨ Aktiv / passiv parteifähig
Das GmbHG wird analog angewendet, sofern nicht gerade die Eintragung im Handelsregister vorausgesetzt wird.

II. Vertrag mit Wirkung für / gegen die Vor-GmbH
Vertretungsmacht des GF (§§ 35 ff. GmbHG) **(P):** Umfang

- „vordringende" Lit.: Unbeschränkte Vertretungsmacht (§ 37 II GmbHG) bereits im Gründungsstadium

- BGH und wohl h.L. (vgl. BGHZ 80, 129) differenziert:
  - Bei **Sachgründung** (z.B. Einbringung eines Unternehmens; vgl. § 5 IV 1 GmbHG): Unbeschränkte Vertretungsmacht (§ 37 II GmbHG) zwecks Erhaltung / Unterhaltung der Sacheinlage

  - Bei **Bargründung** (Stammkapital wird in Geld erbracht): Vertretungsmacht im Grds. beschränkt auf für Eintragung unerlässliche Rechtshandlungen
  Aber: mit Zustimmung aller Gesellschafter erweiterbar

C. Anspr. gg. Gesellschafter

(P): persönliche Haftung der Gründer für Verbindlichkeiten der VorG

Rspr.:
Unbeschränkte Verlustdeckungshaftung (§ 9 I GmbHG analog), da eine Beschränkung von Haftung stets eine Vereinbarung oder eine gesetzliche Regelung verlangt.

Innenhaftung, da nur diese anteilsmäßige Befriedigung sichert und Wettlauf der Gläubiger verhindert.

⤷ kein direkter Anspr. gg. Gesellschafter

D. Anspruch gg. Geschäftsführer

I. Handelnder (§ 11 II GmbHG): Nur, wer GF ist, oder wie ein GF auftritt

II. Handeln im Namen der Gesellschaft

- Früher BGH (vgl. BGHZ 72, 45, 47): wg. Wortlaut des 11 II GmbHG ist Handeln im Namen der künftigen „GmbH“ erforderlich ⇨ (-), wenn im Namen der „Vor-GmbH“ gehandelt wurde

- H.M. (BGHZ 91, 148, 149; B/Hueck-Fastrich, GmbHG, § 11 Rn 48) „Vor-GmbH“ und „GmbH“ identisch ⇨ erforderlich, aber auch ausreichend, dass GF erkennbar nicht in eigenem Namen, sondern im Namen der „Gesellschaft“ handelt

E. Anspruch gg. Gesellschafter aus § 11 II GmbHG

Ausnahmsweise auch Gründer selbst, der – „wie ein GF” – vor Eintragung der GmbH im Namen der Gesellschaft tätig geworden ist

ABER: Allein Erteilung der Zustimmung zu einem Geschäft der Gesellschaft nicht ausreichend

Hinweis: Eine Vorgesellschaft bleibt als Liquidationsgesellschaft bis zur vollständigen Abwicklung oder, wenn sie die Gesellschafter fortführen, als Personengesellschaft rechts- und parteifähig. Der nach der Klageerhebung mit dem Wandel in eine Abwicklungsgesellschaft oder eine Personengesellschaft verbundene Wechsel der organschaftlichen Vertretung führt weder zum Wegfall der Prozessfähigkeit noch zu einer Unterbrechung des Verfahrens, wenn die Gesellschaft durch einen Prozessbevollmächtigten vertreten wird (entspr. §§ 241 I, 246 I ZPO). (BGH, II ZR 308/06)

F. Achtung Falle

In den letzten Jahren wurde von den JPAs mehrfach die Prüfung der Haftung der Vor-GmbH „angetäuscht“.

1. Examen in Hessen im Termin 2016 III: Eine Vorgründungsgesellschaft (GbR !!) schließt den Vertrag noch vor dem notariellen Abschluss des GmbH-Vertrags, tritt aber beim Vertragsschluss als „GmbH i.G.“ auf. Nach den Grundsätzen über das unternehmensbezogene Geschäft kommt der Vertrag mit der – alleine existierenden – Vorgründungsgesellschaft zustande. Ein Übergang der Verbindlichkeiten auf die GmbH i.G. erfolgt nicht! Eine Rechtsscheinhaftung kommt ebenfalls nicht in Betracht, da die GbR (u.U. auch OHG) ja strenger haftet als die Vor-GmbH. Also wurde nur die Haftung einer GbR (und der Gesellschafter) geprüft. Zweck der GbR war dann die Gründung einer GmbH. (Knapp dargestellt bei **Grüneberg**/Retzlaff, Einf v § 705, Rn 11.)

Insofern auch eine „Falle“ war die Klausur im 1. Examen BaWü im Termin 2016 II, die in der JURA 2020, 502, abgedruckt ist. Dort ging es um die **Haftung der „unechten Vor-GmbH“**.
Von einer unechten Vor-GmbH spricht man dann, wenn die Gesellschafter die **Absicht**, die GmbH ins Handelsregister **eintragen zu lassen, endgültig aufgeben**, aber gleichwohl den Geschäftsbetrieb des Unternehmens fortsetzen. Wo der Zweck der Eintragung nicht mehr verfolgt wird, kann auch die Vor-GmbH nicht fortbestehen. Daraus folgt mit dem Zeitpunkt der Änderung des Gesellschaftszwecks die Umwandlung der Vorgesellschaft in eine OHG bzw. GbR, je nach Art und Umfang des von der Gesellschaft betriebenen Geschäftsbetriebs (§ 1 II HGB). Diese Gesellschaft ist Rechtsnachfolger der Vor-GmbH und haftet für deren Verbindlichkeiten. Zugleich tritt eine persönliche Außenhaftung der Gesellschafter für alle Schulden der Gesellschaft nach § 128 HGB bzw. bei der GbR § 128 HGB analog ein. Das bedeutet, dass die Gesellschafter unbeschränkt und unmittelbar persönlich für alle Verbindlichkeiten der Gesellschaft haften; mithin auch für solche, die zu der Zeit begründet wurden, als die Gesellschaft noch eine Vor-GmbH und keine OHG/GbR war.

Gleiche „Falle“ im 1. Examen in Hessen im Termin 2021 I: Die Gründung einer GmbH scheitert beim Registergericht wegen fehlender Unterlagen. Daraufhin wird die Eintragungsabsicht endgültig aufgegeben und im Namen der „GmbH i.G.“ ein Mietvertrag geschlossen. Vertragspartner war auch hier die sog. „unechte Vorgesellschaft“, die als OHG einzuordnen ist. Eine Rechtsscheinhaftung kommt nicht in Betracht, da die OHG (oder GbR) ja strenger haftet als die Vor-GmbH.